U0586637

冷战后美欧资本主义模式的
理论反思和实践调整

郭业洲　主编

人民出版社

编辑委员会

主　　编：郭业洲

副 主 编：周荣国

执行主编：周荣国　张晓明

编　　委：金　鑫　栾建章　钟伟云　赵　飞　杜丁丁
　　　　　王立勇　董卫华　黄依华　王学勇

作　　者（以姓氏笔画为序）：
　　　　　丁爱萍　王学勇　王　薇　叶国玲　刘　煜
　　　　　张　川　张晓明　李冠群　李潇潇　沈　宁
　　　　　周荣水　周荣国　林永亮　姚亿博　赵宏涛
　　　　　徐　敏　郭　晗　雷　欣　潘奕萍　颜谋锋

目　录

前　言

当今世界正处于百年未有之大变局。一百年前，资本主义国家正在经历第一次世界大战。十月革命一声炮响，开启了人类历史发展的新纪元，给中国送来了马克思列宁主义。自此以后，两个主义自身以及两个主义之间的力量对比和相互关系都经历了沧海桑田的变化。

习近平总书记在 2017 年 9 月中共中央政治局集体学习时指出，发展 21 世纪马克思主义，必须立足中国、放眼世界。世界格局正处在加快演变的历史进程之中，产生了大量深刻复杂的现实问题，提出了大量亟待回答的理论课题。这就需要我们加强对当代资本主义的研究，分析把握其出现的各种变化及其本质，深化对资本主义和国际政治经济关系深刻复杂变化的规律性认识。

中联部作为负责党的对外工作的职能部门，在落实习近平总书记的重要指示、加强对当代资本主义研究方面责无旁贷。在研究中：

——我们力争体现正确的历史观，努力端起历史望远镜回顾过去，对美国、英国等主要发达国家在冷战以后，尤其是在 2008 年国际金融危机后对资本主义理论与实践的反思、调整和演变进行研究，并且在总结历史规律的基础上展望未来，把握历史前进大势。

——我们力争体现正确的大局观，不仅看到各种表象和细节，更重视从大局的视角把握本质和全局，抓住美欧资本主义当前的主要矛盾以及矛盾的主要方面，对资本主义危机、演进过程、新调整及本质特征进行深入分析。既看到美欧资本主义在 2008 年国际金融危机中遭受的严重冲击和挫折，也清醒地看到其软硬实力仍然强大、自我调整和修复能力仍然不可小觑的一面，努力准确把握当代资本主义新变化新特征，看清美欧资本主义的发展趋向。

——我们力争体现正确的角色观，在研究中注意把自己摆进去，努力准确把握美欧资本主义的调整变化与中国特色社会主义的关系。一方面，从中国的视角看世界，以马克思主义的世界观和方法论看待和分析美欧资本主义的调整动向。另一方面，从世界的视角看中国，研究分析美欧资本主义国家以及其他发展中国家对中国特色社会主义的看法和评价。通过将上述两种视角统一起来，努力使我们的研究具有更强的战略性、前瞻性与务实性，为我们更好地理解和应对资本主义的新变化新发展提供参考。

同时也要看到，两个主义之间的较量将是长期的历史过程，美欧等主要资本主义国家的理论反思与实践调整也是一个全面、复杂、不断发展的过程，远未终结。本书收录的研究成果主要完成于 2016 年至 2018 年，在时间上具有一定的局限性。由于研究者在学术水平上的限制，本书反映的一些情况、看法和结论难免存在疏漏乃至错误，请读者予以指正。

郭业洲

2019 年 2 月于北京

第一章

概论：在比较研究中进一步坚定"四个自信"

一、近年来关于当代资本主义研究的主要文献综述和本书研究的重点

（一）端起历史的望远镜，回顾冷战后资本主义演变的轨迹，观察东西方力量对比的重大变化

20 世纪 80 年代末 90 年代初，苏联解体、东欧剧变，世界社会主义遭受严重挫折。所谓的"民主化浪潮"席卷全球，新自由主义、新保守主义大肆扩张，《历史的终结和最后的人》《大失败——20 世纪共产主义的兴亡》《1999 年不战而胜》等一批著作出炉，有人宣称"历史已经终结"于资本主义制度，"20 世纪将以社会主义的失败和资本主义的胜利而告终"。美国总统克林顿、英国首相布莱尔等推行"第三条道路"，还有人妄称社会主义中国也会随着"多米诺骨牌效应"而倒下。

从 2016—2018 年三年的研究中，我们坚持辩证唯物主义和历史唯物主义的研究方法，坚持国别研究和比较研究相结合，简要梳理了冷战后不同国家和地区资本主义模式的理论演变和政策调整。我们发现，在目前世界上 200 多个国家和地区中，走资本主义道路的占大多数，但在发展理

念、发展模式方面均陷入困境：原社会主义阵营中的中东欧国家，不少选择了资本主义道路，结果多数发展缓慢、困难重重；非洲、中东、拉美等许多发展中国家追随美国实施新自由主义政治经济改革，不但没有解决发展问题，反而陷入政局动荡、经济停滞、民生困难的境地；即使美国、英国、法国、意大利等老牌资本主义国家，在国际金融危机后也乱象纷呈、矛盾重重。从全球范围看，当前世界经济复苏缓慢，发展失衡、治理困境、贫富差距、数字鸿沟等问题凸显，"逆全球化"思潮涌动，民粹主义、保护主义、孤立主义倾向抬头，全球治理体系变革进入调整期。同时，新兴市场和发展中国家群体性崛起，中国特色社会主义取得巨大发展成就，国际力量对比和世界格局正经历百年一遇的大变局。

（二）全面系统研究 2008 年国际金融危机后资本主义的新调整、新变化，多维度剖析资本主义的内在矛盾和演变规律

2008 年国际金融危机爆发前后，国内涌现出一大批对资本主义进行研究的著作，关注的主要问题：一是关于国际金融危机与当前资本主义的困境；二是关于当代资本主义所处的发展阶段；三是关于当前资本主义的新变化；四是关于资本主义与社会主义关系的新特点[①]。主要研究成果包括，学习出版社编写的《资本主义怎么了——从国际金融危机看西方制度困境》、刘鹤主编的《两次全球大危机的比较研究》、李慎明主编的《世界在反思——国际金融危机与新自由主义全球观点扫描》、于洪君主编的《当今世界的社会主义与资本主义》、黄华光主编的《国际金融危机与资本主义新变化、新调整》、李琮的《当代资本主义阶段性发展与世界剧变》、何

---

① 徐增文、刘昀献、郭伟伟、陆彦明先后撰写关于近年来当代资本主义发展变化的研究综述、述评，提供了很多研究成果，对进一步开展深入研究大有裨益。徐增文：《近年来学界关于当代资本主义历史走向研究综述》，《理论界》2013 年第 4 期；刘昀献：《对 20 年来中外学者关于当代资本主义发展阶段观点的评析》，《中国浦东干部学院学报》2008 年 5 月第二卷第 3 期；郭伟伟：《关于当代资本主义新变化及其历史发展总趋势的研究述评》，《当代世界与社会主义》2005 年第 2 期；陆彦明：《当代资本主义新变化研究综述》，《学术界》2003 年第 2 期。

秉孟的《美国经济与金融危机解析》、徐崇温的《国际金融危机与当代资本主义》、庞仁芝的《当代资本主义基本问题研究》、张作云的《〈资本论〉与当代资本主义金融和经济危机研究》、向松祚的《新资本论》、罗春婵和张荔的《金融危机传导机制研究》、欧阳彬的《全球金融危机与当代资本主义金融化研究》等。另外，还有大量的学术论文和专题研究①，既对国际金融危机演变的过程、趋势、影响做了深入系统的研究分析，也提供了国内外许多知名学者的真知灼见。

在学习借鉴这些研究成果的基础上，我们坚持马克思主义政治经济学的研究方法，将研究对象扩展到美欧国家左、中、右翼的政商学界，跟踪分析了美国和欧洲 20 多个国家 100 多位政党政要、智库学者、商界人士的言论，"原汁原味地"摘录了他们围绕资本主义困境深层原因、改革方向、未来趋势进行的反思和激烈争论，重点对国际金融危机后美国、英国、德国、北欧等国进行案例分析，从经济复苏、政治极化、社会思潮、外交调整等领域进行全方位、立体化透视。

（三）理论与实践相结合透视资本主义未来发展走向，以改革创新精神加快社会主义现代化建设

近年来，国内外关于资本主义、社会主义理论发展变化的研究成果不少，代表作包括靳辉明、罗文东等编写的《当代西方资本主义理论流派研

---

① 参阅《求是》杂志课题组：《资本主义的自我调节及其局限性》，《求是》2001 年第 5 期；俞可平：《全球化时代的资本主义——西方左翼学者关于当代资本主义新变化若干理论的评析》，《马克思主义与现实》2003 年第 1 期；陈宝森：《美国新自由主义发展模式及其未来走势》，《政治经济学评论》2010 年第 2 期；程恩富：《新自由主义的起源、发展及其影响》，《求是》2005 年第 3 期；李其庆：《法国调节学派评析》，《经济社会体制比较》2004 年第 2 期；沈骥如、江涌：《当今资本主义危机的特点及其走向》，《当代世界与社会主义》2011 年第 5 期；高峰：《世界资本主义经济的发展与演变》，《经济学动态》2009 年第 3 期；刘兴波：《金融—经济危机视野下的美国资本主义变革问题研究》，山东大学 2012 年博士论文；马锦生：《资本主义金融化与金融资本主义研究——基于美国经济实证的分析》，南开大学 2013 年博士论文；吴航：《国际金融危机以来美国资本主义经济调整问题研究》，中国社科院 2015 年博士论文。

究》、严书翰主编的《当代资本主义研究》、李慎明主编的《国际金融危机与当代资本主义——低潮中的世界社会主义思潮与理论》、张志军主编的《20世纪国外社会主义理论、思潮及流派》、高放的《当代资本主义六大新特征》、程恩富的《马克思主义经济学的五大理论假设》、肖枫的《社会主义、资本主义：两个主义一百年》、李景治的《当代资本主义的演变与矛盾》、朱炳元的《马克思主义虚拟资本理论与金融危机》、林德山的《当代资本主义的变化与矛盾》等；欧洲和美国值得关注的著作则包括法国学者托马斯·皮蒂克的《21世纪资本论》、米歇尔·于松的《资本主义十讲》、美国学者福山的《政治秩序与政治衰败：从工业革命到民主全球化》、理查德·波斯纳的《资本主义民主的危机》和《资本主义的失败》、伊曼纽尔·沃勒斯坦的《资本主义还有未来吗?》、戴维·斯托克曼的《资本主义大变形》、加拿大学者艾伦·米克辛斯·伍德的《资本主义的起源：一个更长远的视角》，以及丹麦学者李形的《中国崛起与资本主义世界秩序》等。这些著作都从不同维度揭示了当前资本主义面临的困境和多重矛盾，分析了资本主义的新调整、新变化，探讨了资本主义和社会主义关系的新特点和未来发展走向。

在以上成果的基础上，我们坚持用马克思主义的立场、观点、方法分析问题，坚持解放思想、实事求是，坚持理论分析和实证研究相结合，深入研究了近年来美国奥巴马政府的"再工业化"战略及特朗普总统的"美国优先"理念，剖析了英国卡梅伦政府提出的"负责任的资本主义"及其经济政治改革举措，透视了"莱茵资本主义"模式和北欧模式的改革新举措。从目前看，西方资本主义国家整体实力仍占据优势，其在体制创新、科技创新方面仍显示出较强的修复能力，"西强东弱"的局面短期内尚难改变。当前，全球范围内新一轮科技革命和产业变革正蓄势待发，改革创新潮流深入发展，人工智能、大数据、物联网等新产业、新技术、新业态层出不穷。美欧各国普遍反思市场与政府、消费与储蓄、虚拟经济与实体经济、开放与保护的关系，抓紧结构性调整，试图通过"再工业化"寻找新的经济增长点，通过打造高标准的自贸区"定规则、提标准"，抢占国际竞争制高点和发展主导权①。

同时通过比较研究，我们更加深刻地认识到，改革开放 40 年来，中国经济已经由高速增长阶段转向高质量发展阶段，正处于转变发展方式、优化经济结构、转变增长动力的攻关期，必须按照党的十九大提出的要求："着力加快建设实体经济、科技创新、现代金融、人力资源协同发展的产业体系，着力构建市场机制有效、微观主体有活力、宏观调控有度的经济体制，不断增强我国经济创新力和竞争力"②。

二、本书研究的基本范畴和主要问题

1. 2008 年国际金融危机爆发的深层原因是什么？冷战后美欧资本主义出现了哪些理论变化和政策调整？哪些因素和变量与国际金融危机的爆发直接相关？

2. 国际金融危机是如何从金融经济领域向政治、社会、文化、外交、安全等领域传导外溢的？当前欧美资本主义面临哪些主要挑战和风险？当前资本主义面临的困境是阶段性的？还是全面的、长期的？

3. 美欧各界（左、中、右翼）如何看待、反思国际金融危机？美欧政、商、学界主张如何克服当前存在的主要矛盾和问题？

4. 美国、英国、西欧、北欧等国政府在政治、经济、金融、科技、社会、外交等方面采取哪些具体政策举措克服自身矛盾和问题？取得了哪些初步成效？盎格鲁—撒克逊模式、莱茵模式、北欧模式的未来发展前景

① 甄炳禧：《美国经济新增长点与中国的应对》，《国际问题研究》2014 年第 4 期；施红、邓舒仁：《后危机时代资本主义新变化》，《人民日报》2010 年 2 月 9 日。

② 习近平：《决胜全面建成小康社会　夺取新时代中国特色社会主义伟大胜利——在中国共产党第十九次全国代表大会上的报告》，人民出版社 2017 年版，第 30 页。

如何?

5.美欧各界和国际社会是如何看待近年来中国特色社会主义的发展成就的? 资本主义和社会主义的关系未来将如何演变?

三、本书的框架结构和基本分工

除第一章概论外,全书共分三部分:第一部分包括第二、三、四章,重点是国际金融危机爆发的历史背景、现实困境和理论反思。第一章由周荣国执笔。第二章由张晓明、颜谋锋、刘煜、李冠群等执笔,从历史角度回顾了国际金融危机爆发的历史背景、理论根源和现实原因。第三章由周荣国执笔,分别从金融、经济、政治、社会、文化、外交、国际体系等层面剖析了当前资本主义面临的主要困境和挑战。第四章由沈宁、郭晗、潘奕萍、姚亿博等执笔,分别从经济金融、政治制度、社会文化、国际关系等角度,系统综述了西方政、商、学界对资本主义困境的理论反思。

第二部分包括第五至第十章,是本书的最大特色,重点研究了国际金融危机后资本主义国家政策实践的新调整、新变化,涉及金融监管、"再工业化"、科技创新、社会思潮、外交变革等方面。第五章由沈宁、张晓明、周荣国等执笔,分析了国际金融危机后美式资本主义经济模式的政策新实践,既包括奥巴马政府的经济政策,又涵盖"特朗普经济学"的主要内容,读者可以从中管窥美国经济新的增长点和未来发展趋向。第六章由张晓明、沈宁、徐敏等执笔,剖析了当前美国社会思潮、人口结构、政治极化的新特点和新矛盾。第七章由雷欣、沈宁、张川等执笔,研究了小布什、奥巴马、特朗普三位美国总统外交战略的演变和调整趋向。第八章由赵宏涛、叶国玲、王薇、李潇潇等执笔,全面梳理了国际金融危机后英国政府推行的经济、政治、社会改革举措,展望了"公投政治""英国脱欧"对英国资本主义模式的冲击及其后续影响。第九章由林永亮、王学勇执笔，回顾了"莱茵资本主义模式"的历史渊源、调整变化和核心内涵，系统分析了国际金融危机后德国资本主义的变与不变。第十章由赵宏涛、丁爱萍、姚亿博等执笔，梳理了国际金融危机后瑞典、冰岛等国的政策调整和具体举措，分析了北欧模式在实践中的艰难探索和转型。

第三部分包括第十一章、十二章，聚焦当前国际社会对中国特色社会主义的评价，资本主义和社会主义关系的比较研究。第十一章由周荣水执笔，全面综述了广大发展中国家和西方发达国家对中国特色社会主义的认知和心态变化。第十二章由周荣国执笔，总结了当前资本主义自我改良的局限性，以中美为例剖析了东西方力量对比的新变化和现实差距，强调了在比较研究中坚定"四个自信"、在互学互鉴中完善社会主义制度的必要性和重要性。

四、主要研究成果和初步看法

（一）2008 年国际金融危机使美欧国家陷入多重矛盾，当前西方资本主义的困境具有全局性、综合性和长期性

从 2016 年到 2018 年，我们用了近三年时间，对当前资本主义困境的表现形式、内部争论、理论反思进行了系统梳理，研究发现，欧美各国普遍存在经济乏力、政治极化、社会分裂、民粹主义泛滥等诸多挑战。

1. 新自由主义思潮受到广泛质疑，经济结构性改革举步维艰，面临"三高三低"等难题。目前美欧各国经济复苏"冷热不均"，美国保持强劲势头，欧洲多病缠身，"三高三低"成为普遍难题，"三高"是指：高债务、高杠杆、高失业；"三低"为低增长、低利率、低通胀。美国时任总统奥巴马 2016 年 10 月在《经济学人》（*The Economist*）杂志发表文章，总结其任内的经济政策，认为美国经济仍面临生产率走低、不平等加剧、就业

机会不足、经济缺乏弹性等四大结构性挑战。

2. **政治极化严重，传统政党影响力下降，面临"政府失灵、政党失势、媒体失信、民调失真"等困境**[①]。近年来，美国共和、民主两党日益"极化"，两党恶斗导致 2013 年美国联邦政府部分机构关门，"政府失灵"饱受批评。欧洲各国传统政党影响力下降，新兴政治势力上升，"政党政治碎片化"成为新特点。西方传统媒体的报道、民调机构的预测与英国脱欧公投、美国 2016 年总统大选的结果大相径庭，"媒体失信"、"民调失真"引发深刻反思。美国经济学家斯蒂格利茨认为，美国总统林肯当年的政治理想是建立"民有、民治、民享"的政府，但当前美国民主制度的现实与林肯等人的理想相距遥远，可以说变成了"1%有、1%治、1%享"[②]。

3. **贫富差距拉大、社会对立加剧，面临民粹主义盛行、保护主义抬头、极端主义蔓延等风险**。《21 世纪资本论》的作者、法国经济学家托马斯·皮蒂克认为，资本主义本质上倾向于增强资本所有者的力量，而广大劳动者的利益则受到侵蚀，这是导致社会不平等的根源。据统计，全球最富裕的 10% 人口的消费额占全球总消费的 59%，所拥有的财富占全球总财富的 85%；底层 50% 人口的消费额只占全球总消费的 7%，所拥有的财富仅占全球总财富的 1%。在这样的大背景下，"精英层"与"草根层"严重对立，民众"反精英、反建制、反移民、反全球化"情绪强烈，选民求新求变心理突出。特朗普当选美国总统，宣扬"美国优先"，对各国发动"贸易战"；法国国民阵线、意大利"五星运动"、德国"另择党"等民粹主义政党在选举中支持率大幅升高。

4. **多元文化、传统价值观受到冲击，面临难民潮泛滥、恐怖袭击频发等挑战**。盖洛普民调显示，美国中产阶级占总人口的比例已从 1971 年的 61% 下降至 2015 年的 49.4%。当前美国中低收入白人对少数族裔和外来

① 刘晓明：《对当前西方资本主义困境的观察和思考》，《资本主义怎么了？——从国际金融危机看西方制度困境》，学习出版社 2013 年版，第 86—108 页。

② 杨斌：《从美债危机看美国的民主模式危机》，《红旗文稿》2011 年第 17 期。

移民"抢占"其工作、教育、医疗等资源深感不满，对犯罪、吸毒、同性恋等社会问题忧心忡忡，对美国传统价值观遭受侵蚀极为焦虑。法国《回声报》评论认为，在应对欧债危机和难民潮过程中，欧洲社会长期坚持的团结、互助、包容等理念被抛弃，多元文化共存的共识被打破，"保护、驱逐、脱离、本国利益之上"等成为许多国家政客爱讲、民众爱听的口号。德国《时代周刊》评论称，标榜民主、人权等"政治正确"坑苦了德国，仅2015年德国就接受了100万难民，大量难民如何融入当地社会成为巨大的挑战。

5."阿拉伯之春"演变为"阿拉伯之冬"，西方民主光环褪色，陷入"萧条期"、"退潮期"。近年来，中东不少国家在经历了"民主转型"后，不但没有加入"民主国家"行列，反而陷入政治动荡、经济停滞、社会混乱、民生凋敝，甚至滑向种族内战、国家分裂的边缘。德国《时代周刊》评论认为，"阿拉伯之春"五年多后，西方民主在中东、北非地区不但没有"移植"成功，反而带来了暴力和冲突；对世界上许多国家而言，安全、稳定和一定程度的公平比个人自由、民主更重要。美国斯坦福大学教授戴蒙德认为，当前全球已经进入"民主萧条期"，西方民主正在退潮。皮尤研究中心民调显示，目前只有18%的美国民众主张将"促进民主"作为美国外交的优先选项。2009年至2016年，美国国际开发署对民主、人权、治理等项目的资金支持减少了近4亿美元。

6.全球化遭遇逆流，区域一体化出现倒退，西方资本主义制度信心可能动摇。国内矛盾上升、问题层出不穷，使美欧各国民众的"内顾"倾向明显上升。皮尤研究中心2016年5月民调显示，49%的美国民众明确反对美国参与经济全球化；57%的美国民众认为，当前美国国内矛盾、困难重重，政府应更加重视和解决自身存在的问题，这一比例较2010年类似民调结果上升了11个百分点。英国公投脱欧则给欧洲一体化敲响了警钟。欧洲政策中心等智库认为，英国公投脱欧是第二次世界大战后西方世界遭遇的严重失败，是西方文明进入发展"瓶颈"的直接表现，其影响可能远超预期，整整一代甚至几代欧洲人对西方价值观和制度的信心可能因此而动摇。

（二）美欧资本主义国家的内部争论和理论反思

面对诸多难题，美国、欧洲政、商、学界进行深入反思，围绕资本主义困境的深层原因、改革方向、未来走势展开激烈争论[1]。在研究过程中，我们跟踪分析了20多个国家100多位政党政要、知名学者、商界人士的言论，发现其内部争论、理论反思主要涉及以下六个方面的问题[2]。

1. 国际金融危机是新自由主义危机？还是资本主义的周期性危机？

美国前总统奥巴马强调，资本主义是世界繁荣的最大驱动力，应当坚持。同时，资本主义的逐利性虽然有助于促进企业创新和银行借贷，但极易滋生垄断、寻租、负面外溢效应、信息不对称等市场失灵现象，难以催生共享的繁荣和增长。英国工党领袖科尔宾认为，当代资本主义正面临日益深化的系统性危机，这与20世纪80年代以来新自由主义的泛滥密切相关。《金融时报》专栏作家拉赫曼认为，分配不公、贫富差距扩大已经使"自由放任的资本主义"陷入了"合法性危机"。

一些政要、学者主张摒弃新自由主义，重新平衡国家与市场的关系。英国前首相卡梅伦认为，当前资本主义主要有三个特点：缺乏道德的市场、缺乏公正的财富分配、缺乏竞争的全球化，这构成了"缺乏良知的资本主义"。需要以"负责任的资本主义"和"有道德的市场"加

---

[1] 2012年1月，达沃斯世界经济论坛以"大转型：塑造新模式"为主题，在"20世纪的资本主义是否适合21世纪"这一议题下，推动西方政、商、学界对资本主义进行深入和全面的讨论和反思。几乎同一时间，英国《金融时报》推出系列专题文章，邀请西方政要和专家学者围绕"危机中的资本主义"发表不同观点，探讨国际金融危机的后续影响及未来走势。本书以下许多观点引自上述会议和文稿。

[2] 周荣国：《当前资本主义的现实困境、内部争论和未来走势》，《当代世界》2017年第1期。

以修正，为资本主义寻找出路。《金融时报》副总编辑斯蒂芬斯认为，市场仍是配置资源最有效的方式，当前各国政府、学者辩论的焦点是如何更好地调控市场并在某些时候改变其运作方式，防止市场失灵。更加负责任的政府、更多个人自由和尊严、加强法治，应该是各国民众一致的追求。

2. 西方政治是民主政治还是"否决政治"？选举、公投能否使资本主义摆脱困境？

德国总理默克尔认为，西方工业国家代表了自由市场经济与民主政治相结合的社会制度，相信这种社会制度是优越的。但是如果这种制度不能避免类似的国际金融危机，人们就会对她提出质疑。美国学者福山认为，美国式的民主制度正在走向衰败，美国的问题在于过度制衡导致政治衰败，民主政体沦为"否决政治"，阻碍形成能真正促进公共利益的政策或改革[1]。美国学者布雷默认为，未来8年甚至10年、20年，美国都无法选出美国社会需要的领导人，特朗普当选美国总统意味着世界进入了没有领袖的"G0"时代。英国皇家研究所等智库认为，在失去民众信任、社会缺乏共识的情况下，许多国家领导人借公投推卸责任，将重大争议性问题扔给民众解决，动辄通过公投进行"政治赌博"。但公投没有从根本上解决欧洲经济、政治、社会方面的深层次问题，"公投常态化"反而导致国家内部分裂、冲击欧洲一体化进程。

部分学者强调应该减少"否决政治"，深化国内改革。福山认为，必须修复美国资本主义制度，减少"否决政治"环节，简化决策程序，否则美国政治制度将难以避免衰败的命运。美国学者戴蒙德认为，由于政府停摆、政治极化、竞选丑闻不断，公众愤怒情绪有增无减，美式民主不再令

---

[1]　[美] 弗朗西斯·福山：《美国政治制度的衰败》，宋阳旨译，《国外理论动态》2014 年第 9 期。

人羡慕，美国对内应该采取改革竞选资金立法、鼓励政党竞争等措施，重塑民众对民主的信心；对外应重新大力促进民主，突出价值观外交，强化与中国等国家的"制度竞争"。

3. 应坚持多元开放还是内顾保守？未来资本主义应秉承什么核心价值观？

美国智库研究表明，随着民粹主义抬头，美国社会包容度下降，长期坚持的温和、多元、开放等价值观遭到挑战。目前，美国不同党派、阶层、族裔面临"我是谁"、"美国还是不是美国"等文化认同焦虑。欧美媒体人士认为，随着社会信息化迅猛发展，保护主义、孤立主义、民粹主义言论将借助新媒体、网络社交平台融入社会主流，加剧各国思想领域的混乱。无论民粹主义政党和政治人物是否掌权，都将不同程度影响相关国家的价值理念和社会思潮，对国际关系的外溢影响也将逐步显现。

一些学者主张坚持公平、正义、法治等价值观念，重建资本主义价值体系。美国经济学家克鲁格曼认为，政治极化是社会不平等的源头，必须坚持民主、自由、法治等价值观念，坚定推进进步主义议程，通过收入再分配实现经济社会平等，推动政党良性竞争，实现经济更快、更持续增长。英国《泰晤士报》副主编卡列茨基认为，纵观历史，资本主义先后经历了 19 世纪的"自由贸易资本主义 1.0 版"、20 世纪 30 年代的"国家福利资本主义 2.0 版"、20 世纪 80 年代的"新自由主义资本主义 3.0 版"。经过 2008 年国际金融危机，资本主义将转型升级为"更加温和、更加注重公平的资本主义 4.0 版"①。

4. 应坚持全球化还是逆全球化？如何加强全球治理？

美国前总统奥巴马认为，美国社会正对全球化产生怀疑，民众反移

---

① 转引自赵明昊：《当前西方对资本主义困境的反思》，《红旗文稿》2012 年第 9 期。

民、反穆斯林情绪上升。美国必须作出抉择，是要退回旧式封闭的经济？还是承认不平等与全球化相生相伴，并在此基础上为世界经济作出更大贡献。英国首相特雷莎·梅认为，全球化为世界创造了大量财富和机遇，减少了贫困，消除了国家间的壁垒，促进了全球繁荣与稳定。同时，英国脱欧、特朗普当选表明世界已经进入了"变革时代"，变革无处不在。政治家应该正确看待当前"逆全球化"运动，只有更好地回应民众关切，及时调整政策，才能引领新的全球化。

　　一些政要、学者主张摒弃利益至上的观念，强化全球治理。法国前总统奥朗德认为，应该拒绝没有规则的全球化，应强调法律的力量、规则的力量，反对各国通过牺牲环境、社会等方面的标准搞恶性竞争。《金融时报》副主编斯蒂芬斯认为，当前最大的危险是世界可能倒退回经济民族主义。各国政府需要制定合理的国际规则，建立强有力的全球治理架构，真正奉行多边主义，解决全球资本主义与各国民主政治出现的失衡问题。

5.世界秩序将如何演变？不同文明如何相处？

　　美国前国务卿基辛格认为，在地缘政治世界中，西方一手建立并声称全球适用的秩序正处在一个转折点上。任何一个国家都不可能单枪匹马建立世界秩序。由于不受既有模式的制约，世界其他地区可能比西方具有更大的能量和灵活性，至少像中国这样的国家是如此。[①] 美国前常务副国务卿伯恩斯认为，重振自由主义国际秩序是美国当前面临的重要任务，如何应对中国崛起是美国总统面临的重大课题，美国应该正视中国合理的现实利益，依靠国际机制处理与中国的竞争与合作。

　　一些政要、学者强调西方应该重塑信心，继续发挥西方优势，同时加强东西方文明之间的交流合作。澳大利亚前总理陆克文认为，在世界新旧

---

① ［美］亨利·基辛格：《世界秩序》，胡利籍译，中信出版社 2015 年版，第 476—489 页。

格局交替之际，西方面临的最大挑战不是东方崛起和西方自身经济衰弱，而是如何重塑信心，继续发挥西方的优势。剑桥大学教授彼得·诺兰认为，中国儒家思想和伊斯兰主流思想都不寻求摧毁资本主义，而是着眼于更为广泛的社会利益对市场进行调节，两者都有助于建立一种将个人的权利、自由与集体的义务、责任相结合的道德经济伦理，这种伦理观念正是全球资本主义调控体系的核心。要解决全球资本主义危机，需要东西方文明携手合作，西方国家尤其是美国必须超越意识形态差异，同中国和伊斯兰世界两大文明建立起建设性合作关系。

6. 美国模式和中国模式谁更有吸引力？资本主义和社会主义哪种才是理想社会？

新美国基金会资深研究员林德认为，金融危机终结了华盛顿倡导的自由市场和不受限制的资本主义模式，中国模式现在更多的被认为是未来的潮流。美国学者福山认为，"一带一路"倡议旨在影响甚至主导对欧亚大陆的"经济改造"，是中国首次真正意义上开始向其他国家输出发展模式，开启了中国与西方在发展模式上的"历史性竞争"。从"一带一路"倡议看，新的中国发展模式具有极其鲜明的时代特征，明显比西方模式更加实用和有效，已成为中国对外战略令人瞩目的新起点。如果"一带一路"倡议按照中国设想的那样顺利实施，中国发展模式将大行其道，中国的国家治理模式和政权组织方式将赢得巨大国际威望，受到普遍尊重，而西方"民主世界"将遭受沉重打击①。

同时，值得关注的是，在美、英等国家，青年一代对社会主义的认可明显上升。多年来，社会主义在美国一直被妖魔化，公开支持社会主义被视为政治禁忌，但国际金融危机以来，越来越多的美国民众尤其是青年一代认为，与资本主义相比，社会主义更能体现平等、公平等理念。2015

---

① [美] 弗朗西斯·福山：《输出中国模式》，载"报业辛迪加" 2016 年 1 月 12 日。

年盖洛普民调显示，1982 年只有 20% 的美国人认可社会主义，到 2015 年则有 47% 的美国人表示愿意投票给"自称是社会主义者"的总统参选人。英国工党领袖科尔宾认为，物欲横流、相互倾轧的资本主义社会绝不是人们理想的社会，贯彻集体主义原则、相互帮助、相互关爱的社会主义社会才是人们向往并愿意为之奋斗的目标。

（三）对美欧资本主义未来发展走势的初步看法

总体看，当前西方资本主义的困境具有全局性、复杂性、长期性，美欧国家进行的反思、改革都未能触及资本主义的根本性矛盾，短期内难以走出困境。同时，资本主义模式的调整、变化显示出较强的修复能力，其外溢影响也值得关注研究。

1. 资本主义深陷市场经济失灵、政治体制失能、社会契约失效等多重困境，"大转型、大变革"难以实现。国际金融危机充分暴露了资本主义制度固有的矛盾和弊端，目前西方资本主义国家仍处于迷惘期，经济增长低迷，政治碎片化，社会撕裂加剧，极端势力影响上升。同时，美国和欧洲国家政坛缺乏具有战略眼光、国际视野的政治家，政客们为赢得频繁的选举、公投，日趋短视、投机、趋利，到处是批评家，缺乏真正的改革者，精英层对政治思潮的引领能力、对社会共识的提炼能力、对民意舆论的塑造能力明显不足，欧美各界在国际金融危机后一度提出的"资本主义大转型、大变革"难以实现。

2. 资本主义制度困境与民粹主义盛行、极端主义蔓延、难民潮泛滥等矛盾相互交织，形成"复合共振"，西方资本主义仍面临"缺信心、缺对策、缺共识"等诸多挑战。2008 年国际金融危机十年来，美欧各国在经济、社会、外交等领域出台多项政策举措，但治标不治本，收效甚微。近年来，在难民潮、恐怖袭击、新兴国家群体性崛起等冲击下，美国等西方国家忧心忡忡，焦虑感、危机感上升，不仅没有找到切实可行的系统性解决方案，而且滑向民粹主义、保护主义、孤立主义。特朗普当选美国总统、民粹主义政党在各国支持率走高都表明，民粹主义对西方政治生态、政党格局、社会思潮的冲击将延续一段时间，对全球化、多边贸易格局、大国关系的外溢影响值得关注。

3. "再工业化"、"再平衡"等战略的实施，既展现了西方资本主义较强的自我修复能力，也暴露了其转嫁危机、维系资本主义国家主导地位的企图。 美国先后推出"再工业化"、"再平衡"等战略，既推进经济结构性调整、挖掘新的增长点，又坚持"美国优先"，利用贸易战、国际规则、利率调整等手段转嫁矛盾，并指责中国搞"国家资本主义"，批评新兴市场国家通过不公平手段获取竞争优势。从目前看，美国着力构建的"先进制造业创新研究网络"总体处于领先地位，德国倡导的"工业4.0"进一步增强了制造业竞争优势。西方资本主义国家整体实力仍占据优势[1]，在机制创新、技术创新方面显示出较强的修复能力，"西强东弱"的局面短期内难以改变。

4. 西方各国无法消除资本主义的根本矛盾，同时也难以克服向其他发展模式学习借鉴的心理障碍，未来资本主义与社会主义的磨擦将更趋复杂、激烈。 在应对国际金融危机过程中，中国特色社会主义的优势、韧性、活力充分显现，国际影响力不断扩大，西方资本主义的"乱、散、降"与中国特色社会主义的"稳、治、升"形成鲜明对比，但西方主流政党、传统媒体仍坚称"还是资本主义模式好"。同时，美欧各界日益担心中国崛起，害怕中国在经济利益、发展模式、战略安全等方面对西方资本主义制度构成威胁。预计未来一个时期，中国与以美国为首的西方国家在意识形态、科技创新、地缘政治、国际规则等领域的竞争和较量将更趋激烈。

---

[1] 李长久：《对资本主义的几点认识》，《红旗文稿》2012年第8期。

五、中国特色社会主义进入新时代与两种社会 制度较量的新态势

我们在研究中发现，近年来，在美欧资本主义国家的内部反思、争论中，越来越多地把中国特色社会主义作为参照系，越来越多地把中国发展壮大视为战略挑战和威胁，强调要与中国进行"制度竞争"、"模式竞争"。

国际社会普遍认为，国际金融危机的爆发使新自由主义模式受到重创，为中国模式走向世界创造了机遇。英国《卫报》把 2008 年评为"中国模式年"，认为"中国模式成了从莫斯科到迪拜、从伊斯兰堡到喀土穆全球各地关注的榜样"。美国哈佛大学教授约瑟夫·奈认为，中国的经济增长使发展中国家收益巨大，中国独特的发展模式也被很多国家奉为可效仿的榜样；更为重要的是，中国倡导的政治价值理念、社会发展模式、对外政策，会在国际社会产生越来越大的影响力和共鸣。美国学者约翰·奈斯比特认为，中国没有以民主的名义使自己陷入政党争斗的局面，在未来几十年中，中国不仅将改变全球经济，而且也将以自身模式来挑战西方民主政治。

不少西方学者认为，中国强有力的治理体制能迅速做出重大复杂决策，并有效实施，这是西方国家所不具备的。瑞典哥德堡大学教授罗斯坦（Bo Rothstein）认为，中国公共管理模式符合中国历史文化传统，干部选拔制度兼顾道德忠诚和工作能力，公共部门政令畅通、协调、高效，30 多年社会经济的高速发展有力的证明中国处于"良治"。西方公共管理推崇的"合法性、规则导向、非政治性、非人格化"等理念不具有普世性，不适合中国国情，中国式公共管理具有自身的独特的优势。

习近平总书记指出，中国特色社会主义进入了新时代，这是中国发展新的历史方位。这一重大政治论断，是根据我国国际环境发生新变化作

出的[①]。当今世界正处于大发展、大变革、大调整时期，我国发展仍处于重要的战略机遇期。中国日益走近世界舞台中央，当代中国已经不再是国际秩序的被动接受者，而是已经成为世界和平的建设者、全球发展的贡献者、国际秩序的维护者。同时也要看到，前景十分光明，挑战也十分严峻。我国正处于从大国走向强国的关键时期，外部环境更加复杂，阻力和压力不断增大。必须清醒地认识到，资本主义最终消亡、社会主义最终胜利是一个很长的历史过程。我们要充分认识资本主义社会的自我调节、修复能力，客观认识西方发达资本主义国家在经济、科技、军事等方面长期占据优势地位的客观现实，认真做好两种社会制度长期共存、合作和斗争的准备[②]。

习近平总书记在中共十九大上明确指出，"必须认识到，……我国仍处于并将长期处于社会主义初级阶段的基本国情没有变，我国是世界上最大发展中国家的国际地位没有变"；"解放和发展生产力，是社会主义的本质要求。我们要激发全社会创造力和发展活力，努力实现更高质量、更有效率、更加公平、更可持续的发展"！

---

① 中共中央宣传部：《习近平新时代中国特色社会主义思想三十讲》，学习出版社 2018 年版，第 52—55 页。
② 中共中央宣传部理论局：《世界社会主义五百年》，学习出版社 2014 年版，第 206 页。

第二章

冷战后美欧资本主义的演变与
2008 年国际金融危机的冲击

一、苏东剧变与"历史的终结"

第二次世界大战后，美欧等国进入国家垄断资本主义阶段，随即与苏联领导的社会主义阵营展开了一场历时 40 余年的冷战。在此期间，社会主义与资本主义两大阵营彼此竞争、对抗，甚至经历了数次危机。20 世纪 80 年代，以美国为首的资本主义国家发展模式开始从凯恩斯主义向新自由主义转变，对外也加大了"和平演变"和理念输出力度。苏联东欧社会主义国家在内外压力的共同作用下，于 20 世纪 80 年代末发生了剧变，冷战宣告结束。这一重大历史事件，对社会主义与资本主义的关系乃至整个世界格局的演变都产生了重大影响。

1989 年是剧变的一年，对东欧社会主义国家来说尤其如此，其政局变化"程度之激烈、速度之快、波及面之广完全超出了人们的预料"①，因此当年也被称为"东欧年"。事实上，从 1989 年至 1991 年的两年多时间里，东欧社会主义国家和苏联相继发生"政治地震"，社会主义运动遭受巨大挫折。

---

① 肖枫：《两个主义一百年》，当代世界出版社 2000 年版，第 81 页。

在波兰，团结工会在 1989 年 9 月组建了东欧社会主义国家中第一个由非共产党人领导、共产党人占少数的政府。1990 年，地位急剧下降的统一工人党决定停止活动并改建为社会民主党。在民主德国，1989 年 11 月柏林墙倒塌、两德边界开放，统一社会党改名为"民主社会主义党"后仍然败选。1990 年，民主德国加入联邦德国，两德实现统一。在匈牙利，社会主义工人党在 1989 年 3 月宣布支持、接受和提倡多党制。10 月，国会通过宪法修正案，不再写入工人党的领导作用和国家的社会主义性质等内容。在捷克斯洛伐克，共产党同意取消有关党的领导作用和以马列主义原则为指导的条文，随后在选举中失利。1990 年宪法删除了国名中的"社会主义"字样。1993 年又分裂为两个独立的国家。在保加利亚，共产党总书记日夫科夫被迫接受"政治多元化"并辞职，保加利亚共产党随后更名、改变性质并沦为在野党。在罗马尼亚，执政 25 年的共产党总书记齐奥塞斯库被处决，临时政府接管政权。在阿尔巴尼亚，1990 年劳动党同意实行多党制，并于次年改变了党和国家的性质。东欧国家的上述变化均受到苏联共产党"新思维"的影响和鼓励，这些变化又反过来影响了苏联"政治改革"的进程。1991 年"8·19"事件后，苏联党和国家迅速崩溃。当年 12 月，苏联解体。

苏东剧变是相关国家内部经济、政治、民族等一系列问题综合作用的结果，同时也受到两大阵营斗争和互动态势的影响。但在西方国家看来，这场剧变无疑是资本主义的巨大甚至是彻底胜利，值得欢呼雀跃。西方资本主义国家普遍认为，共产主义终将灭亡。其中，美国前总统国家安全事务助理布热津斯基所谓的"共产主义失败论"和日裔美籍学者福山的"历史终结论"是最典型的代表性论断，引发强烈反响。

布热津斯基在其著作《大失败——20 世纪共产主义的兴亡》中全面攻击苏联社会主义制度，否定东欧社会主义国家的实践并歪曲中国的社会主义改革，认为 20 世纪大多数时间是被共产主义的激情所支配着，但共产主义诞生还不到一百年就已进入"最后危机"，断言"到下个世纪共产主义将不可逆转地在历史上衰亡"。福山则提出了所谓"历史的终结"理论，认为苏东剧变和冷战结束标志着共产主义的终结，证明历史的发展只有一条路，即西方资本主义的市场经济和"民主政治"，自由民主制度是"人类意识形态发展的终点"和"人类最后一种统治形式"。

在这样一片欢呼声中，冷战结束后的美欧资本主义国家进入了一个全新的发展阶段。新自由主义在美国和英国大行其道并向世界扩散推广，西欧的莱茵资本主义和北欧模式的资本主义也进行了新的探索和发展。但在此过程中，资本主义固有的矛盾并未解决，而是在不断积累、变异，最终在 2008 年的国际金融危机中全面爆发。

二、新自由主义的扩张与"全球民主化浪潮"

从 20 世纪 80 年代开始，资本主义开启了自第二次世界大战结束后的又一次重大调整，新自由主义取代凯恩斯主义成为主导思想，其影响不断加强、拓展和深化，实现了政策化、全球化和政治化。这一过程不仅带来了西方国家繁荣发展、经济全球化，也促成了"苏东剧变"和所谓"第三波全球民主化浪潮"，同时还伴随着频繁发生的金融危机，为 2008 年国际经济危机的爆发埋下了隐患。

（一）新自由主义政策化，在美国、英国成为主流理念并付诸实践

新自由主义作为一种经济学理论和思潮，产生于 20 世纪二三十年代，崇尚自由市场，主张"最小政府"。20 世纪 30 年代经济危机之后，新自由主义在与凯恩斯主义的对抗中败下阵来，长期遭受冷落。直到 70 年代，西方国家普遍陷入"滞涨"困境，强调政府干预的凯恩斯主义束手无策。70 年代末 80 年代初，西方国家的社会思潮整体右转，资本主义开始了新一轮重大调整。在理论层面，新自由主义回到人们的视线中，逐渐成

为西方国家的主流思想。在政治层面，美国共和党和英国保守党等保守主义政党上台执政，大力推行新自由主义经济政策，掀起了一场"新右派革命"。

1979年撒切尔夫人在英国执政后，开始推行"新自由主义革命"。一是推行以遏制通货膨胀为重点的经济战略，采取紧缩货币和信贷政策。二是着手整顿财政，减少社会保障等国家财政支出，同时降低税率。三是解除金融管制，实行金融自由化。四是大力推行私有化。

1981年，里根入主美国白宫，以"里根经济学"为名执行新自由主义的货币主义学派和供给学派的经济政策。"里根经济学"主要包括四个方面的内容：一是实行减税法案，全面降低个人、企业税。二是放松政府对经济和企业的管制，推动原本就较少的国有企业私有化。三是紧缩通货，控制货币供给量。四是削减社会福利，压缩政府开支。

此后直至2008年国际金融危机前的近30年中，新自由主义在美国、英国始终占据主导地位。同一时期，德国、法国等欧洲大陆国家和日本也受到新自由主义思潮和美国、英国政策的影响，结合各自经济模式的特点，在不同程度上推行了以新自由主义思想为指导的经济改革，只是这些改革的力度、广度和深度都无法与美国、英国相比。

（二）新自由主义全球化，形成"华盛顿共识"并向各地推广

新自由主义"占领"了美国、英国等西方发达国家的同时，也开始了"全球化"进程。世界银行前高级副行长、诺贝尔奖得主斯蒂格利茨（Joseph Stiglitz）指出，一些国际组织在20世纪80年代发生了深刻变革，"成为当时新的传教机构"，被赋予了"向那些很少接触自由市场思想、又需要贷款和恩赐的贫困国家进行思想管束的任务"[①]。国际货币基金组织和

---

① ［俄］C.A.坦基扬：《新自由主义全球化——资本主义危机抑或全球美国化?》，王新俊、王炜译，教育科学出版社2008年版，第20页。

世界银行在向发展中国家提供援助时，要求受援国接受和执行由它们制定的"结构调整计划"（Structural Adjustment program），其内容包括"实行国有企业私有化、减少政府对经济的管理、对外开放国内市场、放松对资本流动的管制"[1]。

20 世纪 80 年代，拉美地区普遍爆发了债务危机和经济危机。美国于 1985 年提出以新自由主义为基础的"贝克计划"（Baker's Plan）。1990 年，美国国际经济研究所在华盛顿召开了一个讨论 80 年代中后期以来拉美经济调整和改革的研讨会，宣称在拉美国家已经和将要采用的十个政策工具方面达成了共识，即"华盛顿共识"（Washington Consensus）。美国国际经济研究所前所长威廉姆森（John Williamson）在会议论文集《拉美调整的成效》中，明确阐述了共识的内容：一是加强财政纪律，压缩财政赤字，降低通货膨胀，稳定宏观经济形势；二是把政府开支的重点转向经济效益高的领域和有利于改善收入分配的领域；三是开展税制改革，降低边际税率，扩大税基；四是实施利率市场化；五是采取有竞争力的汇率制度；六是实施贸易自由化，开放市场；七是放松对外资的限制；八是对国有企业实施私有化；九是放松政府管制；十是保护私人财产权[2]。斯蒂格利茨将"华盛顿共识"概括为"三化"：政府角色最小化，快速私有化，快速自由化。

"华盛顿共识"形成后，被美国政府、国际货币基金组织和世界银行当作一种"普世"的基本原则和经济模式，进一步向世界推销。到 1993 年，有 88 个国家与世界银行签订了"结构调整"协议，其中包括 41 个非洲国家，14 个亚洲国家，11 个欧洲国家，11 个中北美洲国家，10 个南美洲国家和 1 个太平洋国家[3]。拉美地区新自由主义经济改革声

---

① 李琼：《当代资本主义阶段性发展与世界巨变》，社会科学文献出版社 2013 年版，第 130 页。

② 何秉孟：《美国经济与金融危机解析》，社会科学文献出版社 2010 年版，第 66 页。

③ ［俄］C.A. 坦基扬：《新自由主义全球化——资本主义危机抑或全球美国化?》，王新俊、王炜译，教育科学出版社 2008 年版，第 19 页。

势浩大、影响深远，被称为拉美大陆的一次"经济政变"。政治剧变之后的俄罗斯及东欧国家接受了美国经济学家制定的"休克疗法"，推行自由化、私有化和稳定化的所谓"三位一体"策略。泰国、韩国、印度尼西亚、菲律宾、马来西亚等亚洲国家，在美国国会议员和学者的游说之下，也开始推行金融自由化、贸易自由化和投资自由化的新自由主义改革。

（三）新自由主义政治化，全球掀起所谓"第三波民主化浪潮"

经济基础决定上层建筑。新自由主义经济理念和政策在全球蔓延的同时，其影响不可能仅局限于经济领域，与之相适应的资本主义民主体制也随之形成了一股扩张的潮流。除此之外，美国自 20 世纪 80 年代开始推行"民主援助"，将对外经济援助与受援国的政治改革和民主化挂钩，甚至直接介入受援国的政治、经济和社会体制变革，无疑这是形成美国学者亨廷顿（Samuel Huntington）所称的"第三波民主化浪潮"（the Third Wave of Democratization）的重要原因。

所谓"第三波民主化浪潮"始于 1974 年，葡萄牙康乃馨革命结束军人独裁政权，随后西班牙和希腊也建立起民主体制。此后，民主化浪潮席卷全球各大洲。在拉美，多数国家于 20 世纪 80 年代由文人政权代替了军人政权，建立起代议制民主。在苏联东欧地区，经历了 80 年代末 90 年代初的剧变后，多数原社会主义国家都实行了西方式的民主制度，成为这一波民主化最引人注目的结果。在非洲，民主化浪潮来势最猛、范围最广，到 90 年代有 40 个国家转而实行多党制[1]。在亚洲，菲律宾和韩国在 80 年代从独裁体制过渡到了民主制度；20 世纪 90 年代，尼泊尔出现了向君主立宪转变的政治要求，泰国结束了长期的军人政府，印度尼西亚的苏哈托政权垮台。

---

[1] 庞仁芝：《当代资本主义基本问题研究》，人民出版社 2015 年版，第 173 页。

2001 年"9·11"事件之后，美国将民主化的目标指向中东地区，出台了"大中东计划"（Greater Middle East Initiative）。在美国及其西方伙伴国的推动下，阿富汗和伊拉克举行了两国历史上的首次民主选举，巴勒斯坦、黎巴嫩、埃及、沙特阿拉伯等国也相继举行了不同层次的选举，被小布什（George Walker Bush）等西方政治家称为中东地区的"民主之春"。与此同时，原苏东地区先后爆发了格鲁吉亚玫瑰革命、乌克兰橙色革命以及吉尔吉斯郁金香革命等一系列"颜色革命"，在当地掀起了苏东剧变后的又一次民主化浪潮。可以说，新自由主义已经"演变成为美国的国家意识形态和主流价值观念，被美国资产阶级当做它用来在世界范围内推行其经济、政治、文化体制'一体化'的工具"①。

（四）新自由主义的弊端逐渐暴露和累积，为 2008 年国际金融危机爆发埋下隐患

新自由主义帮助美国、英国等西方国家摆脱了"滞涨"困境，也在一定时期内和不同程度上帮助亚非拉国家恢复了经济增长和活力。但在此过程中，新自由主义的弊端也不断暴露出来。**一是**在相关国家内部扩大了收入差距、加剧了贫富分化，同时削弱了工会力量、降低了福利水平。**二是**在很多转轨或发展中国家"水土不服"。俄罗斯在 1989 年至 1999 年的 10 年间国内生产总值下降了近一半。非洲不少国家发展迟缓、停滞甚至倒退，有些国家还陷入冲突和战乱。**三是**在全球范围内加剧了国家间的贫富分化。20 世纪 60 年代，全世界最富国家的人均收入是最穷国家的 30 倍；到 20 世纪末达到 74 倍；到 2008 年国际金融危机爆发时大幅度提高到 330 倍②。**四是**造成金融和经济危机频发。据世界银行统计，20 世纪 80 年代至

---

① 　徐崇温：《国际金融危机与当代资本主义》，重庆出版社 2015 年版，第 123 页。

② 　李慎明主编：《国际金融危机与当代资本主义——低潮中的世界社会主义思潮与理论》，社会科学文献出版社 2010 年版，第 58 页。

90年代末,全球共发生大大小小的金融危机108次①。这些金融危机绝大多数发生在积极、彻底推行金融自由化改革的发展中国家,1997年亚洲金融危机更是造成了广泛影响和巨大损失。

这一方面是由于新自由主义理论中存在固有缺陷。世界银行在1999—2000年度世界发展报告中承认,"市场不完善的情况比以前想象得更加广泛"②。新自由主义的信奉者盲目崇拜和过度夸大市场的作用而不加以足够干预,坐视贫富分化加剧、虚拟经济与实体经济的脱节、金融系统性风险等问题不断累积。另一方面是由于新自由主义与很多发展中国家的国情和体制不匹配。这些国家经济基础薄弱、经济体系不健全、政治制度不成熟、法制规则不完善,在压力和冲击下被动接受和实施的新自由主义经济政策和政治制度根本无法达到与西方国家相同的效果,反而令自身陷入困境。

事实上,很多政治家和学者也看到了新自由主义的缺陷,并试图做出调整。20世纪90年代,美国的克林顿总统、英国的布莱尔首相以及部分欧洲领袖纷纷提出"第三条道路",尽管各自含义有所不同,但总体上更加强调公平,主张"协调政府在市场与社会福利、自由主义与反贫困斗争、经济增长与社会公正等几大难题上的观点与做法"③。1998年美洲国家元首会议上提出了"圣地亚哥共识",提出减少经济改革的"社会成本"、不降低国家在社会发展进程中的作用等主张,希望以此替代"华盛顿共识"。但这些对新自由主义纠偏的主张多数未能落实或影响有限,根本原因还在于新自由主义代表了资本主义的主导力量——国际金融垄断资本的利益需求,依然拥有强大的动能。同时,这些纠偏主张也都只是在资本主义甚至新自由主义框架内的小修小补,无法解决市场与政府关系这一基本问题,

---

① 何秉孟:《美国经济与金融危机解析》,社会科学文献出版社2010年版,第148页。

② [俄] C.A.坦基扬:《新自由主义全球化——资本主义危机抑或全球美国化?》,王新俊、王炜译,教育科学出版社2008年版,第40页。

③ 肖枫:《两个主义一百年》,当代世界出版社2000年版,第184页。

更无法触及生产社会化同生产资料私有制这一资本主义的基本矛盾。因此，新自由主义仍然是资本主义乃至全球多数国家的主流指导思想，直至 2008 年国际金融危机爆发，才引发更加广泛的质疑和反思。

三、美国的自由放任资本主义与 2008 年国际金融危机

20 世纪 80 年代以来直至 2008 年国际金融危机爆发，新自由主义始终是资本主义主流意识形态，美国则是新自由主义的大本营。冷战后，美国虽经历了多次政党轮替，但总体上奉行自由放任的新自由主义政策，基本保持了经济发展，但其弊端也不断积累，最终引发次贷危机并蔓延为全球性的国际金融危机。

（一）冷战后美国民主党、共和党政府均坚持自由放任的新自由主义模式

一般来讲，美国共和党主张"小政府"，强调自由市场和效率；民主党则更注重社会公平，主张适度进行政府干预。但 20 世纪 80 年代后，新自由主义成为美国的主流意识形态，无论总统属于哪个党派，都没有背离新自由主义的政策框架。里根总统之后，美国经历了共和党的两位布什总统，以及民主党的克林顿总统。但即使在克林顿时期，他也是"一位以新民主党人形式出现的总统，被共和党国会团团围住"，是"民主党人用共和党的办法在统治"[①]。最明显的例证就是，在 1987 年至 2006 年之间的超过 18 年里，对美国经济政策具有权威性影响的美联储主席一职始终被新自由主义的坚定信徒、深信"市场能够自己处理风险"、"联邦管理本身并不比市场管理高级"的格林斯潘（Alan Greenspan）所垄断。他的任期跨

---

① 〔英〕约翰·米克尔思维特，阿德里安·伍尔德里奇：《右派美国——美国为什么独一无二》，王传兴译，中信出版社 2014 年版，第 111 页。

越 6 届总统,成为任职时间最长的美联储主席。

当然,所谓自由放任的新自由主义政策也并非完全没有政府干预。即使是"一心崇奉新自由主义"的里根总统,也不得不采取凯恩斯主义的某些措施,只是他的做法是"被动的和不自觉的"①。而克林顿则是主动在新自由主义与凯恩斯主义之间找到平衡,并自豪于已经找到了"第三条道路",认为"我们的政府是 35 年中规模最小的,但却是最进步的"②。但是与其他西方资本主义国家相比,甚至是与同样奉行新自由主义的英国相比,美国的政府干预程度都是更低的,更加接近于古典经济学中的自由放任(Laissez-Faire)原则和"市场原教旨主义"。可以说,自由放任是美国新自由主义模式的主要特征。

(二)美国在金融、财税、产业、福利等领域全面推行新自由主义政策

1. 金融自由化快速发展

自由化是新自由主义的核心主张之一。金融作为现代资本主义的代表性行业,是自由化表现最突出的领域。新自由主义理论家们宣称,如果没有国家的管制,金融市场会更有效率,人们能把有限的资源投入回报率最高的领域③。

里根时期,美国政府开始放松对金融部门的监管,金融部门逐渐从以向非金融部门提供贷款为基础的金融活动,转向以市场为基础的投

---

① 李琼:《当代资本主义阶段性发展与世界巨变》,社会科学文献出版社 2013 年版,第 114 页。

② [英]约翰·米克尔思维特,阿德里安·伍尔德里奇:《右派美国——美国为什么独一无二》,王传兴译,中信出版社 2014 年版,第 112 页。

③ 罗文东:《国际金融危机中新自由主义的衰落》,李慎明主编:《国际金融危机与当代资本主义——低潮中的世界社会主义思潮与理论》,社会科学文献出版社 2010 年版,第 56 页。

机活动①。克林顿政府时期，美国国会于 1994 年通过了《州际银行法》（*Riegle-Neal Interstate Banking and Branching Efficiency Act*），允许商业银行在全国范围内设立分支机构。1999 年，美国政府颁布《金融服务现代化法》（*Gramm-Leach Financial Services Modernization Act*），废除了 1933 年的《格拉斯—斯蒂格尔法》（*Glass-Steagall Act*）中关于商业银行和投资银行必须分业经营的条款，"建立准许银行、证券、保险公司和其他金融服务提供者之间相互联营、审慎管理的金融体系"②。小布什政府在自由市场原则的指导下，继续对金融市场和金融机构采取放任态度，促成美国金融市场加速发展。在巨额利润的刺激下，华尔街以各种"最佳投资方式"的名义创造出大量金融衍生品，"保险公司还没提取相应的准备金就对垃圾金融产品出售信贷违约掉期产品，而金融机构则把一美元资产放大到 30 倍杠杆"③。美国金融企业的税前利润额与全美企业税前利润总额之比显著上升，2001 年至 2003 年之间甚至一度超过 40%④。

2. 放松和调整对经济的管制

美国政府长期将垄断看作破坏经济自由的因素。但是，随着强调市场自身调节作用的新自由主义盛行，同时也是在日趋激烈的国际竞争压力下，美国社会主流思想"不再认为兼并和经济力量的垄断会有损市场竞争，相反，这种垄断被视作保持全球竞争力的必要形式"⑤。于是，20 世纪 90

---

① 〔美〕大卫·科茨：《金融化与新自由主义》，载刘元琪主编：《当代资本主义经济新变化与结构性危机》，中央编译出版社 2015 年版，第 122 页。

② 李琮：《当代资本主义阶段性发展与世界巨变》，社会科学文献出版社 2013 年版，第 113 页。

③ 〔美〕保罗·克雷格·罗伯茨：《自由放任资本主义的失败——写给全世界的新经济学》，秦伟译，生活·读书·新知三联书店 2014 年版，第 33 页。

④ 〔美〕大卫·科茨：《金融化与新自由主义》，载刘元琪主编：《当代资本主义经济新变化与结构性危机》，中央编译出版社 2015 年版，第 113 页。

⑤ 〔美〕保罗·克雷格·罗伯茨：《自由放任资本主义的失败——写给全世界的新经济学》，秦伟译，生活·读书·新知三联书店 2014 年版，第 53 页。

年代后半期，美国企业掀起并购热潮。根据美国证券数据公司提供的材料，截至 1998 年，历史上发生的 295 亿美元以上的并购案共 14 起，其中有 13 起发生在 1995 年至 1998 年，而 1998 年一年就发生了 8 起[①]。小布什政府更加坚定奉行政府干预最小化的原则，从 2003 年开始到 2008 年金融危机之前，美国又掀起新一轮并购高潮。这种并购行为遍及各行各业，金融业和通信业尤为突出。

但美国政府并非放任一切兼并行为。克林顿政府对兼并是否导致垄断的判断标准作出了调整，从以往的注重规模，转而关注兼并行为是否会阻碍创新。小布什时期，作为对 2001 年安然公司（Enron）丑闻的反应，美国政府于 2002 年颁布了《萨班斯—奥克斯雷法》(*Sarbanes-Oxley Act*)，为美国上市公司董事会、管理层和会计公司的行为制定了一套新的、更严格的标准。

3. 两党斗争中的减赤努力与减税政策

里根政府在新自由主义的影响下，一方面减少税收，同时又因与苏联冷战和军备竞赛的需要而大幅增加军费开支，导致财政赤字不断攀升。老布什政府时期，经历了 1990 年至 1991 年的经济衰退后复苏乏力，又发动了海湾战争，也无力改变财政状况。克林顿执政后，美国从冷战和军备竞赛中解脱出来，削减赤字成为其重要任务和目标，经济开始进入复苏和增长周期。克林顿制定了平衡预算时间表，调整和减少部分福利开支，但反对共和党的大幅削减福利和减税计划。两党围绕预算展开激烈斗争，导致 1996 年 11 月和 12 月政府连续两次"关门"，但最后还是达成妥协。在美国经济繁荣、股市飙升的背景下，美国提前实现联邦财政预算平衡，1997 年赤字即从 1992 年的 2904 亿美元降至 226

---

① 陈宝森、王荣军、罗振兴主编：《当代美国经济（修订版）》，社会科学文献出版社 2011 年版，第 229 页。

亿美元 [1]，1998 年已结余 692 亿美元 [2]，2001 财年财政结余达到 1289 亿美元 [3]。

在税收方面，克林顿政府曾提出增加富人税负的法案，但因受到反对而不得不放弃，转而实行有利于富人的税收和投资政策，并对企业进行扶持和补贴。1997 年，美国将资本增值税从原来的 28% 降低到 20% [4]。但克林顿也在 1999 年否决了共和党国会提出的总额 7920 亿美元的全面减税方案。小布什执政后，减税成为其经济政策的主要内容。8 年任期内，小布什政府实施了 3 次大的减税计划，第一次是 2001 年 5 月，提出分 11 年减税 1.3 万亿美元；第二次是 2003 年 5 月，实施了 3500 亿美元的减税方案；第三次是 2008 年 1 月，在美国经济出现下滑时提出 1500 亿美元的个人和企业减税计划，刺激经济及消费 [5]。小布什政府在大规模减税的同时，又发动了两场战争，导致财政赤字大幅上升，2008 年达到 4550 亿美。

4. 理念平衡下的福利制度改革

在美式资本主义制度中，福利制度总是引起较大争议。强大的保守主义思想认为过度福利会销蚀奋斗精神，不利于国家的发展；持自由主义思想的人们则强调国家需要对弱势群体承担责任。被称为"新民主党人"的克林顿总统在这一方面努力实现两种理念的平衡，于 1996 年签署了共和党控制的国会通过的《个人责任与工作和解法》（*Personal Responsibility and Work Reconciliation Act*）。新法规对原有福利制度做出了重大改变：一是限制了领取福利的时间，规定每个受惠人一生只能接受不超过五年的福

---

[1]　楚树龙、荣予：《美国政府和政治》，清华大学出版社 2012 年版，第 1114 页。

[2]　陈宝森、王荣军、罗振兴主编：《当代美国经济（修订版）》，社会科学文献出版社 2011 年版，第 344 页。

[3]　楚树龙、荣予：《美国政府和政治》，清华大学出版社 2012 年版，第 1142 页。

[4]　楚树龙、荣予：《美国政府和政治》，清华大学出版社 2012 年版，第 1130—1131 页。

[5]　*The Fiscal Year 2008 Federal Deficit*，https://www.cbo.gov/publication/24850，访问时间：2018 年 7 月 20 日。

利津贴；二是改变了发放福利救济的方式，由现金或支票变为多数以照顾孩子、教育支持、培训等服务的形式发放；三是将承担福利责任的主体由联邦政府变为各州政府，联邦政府通过"困难家庭临时援助"(Temporary Assistance for Needy Families，TANF) 向各州提供一笔定额补贴，由州政府制定和实施自己的福利计划，超出 TANF 的部分由各州自己负担。新法规减少了人们对福利救济的依赖，也促使各州更加努力限制福利的增长。到 1999 年，美国接受社会福利救济者比 1993 年少了近 700 万人，减少了 50%[①]。此外，克林顿还试图推动医疗保险改革，委派第一夫人希拉里·克林顿牵头制定计划，但其提案最终未能获得国会批准。

（三）新自由主义政策助推美国经济实现繁荣，并在不断调整中度过数次经济危机，但其内在弊端也在逐渐累积和发酵

一是金融风险不断积聚。在利润的刺激下，金融行业创造出次级抵押贷款以及一系列金融衍生品，通过投机和高杠杆运作获得超额回报。但高回报也意味着高风险。美国政府对发展迅速的金融市场和新兴产品没有进行有效监管，甚至完全放任自流。2004 年美联储收紧银根、房地产市场进入下行周期后，其影响逐渐传导至银行和金融行业，最终引发次贷危机并传导至整个金融行业。

二是经济金融化和空心化。自由发展的金融资本急剧膨胀，很快超过实体经济，成为美国经济的主导者。据统计，制造业占美国国内生产总值的比重由 1990 年的 24% 下降至 2007 年的 18%[②]。2007 年美国实物经济为 3.5 万亿美元，而金融衍生品则有 320 多万亿美元，两者之比高达 1 : 91[③]。在这样高度依赖金融的经济中，一旦金融体系崩溃，实体经济根本无法支

---

① 楚树龙、荣予：《美国政府和政治》，清华大学出版社 2012 年版，第 1503 页。

② 何秉孟：《美国经济与金融危机解析》，社会科学文献出版社 2010 年版，第 225 页。

③ 李慎明主编：《国际金融危机与当代资本主义——低潮中的世界社会主义思潮与理论》，社会科学文献出版社 2010 年版，第 57 页。

撑经济正常运行。

三是贫富分化日益加剧。这一时期的新自由主义政策代表的是资本主义发展到国际垄断。自由化、减税等政策的最大受益者是富有阶层。富者愈富，贫者愈贫。次贷危机爆发并恶化为经济危机时，普通民众的损失最直接，社会矛盾必然激化。

四是引发全球性经济动荡。美国在本国奉行新自由主义的同时，还通过炮制"华盛顿共识"向全球推广，以服务垄断资本和金融资本不断扩张的需求。因此，危机在美国爆发后迅速蔓延至全球，并将美国的损失转嫁至其他国家，形成国际金融危机。

四、从"左右之争"到布莱尔的"第三条道路"

第二次世界大战后，社会民主主义在欧洲曾经辉煌一时。但自 20 世纪 70 年代起，受经济滞涨等各种因素的影响，社会民主主义应对乏力，逐渐陷入困境。特别是 20 世纪 90 年代经济全球化加速推进，社会民主主义主张的政策弊端进一步凸显，社会民主主义政党在大选中接连失利，处境日益艰难。在此背景下，欧美国家中左派政党纷纷谋求理论创新，以探索一条超越传统"左右之争"的革新道路。其中，影响最大的是英国工党领袖布莱尔提出来的"第三条道路"。

（一）布莱尔"第三条道路"理论产生的背景

1. **新技术革命、经济全球化造成巨大冲击。**进入 90 年代，在新技术革命推动下，知识经济兴起，经济全球化进程不断加速，处于相对有利地位的欧美发达国家从中获得巨大利益，但也面临诸多挑战：生产、销售和资本流动日益全球化，各国经济相互依存度提高，经济脆弱性凸显；国际经济竞争日趋激烈，降低生产成本的压力不断增大；失业率上升，贫富两极分化加剧，本国居民与外来移民之间的矛盾增加，冲突不断，社会稳定受到严重威胁；生态环境恶化，全球性问题增多，世界日益需要新的发展模式，在公平与效率、国家与市场、安全感与灵活性、社会理性调节和经济自发力量之间实现新的平衡。①

2. 英国社会阶层结构及其诉求发生显著变化。 工党起源于工人运动，自成立起就以工人阶级政党身份活跃于政坛。但 20 世纪 70 年代以来，受经济全球化和"后工业化"影响，工业国家的很多企业逐渐向外转移，在英国经济结构中，服务业所占比重日渐上升，工业部门的就业人口日渐下降②，导致英国社会阶级结构发生重大变化。2006 年公布的《英国社会潮流调查》显示，服务业的工作机会从 1978 年的 1480 万上升到 2005 年的 2150 万，增加了 45%，同期制造业的工作机会则从 690 万减少至 320 万，下降了 54%。③一方面，工人阶级数量和比重的降低，削减了工党的传统社会基础；另一方面，中间阶层已经成为社会的大多数，他们的价值导向多元，重视稳定的工作、安全的社会、低的银行利率、良好的教育、医疗等公共服务，如何在政策上回应他们的需求，成为工党必须面对的问题。④

3. 老工党屡战屡败。 自 1979 年英国保守党在撒切尔夫人领导下上台执政后，工党士气日下，开始反思党的政策。1983 年工党大选再次惨败，金诺克当选党领袖后，开始逐步检讨工党政策和策略，在宏观经济政策上开始强调紧缩和稳定，这一定程度上扭转了工党的被动局面。1992 年大选前，工党支持率甚至高于保守党，但依然失利，这促使工党内部革新

---

① 莫纪宏主编：《全球化与宪政》，法律出版社 2005 年版，第 76 页。

② 谢峰：《政治演进与制度变迁——英国政党与政党制度研究》，北京大学出版社 2013 年版，第 87 页。

③ ［英］马丁·史密斯：《新工党的阶级理论评析——英国工人阶级状况》，《国外理论动态》2007 年第 12 期。

④ 谢峰：《政治演进与制度变迁——英国政党与政党制度研究》，北京大学出版社 2013 年版，第 87—88 页。

者提出更激进的主张：超越左右的"第三条道路"。① 在此背景下出任领袖的布莱尔，充分利用工党在野十多年，党心思变的形势，提出缔造"新工党"，建设"新英国"的口号，积极推动工党进行理论反思和政策创新，对工党进行"现代化"变革，以此与老工党切割，树立崭新形象。

（二）布莱尔"第三条道路"理论的主要主张

1.以中间化为核心进行政党改革。布莱尔认为："要赢得大选胜利，就不能仅仅代表工人利益，必须成为跨阶级的党。不但要代表工人阶级，而且要代表中间阶级。"② 为此，工党需要全盘审查党的政策，尤其需要进行意识形态的更新。其标志性的举动就是积极主张修改被称为"公有制条款"的党章第四条。③ 此外，布莱尔还积极主张调整与工会关系，大力吸收个人党员和劳工以外的党员，吸引中产阶级选民入党，着力树立工党是"全体英国人民的政党"的形象。

2.以发挥市场作用为核心进行经济改革。布莱尔认为，市场与政府都是经济运行的必要调控手段，理想的经济模式应该是充满活力的私有经济，辅之以高质量的公有服务业的"混合经济"模式，市场作用奏效的领域靠市场，市场作用失效的领域靠政府。只有将二者有机结合，实现市场调节与政府干预的平衡，才能更好地维护宏观经济稳定。政府为经济提供条件而不是指挥经济。他主张，改革经济管理模式，按市场规律制定经济政策，将实现物价稳定和可持续公共财政作为宏观经济政策的目标。

3.以权利与责任平衡为核心进行社会改革。布莱尔认为，责任是权利

---

① 裴援平、柴尚金、林德山：《当代社会民主主义与"第三条道路"》，当代世界出版社 2004 年版，第 5 页。

② ［英］托尼·布莱尔：《新英国——我对一个年轻国家的展望》，曹振寰等译，世界知识出版社 1998 年版，第 26 页。

③ 谢峰：《政治演进与制度变迁——英国政党与政党制度研究》，北京大学出版社 2013 年版，第 76 页。

的前提和基础，不尽责任就不能享受权利。健全的责任体系应是由个人和社会组成，社会与政府的行为不能代替个人责任，应通过改善社会促进公民个人实现自我完善，为社会和他人承担一定义务。主张将"消极福利制度"变为"积极福利制度"，变"福利国家"为"社会投资国家"，推行不工作就不能享受福利的政策，强调"第三条道路的方式是对最需要的地方予以支持，使权利和责任一致"[①]。

4. 以分权共治为核心进行宪政制度改革。 布莱尔认为，在资本主义市场失灵、公民社会日益强大、全球化冲击不断增强的情况下，要对国家进行有效治理，必须改变政府的管理模式，由传统的统治型转为治理型，以达到"分散权力、开放政府、改革议会和增加个人权利"的目的。为此，他主张，改革政治制度，废除上院议员世袭制，向地方下放权力，建立"整体型政府"，加强政府的服务功能，鼓励公民对政治生活的参与，发挥社区作用，在政府和公民社会之间建立合作互动关系。

5. 以自由干涉主义为核心调整外交政策。 布莱尔认为："在国际问题领域，我们必须保持向外看而不是做孤立主义者。经济是国际化的，环境是国际化的，犯罪也是国际化的。我们把国际接触视为解决跨国问题的逻辑方法，而不是对境内主权的一种威胁。"[②] 布莱尔倡导"新干涉主义"，主张人权高于主权，加强国际合作，实施全球治理，强调英美特殊关系，以及在欧美之间发挥桥梁作用。

（三）布莱尔"第三条道路"理论在实践中的主要成效

1. 转变工党形象，实现连续执政。 担任党领袖后不久，布莱尔即在1995年该党特别代表大会上推动修改党章，废除了第四条的公有制条款，

---

① 陈林、林德山主编:《第三条道路:世纪之交的西方政治变革》，当代世界出版社 2000 年版，第 22 页。

② 陈林、林德山主编:《第三条道路:世纪之交的西方政治变革》，当代世界出版社 2000 年版，第 27 页。

虽仍称工党是民主社会主义政党，但首次明确肯定私有制、混合经济、竞
争与市场的作用，将公众服务代替原来的公有制，规定党的奋斗目标是
建立一个"为公众利益服务的充满活力的经济体"、一个"正义、开放的
民主社会"。在此指引下，布莱尔领导革新了工党的指导思想和组织结构，
弱化工会对工党决策的影响，摆脱了老左翼政党形象，扩大了工党的社会
阶级基础，成功地将工党由一个主要代表传统工人阶级的政党，转变为一
个代表全民的现代化"全民党"。新工党的新形象及其改革为新工党带来
了回报。在 1997 年大选中，工党获得大胜，赢得了 418 个下院议席，拥
有 179 席的绝对多数。此后，工党连续执政，直至 2010 年。

　　2. **推行经济改革，实现持续增长**。一是改革金融体制，改善宏观经济
环境。将货币政策决策权由财政部转给英格兰银行，由央行设立货币政策
委员会制定货币政策，使货币政策更加透明、合理、稳定。二是进行税制
改革，激发经济活力。大幅简化对企业监管，多次降低企业税或实行税额
减免政策，实现"有国际竞争力"的税制，以降低生产成本，刺激投资。
反对工会对铁路、煤矿等重新国有化的提议。同时，增加企业法人税、汽
油消费税、遗产税等非增值税税率，在减轻企业负担的同时确保国家财政
收支实现盈余。三是建立开放灵活的市场，加大对科研和创新的投入力
度，支持企业进行技术创新。通过一系列经济措施，到布莱尔辞去首相职
务的 2007 年，十年间英国经济平均增长率达到 2.8%，人均收入年均增长
2.7%，通货膨胀率则仅为年均 2%，失业率为年均 4%，[1] 各项指标都达到
第二次世界大战后英国历史上最好水平，使英国经济状况少有地走在欧盟
国家前列 [2]。

　　3. **强调积极福利，改革社会政策**。一是缩小福利救济范围，防止滥
用。将主要救济对象集中在完全没有劳动能力的老人和残疾人身上，对多

---

　　① 洪建军：《布莱尔与"第三条道路"盘点》，《世界知识》2007 年第 13 期。
　　② 林建华、李华锋等：《冷战后新"第三条道路"的兴衰研究》，人民出版社 2011 年版，第
163 页。

数需救济者采取教育和培训的方式，使其走向就业或再就业，逐步具备自我救助与保障的能力。为此，推出耗资 35 亿英镑的"变救济为就业"项目。到 2004 年，有 43 万名青年通过该计划实现就业。二是通过提供就业指导、保育服务、培训和交通补贴、提高最低工资待遇，以及减免就业税收、出台反就业歧视法等措施，鼓励单亲家庭和残疾人就业。三是多渠道增加教育投入，突出终身教育、公私合作、社会公正，促进教育公平，提高教育质量；推行国民医疗服务体系（NHS）改革，倡导接受平等服务的机会，增加投入，加大软硬基础设施建设，缩短就医等候时间，增加患者选择医院和医生的权利。

4. **加强宪政改革，着力扩大民主**。一是下放权力，实行地方自治。经苏格兰、威尔士分别公投同意后，1998 年布莱尔政府推动议会通过了成立苏格兰、威尔士议会的法案，设立两个地方议会并赋予其相当大的权力，同时在地方议会选举中成功地引入比例代表制。推进北爱和平进程，1998 年签署《北爱和平协议》，在"权力共享"基础上恢复了由各主要政治力量组成的北爱联合自治政府。二是推进议会上院民主化改革。1999 年《议会上院法案》获得通过，除 92 名世袭议员在过渡期内保留议席并参政外，其他贵族议员全部取消世袭资格。2003 年，布莱尔宣布上院议长选举改革方案，2006 年上院首次通过选举产生新议长，改变过去由内阁大臣兼任的做法。

5. **外交积极作为，付出沉重代价**。在外交上，布莱尔力图积极有为，拓展英国影响力。在对欧盟政策上，布莱尔展示积极态度，推动英国进一步融入欧盟。1997 年 5 月，布莱尔一上台即签署《欧盟社会宪章》，1998 年签署《阿姆斯特丹条约》，同意扩大欧洲议会权力等。布莱尔甚至希望"在经济条件成熟情况下"通过公投加入欧元区，并制订了"全国转换计划"，后来因故放弃。但其"第三条道路"中人道主义价值观的消极性与破坏性暴露无遗。① 英国 1998 年参加美国对伊拉克的轰炸，1999 年推动北约以人道主义借口发起科索沃战争，2000 年对塞拉利昂进行小规模军事干预。"9·11"事件后，布莱尔坚定支持美国总统布什，英国紧跟美国入侵伊拉克，扮演了极不光彩的"小兄弟"角色，恶化了工党在民众中的形象，也破坏了同法、德等国家的关系。在 2006 年以色列—黎巴嫩战争中，布莱尔继续支持美国总统布什，拒绝批评以色列，在工党中引起强烈不满。

总体看，"第三条道路"是布莱尔等欧美政党领导人在寻求适应时代变化的新政治过程中的理论探索，是社会民主主义运动的新的政治实践，在理论和实践上都触及了一系列事关当代社会发展的重大问题，但缺乏完整的理论体系，实用主义色彩较浓，无法摆脱其自身的局限性和矛盾性，也留下了不少后遗症。

五、北欧模式的主要特点及福利国家面临的挑战

北欧国家在第二次世界大战后逐步建立了普惠型的福利国家制度，形成了以高税收、高福利为主要特征的北欧模式。但 20 世纪 70 年代至 90 年代北欧国家陷入经济危机，北欧模式备受挑战和质疑，不得不对福利国家制度进行改革、调整。

（一）北欧模式的缘起

北欧模式是在社会民主主义思想影响下对资本主义进行改良的产物。它始于 20 世纪 30 年代，第二次世界大战以后逐步确立，90 年代以后进

---

① 林建华、李华锋等：《冷战后新"第三条道路"的兴衰研究》，人民出版社 2011 年版，第 173 页。

一步改革完善。该模式的确立具有独特的社会历史条件。

一是社会民主主义的发展。德国社会民主主义思潮在 19 世纪 80 年代传入北欧。受此影响，北欧各国相继建立了社会民主党。他们积极组织工人运动、参加议会选举，为社会民主主义的发展提供了组织力量。北欧社会民主党主张社会改良，倡导通过渐进式的社会政策解决社会问题。

二是"普遍社会福利主义"深入人心。长期以来民众对"普遍福利主义"理念的认同，是北欧模式能够成功的重要因素。其中"人民之家"与"进步主义"是"普遍福利主义"的两块重要基石。"人民之家"理念主张每个公民以国为家，以国为其福利内容的最主要承担者。"进步主义"理念支持在混合经济的架构下劳动人权和社会正义的持续进步，在第二次世界大战后社会政策立法和社会保障体系的发展中也起了重要作用。

三是多种形式实现充分就业。北欧国家通过适度的激励机制及不断调整相关政策，实现了相对于其他国家和地区的高就业率。**首先**是国家主导的社会服务体系。北欧国家具有发达的公共福利服务机制，幼儿教育、病残帮扶、洗衣清洁等"家务活动"中的相当一部分转移到医院、社区、学校等社会机构中，这些机构为很多无业人员特别是家庭妇女提供了就业岗位。[1] **其次**是强化人力资源投资。北欧国家一方面大力发展国民教育，另一方面对失业人员进行有效培训，使其具备再就业能力。

四是通过组织对话形成社会政策。北欧社会中不同的阶层、群体和政党的代表经过长时间的接触、对抗与合作，逐渐形成了团体博弈和妥协的制度传统。各阶级阶层通过其利益代表者在有效的途径和渠道中进行政策博弈，从而达到双赢或多赢的效果。这种为各个阶层所普遍接受和认可的"组织化谈判"模式为协调不同团体间利益提供了极大的可能性，成为"社会内在稳定器"。

---

[1] 黄莎：《浅析北欧模式成功的主要原因及其启示》，《国际研究》2013 年第 11 期。

（二）北欧模式的特点

北欧模式强调通过调和阶级矛盾实现公平与效率兼得，在经济、社会建设等方面具有鲜明特色。

一是实现经济增长与社会福利的均衡发展。 从 20 世纪 90 年代中后期开始，北欧各国经过政策调整逐渐摆脱经济危机的影响，经济发展速度提高，企业竞争力增强，爱立信、诺基亚、沃尔沃等企业代表着北欧在高技术领域的成功。在实现经济较快发展的同时，北欧国家积极加大对高福利的投入。政府福利开支相当于国内生产总值的 1/5、财政收入的 1/3，甚至更高。[①] 北欧国家确立了失业与劳动保险、养老保险、疾病保险、免费教育、产假、儿童补贴，以及社会救济和社会服务等一整套社会福利制度。

二是注重效率与公平的有机统一。 北欧各国在经济发展中高度重视效率。一方面调整产业结构，使那些设备陈旧、效率低下的企业被市场淘汰；另一方面通过对高科技企业投资或给予优惠，使企业有充足财力更新设备和技术，增强国际竞争力。在注重效率的同时，北欧各国努力通过二次分配缩小贫富差距，实现社会公平。除了建立惠及广大民众的社会福利制度外，北欧国家一方面实施积极的就业政策，通过对失业人员的培训提高其再就业能力；另一方面利用税收调节收入分配，个人收入的 1/3 要缴纳个人所得税，瑞典的个人所得税最高边际税率一度高达 84%。经过税收与福利的平衡之后，收入最高的 10% 的人和最低的 10% 的人的收入差距由原来的 10 比 1 降到大约 4 比 1。

三是通过劳资妥协增进社会合作，促进社会和谐。 北欧模式奉行"妥协与合作"的宗旨，积极调和劳资矛盾，建立起政府、资方、劳方三方协

---

① 中央党校赴挪威、瑞典考察组：《北欧模式的特点和启示》，《科学社会主义》2007 年第 6 期。

商机制，对涉及劳工和雇主利益的各种问题进行谈判，以达成"文明的妥协"。罢工、停业等极端事件明显少于其他地区资本主义国家，保证了生产平稳进行和社会和谐有序。

四是通过高度重视教育和科研投入，实现可持续发展。北欧模式将人力资源视为最重要的资源，教育投入占 GDP 的比重长期保持在 7%左右（欧洲平均水平为 5%），建立起包括职业技术教育在内的完整教育体系，培育出大量科技人才和高技能劳动者。研发人员占全部劳动力的比重在 2%以上（欧洲平均水平为 1.5%），部分国家研发投入占 GDP 的比重为欧洲平均水平的两倍。①各国经济增长主要依靠科技进步和提高劳动力素质，实现了可持续发展。

（三）北欧模式面临的主要挑战

北欧模式在形成和发展过程中，各国经济快速发展，贫富差距显著缩小，社会福利明显增加，阶级矛盾有效调和，北欧国家发展成为世界上最繁荣、最稳定的地区之一。但随着全球化深入推进，北欧国家面临的内外环境发生了深刻变化，持续的经济萧条和滞涨现象使北欧模式面临挑战，福利国家制度出现危机。

一是面临新自由主义的挑战。近年来，持续的经济衰退使人们质疑福利国家的可持续性，福利国家制度饱受新自由主义理论的批判。常年执政的社会民主党在应对经济危机时过于迷信其过去的成功经验，否认现行政策的缺陷，使其社会政策越来越僵化，结果社民党在大选中频频遭遇失败，而奉行新自由主义的中右翼政党纷纷上台执政，以自由化、私有化和削减福利为重点的新自由主义政策对传统的社会民主主义价值观造成冲击。

---

① 中国（海南）改革发展研究院考察团：《北欧独特的经济社会制度安排》，《经济社会体制比较》2004 年第 3 期。

二是面临人口老龄化的挑战。由于人口出生率下降和预期寿命延长，北欧成为世界上人口老龄化问题最突出的地区之一，65 岁以上人口接近总人口的 1/5 且呈持续上升趋势。根据预测，到 2020 年前后北欧每五人中就有一位老龄人口，而在 65 岁以上人口中，80 岁以上高龄老人的比例将达到 30％以上。[①] 人口老龄化对北欧国家经济发展造成严重影响：为保障老年人生活而制定的国家养老保险计划使政府财政不堪重负，完善的退休保障刺激人们早退休，抑制了就业；劳动力数量持续下降，用工成本不断上升，制造业空心化严重；非物质生产部门过于膨胀，制约了经济增长等。

三是面临移民问题的挑战。由于劳动力短缺，北欧国家吸收了一批移民。在挪威，移民人口占总人口约 5.5％。日益庞大的移民群体正在改变北欧的单一民族结构，对北欧社会造成严重冲击。首先是移民犯罪率居高不下。北欧社会 30％以上的刑事犯罪案件与移民有关，移民第二代的犯罪率也呈上升趋势。其次是移民加大了政府财政负担。移民由于语言、习俗等问题难以快速融入社会，生活主要依靠社会救济，加大了政府福利支出。最后是反移民的民粹主义和极端右翼势力影响上升，造成了社会撕裂。如何使外来移民尽快融入主流社会并构建更加包容、文化多元的社会成为北欧各国政府面临的一大难题。

四是面临全球化带来的挑战。由于高额的税负，高素质劳动力移民海外人数不断增多，威胁北欧经济未来发展。根据世界银行统计，丹麦、挪威、芬兰具有本科以上学历的国民移民海外比例在 7％左右，瑞典约 4.5％，高于经合组织国家 4.1％的平均水平。[②] 随着全球化进一步深入，劳动力迁移更趋自由，各国对高素质人口的争夺将更加激烈，如何留住、

---

① 《应对老龄化社会的挑战，看北欧国家如何反应》，http://www.sohu.com/a/149265740 723110。

② 林卡：《北欧国家福利改革：政策实施成效及其制度背景的制约》，《欧洲研究》2008 年第 3 期。

吸引高素质人口，保持经济的创新、发展动力，是北欧国家面临的重大挑战。

面对福利国家制度出现的问题，北欧国家从 90 年代开始进行大刀阔斧的改革调整，纷纷采取政府减少对经济的直接干预、调整税收制度、改革社会福利制度等措施，使北欧模式重新焕发了活力，走上了经济社会可持续发展的轨道，北欧成为世界上最发达最稳定的地区之一。

第三章

2008 年国际金融危机后资本主义面临的十大挑战

近年来，随着国际金融危机后续影响持续发酵，美欧资本主义国家在金融、经济、福利、移民、反恐、外交等方面政策调整收效甚微，矛盾日益触及自由市场、民主政治、社会契约、全球治理等深层问题，西方政、商、学界认为资本主义面临多重挑战①。

一、美国次贷危机是 2008 年国际金融危机的罪魁祸首，盎格鲁—撒克逊模式受到质疑

美国学者福山（Francis Fukuyama）认为，此次国际金融危机之所以令人震惊，是因为它产生于被视为全球资本主义中心、实践着美式资本主义的美国本身。日本早稻田大学教授野口悠纪雄认为，美国次贷危机只是表面现象，深层次原因在于美国宏观经济严重扭曲，经常性收支赤字和过

---

① 有兴趣的读者还可参阅以下文章：马克·范德皮特：《全球资本主义深陷五大危机》，《参考消息》2011 年 2 月 18 日；阿曼多·博伊托、热拉尔·迪梅尼尔：《西方危机实乃新自由主义危机》，《参考消息》2012 年 1 月 29 日；理查德·沃尔夫：《欧美资本主义制度陷入全面危机》，《参考消息》2012 年 3 月 16 日。

度消费是金融危机的根源。美国财政部前副部长罗杰·奥尔特曼认为，自由经济学的时代已经结束。现在，盎格鲁—撒克逊模式的金融体系被认为是失败的，全球萧条及其造成的所有人间萧条都被归咎于它的失败。

许多政要、学者认为，国际金融危机源自新自由主义思潮，资本主义难以摆脱周期性危机。英国工党领袖科尔宾认为，资本主义是物欲横流的社会，每个人都争先恐后攫取金钱，不惜损害他人利益。当代资本主义正面临日益深化的系统性危机，这与 20 世纪 80 年代以来新自由主义思潮的泛滥密切相关。全球资本主义迫使发展中国家将公共服务部门私有化，大量出售国有资产，引发严重的贫富分化，使劳苦大众陷入极端贫困，造成大量难民流离失所。《金融时报》首席评论员沃尔夫认为，反复爆发的金融危机是资本主义无法摆脱的宿命，政府能做的只是努力延长危机发生的周期，在危机爆发时干预，此外别无良策。日本学者水野和夫认为，随着资本扩张的地理和物理边疆不复存在，资本逐步失去提高利润的空间，只能不停地制造互联网和金融等虚拟世界的泡沫。据统计，2017 年，全球金融资产总价值约 300 万亿美元，全球 GDP 仅约 80 万亿美元，市场泡沫问题再次处于危险境地。

二、金融自由化加剧金融垄断，虚拟经济与实体经济脱节的矛盾更加突出

20 世纪 70 年代末、80 年代初，美国、英国分别在里根总统、撒切尔首相领导下，开始推行新自由主义政策，放松管制，降低税率，实行"私有化、市场化、自由化"等政策。《时代》周刊副主编弗洛哈尔（Rana Foroohar）认为，金融自由化使金融业的功能由借贷变为交易，实质上停止为实体经济服务，美国经济变成了金融资本和实体经济的零和博弈，华尔街成为美国最高权力中心，为经济危机埋下了隐患。英国剑桥大学教授

彼得·诺兰认为，全球金融体系在自由化过程中不断衍生出复杂的金融工具，没有人懂得如何监管整个体系，而且也不存在监管的政治机制。一旦遭遇严重冲击，将发生系统性风险，严重影响实体经济运行，造成各国长期政治、社会动荡，甚至造成国际关系紧张。

哈佛政治学院调查显示，2008年国际金融危机后，美国政府注入4.5亿美元巨额货币进行刺激，普通民众的收入几乎没有增长。金融业占美国经济总量的7%，占全美企业利润的25%，却仅仅创造了4%的就业机会。金融机构仅将其15%的资金用于商业投资，其他美国企业也把大量资金用于金融活动而非投资实业。以标准普尔500强美国企业为例，其净收益的95%用于回购股票、支撑股价，进一步增加了金融泡沫新风险。据国际货币基金组织（IMF）统计，2017年全球债务额达到182万亿美元，达到历史高位，比2008年国际金融危机爆发时还高出50%，风险在不断积累。

三、贫富分化、经济不平等加剧，中产阶级萎缩，社会流动性下降

马克思在《资本论》中就曾经指出：牛奶倒在海里只是危机的表象，深层的原因是劳工的贫困，不论是在绝对还是相对的意义上。据统计，1971年至2007年，美国企业平均工资从每小时17.6美元下降到10美元，而企业高管和普通员工的工资差距则从40∶1扩大到357∶1。[①]从1993年到2008年，1%最富有的美国人获得了52%的全国收入；这一比重在2009年到2012年进一步升至95%，表明资本收益率远远超过劳动收益

---

① 中国社会科学院中国特色社会主义理论体系研究中心：《从国际金融危机看西方新自由主义》，《人民日报》2012年5月17日。

率。《21世纪资本论》的作者、法国经济学家托马斯·皮凯蒂（Thomas Piketty）认为，在无外界干预的情况下，在资本主义经济中，资本收益高于经济增速。大量实证数据证明，资本主义在本质上倾向于增强资本所有者的力量，而广大劳动者的利益日益受到侵蚀，这是导致社会不平等的根源。同时，这意味着资本家的财富比工薪阶层的收入增长更快，反映了资本主义国家普遍存在的贫富分化和社会流动性下降现象。据统计，全球最富裕的10%人口的消费额占全球总消费的59%，所拥有的财富占全球总财富的85%；底层50%人口的消费额只占全球总消费的7%，所拥有的财富仅占总财富的1%。在普通民众收入增长停滞的情况下，跨国公司利润和资本家收入却持续走高，资本主义制度的效力受到质疑。

盖洛普民调显示，从1971年到2015年，美国高收入阶层的比例从25%上升至29%，低收入阶层的比例从14%上升至21%；同期，美国中产阶级占总人口的比率从1971年的61%下降为2015年的49.4%，不到一半。美国经济学家、诺贝尔经济学奖得主斯蒂格利茨认为，经济不平等导致政治不平等，降低了社会阶层的流动性，进而损害经济活力。美国对外关系委员会会长哈斯（Richard Haas）认为，由于贫富差距拉大，"美国梦"已经让位于阶级意识，这一变化将产生深远影响。

四、政治极化严重，政府运作失灵，选举制度暴露出结构性缺陷

据统计，从1964年到2007年，美国民众对联邦政府的信任度从75%降至不足20%。目前，美国共和、民主两党日益"极化"，党派利益凌驾于国家利益之上，府院矛盾重重，许多政策无法出台或难以服众，美国国会的支持率长期徘徊在15%左右，美式宪政民主陷入困境，"精

英民主"和"草根民主"对立①。美国学者福山认为，美式民主制度正在走向衰败，美国的问题在于过度制衡导致政治衰败，民主政体沦为"否决政治"，阻碍形成促进公共利益的政策或改革②。调查显示，64%的美国人主张对现有体制进行大刀阔斧的改革，但受制于政治极化、政党恶斗而无法推行。

据统计，在2016年美国大选中，160个家族的政治捐款占全美捐款总额的一半以上，政治寡头和利益集团的影响日益膨胀，操弄选举，干预政府决策。美国《时代》周刊刊登题为《民主能解决西方的经济问题吗?》的文章，认为"西方政客们将选举胜利这种狭隘的利益看得重于更大的国家长远利益。他们关心的不是削减赤字、提高经济竞争力，抑或推动欧洲一体化进程，他们的眼光最远也就是停在下一次选举计票上"③。美国学者布雷默认为，未来8年甚至10年到20年，美国都无法选出美国社会需要的领导人，某种意义上，美国需要一次重大危机才能造就能够做出重大抉择的领导人。德国《时代周刊》资深记者纳斯（M. Nass）认为，欧美政治精英水准下降，兼具执政经验、战略眼光、国际视野的政治家凤毛麟角，而且越来越少。

五、族群裂痕扩大，文化包容度下降，
传统价值观受到冲击

2015年美国人口调查数据显示，美国白人人口出现负增长，而少数族裔人口则快速增多，占美国人口比重达到37.9%；五岁以下的美国人

---

① 柴尚金：《西方宪政民主是如何陷入制度困境的》，《光明日报》2013年3月19日。

② ［美］弗朗西斯·福山：《美国政治制度的衰败》，宋阳旻译，《国外理论动态》2014年第9期。

③ 转引自郭纪：《西方正在经历深刻的制度危机》，《求是》2011年第17期。

中，少数族裔比率已高达 50.2%，首次超过半数。美国不同政党、阶层、族裔均面临"我是谁""美国还是不是美国"等文化认同焦虑。美国智库研究表明，当前美国中低收入白人对少数族裔和外来移民抢占其工作及教育、医疗等资源深感不满，对犯罪、吸毒、同性恋等社会问题忧心忡忡，对美国传统价值观遭受侵蚀极为焦虑。据统计，中低收入白人的焦虑概率比非洲裔、拉美裔、亚裔分别高出 208%、188% 和 133%。美国社会包容度下降，长期坚持的温和、多元、开放等理念遭到挑战。

团结、互助、包容等欧美国家自我标榜的传统价值观，在国际金融危机、欧洲债务危机的冲击下摇摇欲坠。有欧洲学者批评，在应对欧债危机中，欧洲各国大局意识缺失，欧洲社会长期坚持的团结、互助等传统价值观被架空，多元文化共存的共识被打破，"社会资本主义"模式被掏空，"保护、驱逐、脱离、本国利益至上"等口号，成为许多国家政客爱讲、民众爱听的热门词汇。

六、社交媒体加速社会信息化，民粹主义思潮愈演愈烈

随着社会信息化迅猛发展，近年来许多激进、偏颇甚至极端言论纷纷借助新媒体、社交平台和选举在美欧政坛登堂入室，加剧了各国思想领域的混乱。民众"反精英、反建制、反现任、反移民"情绪强烈，选民求新求变心理突出，"草根民主"开始冲击"代议制民主"，美国的"茶党"、法国的"国民阵线"、德国的"另择党"、意大利的"五星运动"、冰岛的"海盗党"等民粹主义政党支持率飙升，大量民粹主义人物进入议会。美国学者扎卡里亚认为，特朗普是民粹主义者、保护主义者和民族主义者的结合体，他的外交理念表现出强烈的保护主义、反贸易和美式单边主义色彩。

美国学者阿亨（Christopher Achen）和巴特尔斯（Larry Bartels）在《现实主义者的民主》一书中强调，美国式的直接民主一点都没有把权力赋予人民，反而经常为社会关系最广泛、资源最丰富的人服务。在看似直接民主最广泛的地方，结果却很难令人满意。美国经济学家斯蒂格利茨认为，美国总统林肯当年的政治理想是建立"民有、民治、民享"的政府，但当前美国民主制度的现实与林肯等人的理想相距遥远，可以说只是"1%有、1%治、1%享"。

七、移民潮、难民潮成为沉重负担，国内外恐怖主义威胁上升

据世界银行 2018 年《全球移民和劳工市场研究报告》统计，2015年，全球移民人数共约 2.4 亿人。令人不安的是，其中难民人数高达 1500多万，与 2004 年相比增加了近 50%，难民人数达到 1995 年以来的最高峰[①]。成千上万的移民、难民涌向发达资本主义国家，尤其是欧洲国家。如何妥善甄别、安置、融入成为这些国家的一大难题和沉重的社会负担。德国《时代周刊》发表评论认为，标榜民主、人权等"政治正确"坑苦了德国，仅 2015 年德国就接受了 100 万难民，国内有人欢迎、有人反对，社会分裂凸显。

法国《世界报》评论认为，欧洲各国政府不愿正视穆斯林聚居的隐患，出于"政治正确"考虑，避免触及"融入、同化"等议题，唯恐被扣上"种族主义"的帽子，因而对其放任自流，为恐怖主义滋生提供了温床。仅 2016 年上半年，巴黎和布鲁塞尔就先后发生多起恐怖袭击事件。2016

---

① World Bank. 2018. (《全球移民和劳工市场研究报告（英文）》) "Moving for Prosperity: Global Migration and Labor Markets" (Overview), *Policy Research Report*. pp.4–5.

年 5 月皮尤研究中心民调显示，76%的欧洲民众认为，"伊斯兰国"组织是欧洲最大的外部威胁，在西班牙和法国该比率分别高达93%和91%；80%的美国民众也认为"伊斯兰国"组织是美国国家安全的首要威胁。法国《回声报》认为，一些欧洲国家政客将难民潮与恐怖主义联系在一起，使欧洲本已紧张的形势更显严峻，民众排外情绪进一步上升。伊斯兰极端主义和西方民粹主义思潮同步发展，可能加剧西方与伊斯兰世界文明冲突的风险。

八、政党政治碎片化，"公投政治"常态化，"一体化"进程出现逆流

面对经济、政治、社会等多重困境，欧美政治精英束手无策，传统政党影响力下降，政党政治趋于碎片化，代议制民主的有效性受到质疑。在失去民众信任、社会缺乏共识的情况下，不少欧洲国家领导人借全民公投逃避和推卸责任，将具有重大争议的问题扔给民众解决，动辄通过举行公投进行"政治赌博"。据统计，20 世纪 70 年代，欧洲平均每年举行约 3 次公投，而 2011 年以来欧洲国家年均公投数上升至 8 次，欧洲媒体认为"公投热已经蔓延整个欧洲大陆"。欧委会主席容克称，欧洲正处于一个"公投的时代"。

欧洲学者分析认为，公投看似体现了"主权在民"，有利于推动民众参政议政，使政府决策体现民意，被称为"代议制民主的补充和修正"。但是，公投不仅没有从根本上解决欧洲面临的深层次问题，"公投常态化"反而暴露出诸多弊端和负面影响，导致国家内部民意撕裂、社会对立，冲击欧洲一体化进程。《经济学人》杂志评论认为，公投在大多数时候都导致了"糟糕的政治和政策"，"直接民主"绝非治理欧洲国家乃至欧洲大陆的最佳方式。欧洲政策中心等智库认为，英国公投脱欧是第二次世界大战

后西方世界遭遇的严重失败，是西方文明进入发展"瓶颈"的直接表现，其影响可能远远超过预期，整整一代人甚至几代欧洲人对西方价值观和制度的信心可能因此而动摇。

九、"输出民主"受挫，中东地区陷入乱局，西方民主模式受到其他制度模式的挑战

中东不少国家在经历了所谓"民主转型运动"之后，非但没有加入"民主国家"行列，反而陷入政治动荡、经济停滞、社会混乱，甚至出现种族内战、国家分裂的危险①。德国《时代周刊》评论认为，"阿拉伯之春"演变为"阿拉伯之冬"，表明民主必须土生土长才行。"阿拉伯之春"五、六年后，在西亚、北非地区移植西方式民主没有出现成功的案例，反而充斥暴力和冲突。对世界上许多国家而言，安全、稳定和一定程度的公平可能比个人自由、民主更重要。实现民主需要一个渐进的过程，稳定则是民主的前提。美欧国家与其对外"输出民主"，不如先把自己内部的事情做好。

美国斯坦福大学教授、《民主季刊》主编拉里·戴蒙德（Larry Diamond）认为，当前全球已经进入"民主萧条期"，西方民主正在退潮。民调显示，当前只有 18% 的美国民众主张将"促进民主"作为美国外交的优先事项。2009 年至 2016 年，美国国际开发署（USAID）对民主、人权、治理等项目的支持减少了近 4 亿美元。欧洲民主基金会 2015 年仅有1100 万欧元预算；加拿大国际人权与民主发展中心干脆于 2012 年关闭。与此同时，以民族主义、国家资本主义、政府主导等为特征的"新威权主义"兴起，对不少转型国家产生一定吸引力，从一个侧面对西方民主制度

---

① 郭纪：《美国为什么热衷于向世界输出民主?》，《求是》2013 年第 1 期。

模式形成竞争和挑战。

十、"孤立主义"思潮抬头，"反全球化"倾向上升

美欧国家国内问题层出不穷，民众"内顾"倾向明显上升。2016 年 5 月皮尤研究中心民调显示，57% 的美国民众认为，当前美国国内矛盾尖锐、困难重重，美国无暇他顾，应该更加重视和解决自身存在的问题（这个比例比 2010 年类似民调结果上升了 11 个百分点）；49% 的民众明确反对美国参与经济全球化，认为全球化带来了降低国内薪资标准、挤压美国自身就业机会等负面影响。在民调覆盖的欧洲 10 个国家中，有 56% 的民众认为，欧洲国家应该集中精力优先解决自身面临的各种突出问题。

应该看到，经济全球化和区域经济一体化总体上促进了全球经济的增长，但全球化的红利分配是不均衡的，由此带来的不满和抵制情绪正在美欧国家形成一股"反全球化"的浪潮。《金融时报》评论员拉赫曼认为，当前西方政治中反全球化、反主流的民粹主义、孤立主义思潮上升，将给欧洲乃至全球带来一系列不确定因素，进而对国际经济和政治体系造成冲击。欧洲智库学者认为，英国脱欧和美国总统特朗普的孤立主义、民粹主义言论表明，作为全球化发源地的美国、英国等发达经济体内部对全球化的抵触和排斥可能更具破坏性，各国必须对美国"新孤立主义"可能带来的全球失序做好准备。有分析认为，特朗普对世界各国大打贸易战，冲击多边贸易体制，扰乱全球产业链、供应链、价值链，可能在全球引发"贸易战——金融动荡——实体经济下滑"的恶性循环，可能成为下一轮世界金融经济危机的引爆点。

第四章

西方各界对资本主义困境的理论反思

一、西方各界对经济金融困境的反思与建议

2007 年，次贷危机开始在美国、欧洲和日本全面蔓延。2008 年，多家大型金融机构相继破产倒闭，金融危机在美国全面爆发并迅速席卷全球。欧美主要资本主义国家纷纷出手救市，致使债务危机又起。2010 年以后，危机中心向欧洲转移，美国经济则逐步缓慢复苏。此次百年一遇的国际金融危机引发西方各界对资本主义面临的经济金融困境进行理论反思并寻求解决之道，主要观点如下：

（一）资本主义经济危机是制度性、结构性危机

法国经济学家、人类学家保罗·若里翁（Paul Jorion）认为，资本主义一直就是一个不稳定的系统，它总是不停地促成资产集中，最后导致游戏玩不下去。有人说，资本主义是因危机而成长的，然而资本主义的生存很大程度上依靠的是不断的救助计划。如今世界改变了，资源的耗竭、殖民活力的终结、西方经济体的过度负债、新竞争者的崛起让资本主义的回旋余地显著减小。资本主义体制因其自身的复杂性本已陷于困境，如今这部机器已经停止运转了，因为它的金融发动机已经坏掉。美国经济学家、

纽约新学院大学教授理查德·沃尔夫（Richard Wolff）认为，2008 年的危机不仅是华尔街和中产阶级的危机，也是金融业和工业的危机，以及出口和劳务市场的危机。之所以称之为资本主义危机，是因为它是整个制度的危机。这种制度性危机迟早会以某种形式爆发。法国前总统萨科齐特别顾问亨利·盖诺（Henri Guaino）认为，危机并不是意外，而是从一个资本主义周期向另一个周期转换的节点。我们已经达到金融资本主义的极限，再也无法为风险支付真正的代价。我们的价值观已屈从于利益获取和短期意识，我们已无法构建可持续的经济、社会和文明体系。

（二）资本主义经济金融困境主要源于资本主义社会供求关系失衡和经济过渡金融化

1. **社会贫富差距悬殊，供求关系不可持续**。美国卡内基国际和平基金会高级研究员迈克尔·佩蒂斯（Michael Pettis）认为，过去 20 年来，收入不平等现象已经达到史无前例的水平。富人和政府的消费在收入中所占比例越来越小，导致消费在国内生产总值中所占比例大幅降低，储蓄在经济中所占比例大幅增加。随着世界储蓄的增长速度高于生产性投资，多余的收入流向全世界的证券和房地产市场，造成了这些市场的繁荣景象。上升中的市场让人们感觉自己变得更富有了，于是美国和南欧等国家的中产阶级家庭掀起了一股消费浪潮，使自己负债累累。正是这种不可持续的供求关系导致了危机的爆发。理查德·沃尔夫认为，危机的核心原因可以归结到资本主义固有的问题上。过去 30 年，美国的社会福利计划和成果被削弱，原本已经实现的收入分配和生活条件的均衡逐渐被逆转。现在的资本主义又回到了那种贫富差距极大、利润和工资有天壤之别的资本主义，正是那种资本主义造成了 1929 年的大萧条。新加坡国立大学李光耀公共政策学院院长马凯硕（Kishore Mahbubani）认为，资本主义制度之所以能够存续下去，是因为各个阶级都能够从中受益，资本家发了大财，但工人的工资也增加了。而现在，不平等现象大大加剧，更为严重的问题是失业率不断上升。人们忘记了 20 世纪欧洲资本家从马克思主义的威胁中学到的教训，导致了资本主义又一次陷入危机。

2. 金融服务过度供给，银行业缺乏监管。美国经济学家大卫·科茨（David M.Kotz）认为，20 世纪 80 年代以来西方国家推行的新自由主义经济政策代表的是金融垄断资本的利益。资本家为了追求更高的利润放弃了传统经济活动，转而从事风险投机活动，造成了资本主义过度金融化。这表面上促进了经济发展，实则造成虚拟经济与实体经济严重脱节，社会矛盾大大加剧。世界经济论坛主席克劳斯·施瓦布（Klaus Schwab）指出，当今资本主义已经失衡，使用虚拟资本的投机行为和以实体经济为基础的投资活动两者间的合理比例已被打破，并且失控。高薪福利严重败坏了经理人的从业风气，过度的红利体系使得经理人的收入与资本拥有者的利益紧密挂钩，颠倒了正常的分工体系。放任无度的金融业使资本主义偏离了市场经济道路。美国普林斯顿大学经济学教授、诺贝尔经济学奖得主保罗·克鲁格曼（Paul Krugman）认为，美国在"大萧条"之后颁布的《格拉斯—斯蒂格尔法》将银行分为商业银行和投资银行，划分经营范围，并对商业银行进行严格监管。但该法于 1999 年被废除，对传统银行的监管遭到削弱，商业银行纷纷涉足风险较大的投资银行业务；同时，由于新自由主义理论和小布什政府都反对监管，影子银行系统不断扩张，二者共同导致系统金融风险陡升。美国哈佛大学历史学教授尼尔·弗格森（Niall Ferguson）认为，金融危机的根源在于政府对金融业监管不严，政策措施考虑欠周，导致了市场扭曲、风险积聚。错误做法包括或明或暗地为超大规模银行提供担保、有失妥当地赋予评级机构过度权力、对大型保险公司监管不力、从体制上鼓励草率的抵押贷款、以及实行过度宽松的货币政策等。

（三）走出资本主义经济金融困境需要加大政府对经济的干预，加强金融监管和风险防控，建立跨国财政和货币政策联动机制

1. 遵循凯恩斯主义，加大政府对经济的干预。保罗·克鲁格曼认为，

政府应扩大财政支出，向需要救济的金融机构注资，换取其部分股权，即对银行实行国有化。同时，应更加重视失业者的利益，加强失业救济和医疗保障，更多地向地方政府进行财政转移，建设公共工程，发展基础设施，使财政刺激产生"乘数效应"，以弥补私人投资和消费的不足。世界劳工组织总干事胡安·索马维亚（Juan Somavia）认为，宏观经济的首要目标和各国央行出台政策的着眼点应是创造就业和刺激消费。事实证明，那些加大投入创造就业机会和推动社会保障以解决 2008 年危机的国家，比那些将拯救银行作为要务的国家取得了更良好的效果。迈克尔·佩蒂斯认为，要想使资本主义世界重获强劲增长，首先，各国应该采取措施提高家庭收入；其次，国际社会特别是美国、德国等应该采取措施纠正收入不平等现象，这两项措施将有助减少储蓄、增加消费；最后，应该通过建立在收入基础上的增长策略加强产业性投资，这将有利于通过消费刺激需求，以储蓄推动未来经济发展，而不是单纯依赖借贷。

也有学者反对政府救助金融机构并实行大规模刺激计划。德国法兰克福大学金融研究中心主席、前欧洲央行执行董事会成员奥特马尔·伊辛（Otmar Issing）认为，政府为了防止金融体系崩溃而实施干预的做法，不仅严重削弱了人们对金融市场的信心，也动摇了人们对整体市场经济的信心。"大到不能倒"的现象不仅破坏了市场经济的基本原则，也破坏了一项社会原则，即个人应为自身行为负责。英国《金融时报》副主编、首席经济评论员马丁·沃尔夫（Martin Wolf）认为，多国政府出台的扩大需求、下调税率和加大支出的经济刺激政策，将产生巨额财政赤字，而将问题拖延到以后解决，其结果可能是财政危机风险大幅上升，不能刺激经济增长。美国哈佛大学经济学教授、国家经济研究局名誉主席马丁·弗尔德斯坦（Martin Feldstein）认为，剧烈的调整财政政策将增加经济的波动性，使危机进一步恶化。因为刺激消费和减税需要一个决策过程，财政措施的实施也需要时间，所以大规模刺激计划产生效果往往是在经济走出低谷之后，会给经济带来不合时宜的过度刺激。

2. 完善金融监管和风险防控系统。 国际货币基金组织前首席经济学家、美国哈佛大学经济学教授肯尼斯·罗戈夫（Kenneth Rogoff）认为，由于很多技术和政治原因，在经济繁荣期，金融市场的监管永远不会足够严厉；在萧条期，决策者必须引进更多、更严格的银行业监管规定。只有严格的监管才能使投资者和公司高管对风险予以严肃关注。保罗·克鲁格曼主张扩大金融监管和金融风险防范网，用一整套新的规则和条款确保金融安全。基本规则是：任何像银行一样经营的机构，任何在危机爆发时需要向银行一样得到救助的机构，都必须被当成银行来监管。美国经济学家、美联储前主席本·伯南克（Ben Shalom Bernanke）认为，监管最好的选择就是用持续的、原则导向和风险为本的方法来应对金融创新。无论何时，只要可能，市场纪律的培育都是防御金融风险的第一道战线。为确保投资者和管理人对其金融决策负责，监管者所采取的任何措施都是对市场纪律的加强。依靠市场纪律不应同自由放任相混淆，因为市场纪律通常需要政府监督才能够实现。德国历史学家汉斯—乌尔里希·韦勒（Hans-Ulrich Wehler）认为，必须通过重新确立规则对金融市场进行治理。金融体系应服务于产业经济，而不是相反。政府应将为实体经济提供信贷的银行业务与投行的投机行为分离，并减少金融机构的投机性和非生产性交易的收益。

3. 建立跨国财政和货币政策联动机制。 英国沃里克大学政治经济学荣誉退休教授罗伯特·斯基德尔斯基（Robert Skidelsky）认为，面对危机，世界各国政府同时削减需求，当赤字国家无法忍受进一步的"流血"，就可能诉诸货币贬值和贸易保护主义。当前，国际制度明显不足，没有世界性的经济政府和政治政府，我们似乎走到了这一波全球化的尽头。如果不能在全球层面解决问题，资本主义世界经济体系将面临解体的风险。英国前首相戈登·布朗（James Gordon Brown）呼吁制定"二十国集团增长契约"，恢复国际合作精神。这样一种契约包括：改革全球货币体系，终结经常账户失衡的时代；改革金融体系，防止银行过度放贷引发危机；推出宏观经济政策，在短期内提高世界需求。保罗·克鲁格曼认为，欧洲各国经济紧密相连，大部分欧洲国家还使用同一种货币，但各国政治制度却不尽相同，缺乏一个能够覆盖欧洲的政治制度来应对危机，因而在危机面前更为脆弱。欧洲各国应加强合作，出台大规模、泛欧洲的财政刺激计划。法国前总统尼古拉斯·萨科齐（Nicolas Sarkozy）表示，我们需要从以下三方面改革国际货币体系：提高汇率稳定性、巩固能源价格的稳定性、优化管理体系。美国的央行已没有能力使全世界跟随美国亦步亦趋，世界需要一个更优秀的领袖。美国经济学家、诺贝尔经济学奖得主罗伯特·蒙代尔（Robert Mundell）认为，世界经济需要新的金融纪律，美元和欧元区应加深一体化，进一步稳定欧元对美元汇率，以确保世界两大主要货币区相对稳定。美国、欧洲乃至全球应该建立一种汇率浮动框架，确保美国人与欧洲人能够更好地协调彼此的金融政策，谁都不会成为输家。

（四）西方各界对资本主义经济金融困境的理论反思和对出路的探索有以下三个特点：

第一，**分析和对策有一定的合理性，为资本主义应对和走出危机作出了贡献**。事实证明，多数资本主义经济体在危机后采取了扩大财政支出、刺激需求、加强金融监管和政策协调等措施。有关分析和建议为相关国家在危机中及时止损、部分国家经济止跌回升发挥了积极作用。

第二，**认识不够深刻，也难提出治本之策**。西方各界没有看到经济危机的真正根源是资本主义社会的基本矛盾，即生产社会化和生产资料私人占有之间的矛盾，因而提出的对策建议只能是对资本主义运行方式的技术性修补，不能解决深层次、结构性问题。

第三，**难以善用"前车之鉴"，真正作为"后事之师"**。"大萧条"的苦难迫使资本主义政府加强管理和保护以实现平等与稳定。为了摆脱20世纪70年代的滞涨，资本主义不得不解除管制，推行市场主导和私有化。2008年国际金融危机爆发后，西方各国再次实施大规模政府干预并加强市场监管。危机过后的今天，西方各国逐步改革和回撤监管措施，美国开始全面修订《多德—弗兰克法案》，资本主义正在走回自由放任的老路。资本主义经济治理难以摆脱在放任和干预之间钟摆往复的"宿命"。

二、西方各界对政党政治和民主制度的反思

（一）资本主义政治制度是资产阶级进行政治统治和社会管理的方式和手段。2008 年国际金融危机爆发以来，民粹主义运动此起彼伏，英国脱欧、特朗普当选等一系列重大政治事件对资本主义国家政治制度造成了一定冲击。西方各界对政党政治和民主制度的发展困境进行了反思，主要观点如下：

1.西方政党为选举所困无暇施政，频繁的公投只是执政当局在决策中推卸责任的手段，代议制民主质量下降。欧盟委员会主席容克（Jean-Claude Juncker）称，欧洲政治家们应该知道做什么，他们不知道的是如何赢得下一场选举。法国学者戴维·戈塞（David Gosset）受访表示，政党和政客一切都从选举角度出发，并没有长远治理国家的手段和思路，四或五年的选举周期让政党疲于应对选举，很多政策在选举年无法实施，只能靠"演讲"打动选民。伦敦国王学院教授韦农·波格丹诺（Vernon Bogdanor）认为，议会主权一直是英国宪法精神的核心，但当 1975 年公投被引入英国政治以解决与欧洲有关的事务后，"即使没有成为法律，（公投）也从实践的角度使得人民主权凌驾于议会主权。"哈佛大学经济学教授肯尼斯·罗戈夫（Kenneth Rogoff）指出，现代民主制度引入警告机制以保护少数派的利益，防止鲁莽、有害的决定，相关后果越严重杠杆就越高。但英国脱欧公投将投票的杠杆降低到了不可思议的程度，今后欧洲可能面临新的投票决裂浪潮，当务之急在于确定是否存在更好的决策方式。法国《回声报》国际部副主编卡特琳·沙蒂纽（Catherine Chatignoux）指出，公投这一工具很难掌握且充满陷阱，永远无法替代高质量的代议制民

主：一是公投适合决定某一地区或本国的问题而无法应对更复杂的问题；二是公投可能加剧社会分裂导致不健康的政治环境；三是可能导致否决机制开始流行。美国密歇根大学法学院教授塞缪尔·葛罗萨（Samuel R. Grossa）指出，直接民主容易导致"多数人暴政"和"少数人专政"。同时，直接民主要求全民对每一个问题持有明确、通常也是极端的立场，无视问题的复杂性和含糊性，因此往往鼓励民众诉诸一时的情绪而非理性的判断。

2. 政治极化、政党恶斗导致"否决政治"，侵蚀了民众对资本主义政治制度的信心。美国学者福山（Francis Fukuyama）认为，整个20世纪美国民主、共和两党在新政、减税等议题上都能在国会中达成共识，但从90年代开始，两党政治分野急剧扩大，两党之间缺乏最小共识，美式民主制度正在走向衰败，过度制衡导致民主政体沦为否决政治，阻碍形成真正促进公益的政策或改革。因此，必须修复美国资本主义制度，减少"否决政治"环节，简化政策程序。调查显示，64%的美国人主张对现有体制进行大刀阔斧的改革，但受制于政治极化、政党恶斗无法推行。美国斯坦福大学教授拉里·戴蒙德（Larry Diamond）也指出，为本党利益重新划分议会选区，所谓黑钱大举进入选战中以及特殊利益游说组织力量日益壮大，已令政治活动极化到前所未有的程度，导致能通过的议案减少、两党外交决策失灵，以及政府常规性关闭。哈佛大学政府系教授史蒂文·列维茨基（Steven Levitsky）和丹尼尔·齐布拉特（Daniel Ziblatt）则认为，党派克制和公平是维护美式民主不成文的规则之一，但近几十年来，党派克制的准则遭到破坏，曾被局限在政治边缘的极端主义现已进入主流。一名具有专制倾向的总统加上根基不稳的制度无疑将严重威胁美国民主。密歇根大学副教授罗伯特·米奇（Robert Mickey）、列维茨基和多伦多大学教授卢肯·韦（Lucan Aahmad Way）也在《外交事务》中撰文提出，合法反对原则是民主自由的基本政治保障之一，但政治极化导致政治家视竞争对手为重大威胁，试图否定其存在的合法性。"当政治家更倾向于打破规则、与反民主的极端分子合作，甚至容忍或鼓励暴力以将对手排除在权力之外时，民主规范将被削弱。几乎没有民主体制能在这种情况下存续"。政治极化不仅导致美国政治体制功能失调，而且侵蚀了公众对现行体制的信心。特朗普执政可能促使美国逐渐走向"竞争性威权主义"，即形式上民主体制依然存在，但实质上政府将滥用国家权力打击政治对手。

3. **新兴政治力量与传统政治力量此长彼消，推动西方资本主义国家内部政治格局演变。**花旗银行研究部首席全球政治分析师蒂娜·福德汉姆（Tina Fordham）认为，英国公投说明政党并非一定要进入政府才能引导政治讨论。伴随着新政治运动的出现，传统政党将越来越难缔结联盟并保持团结。德国《明镜》周刊刊文指出，欧洲政党正在加速衰弱。法国、意大利和英国的政党过去几年内共流失党员逾150万，英国选民入党比例不足1%。政党民主几乎在各地都失去了吸引力，政党党员正在成为边缘群体。《金融时报》总编辑莱昂内尔·巴伯（Lionel Barber）指出，英国脱欧和特朗普胜选凸显出政党体系的衰落和旧的左右翼之分的终结。2016年见证了"第四条道路"的诞生，即一种奉行本土主义和保护主义、沐浴在文化怀旧情怀之中的新型政治。《金融时报》专栏作家吉迪恩·拉赫曼（Gideon Rachman）也认为，传统的左右之别不再是理解英美政治的最佳方式，新政治正成为建制派与反建制派之间的对抗。美欧亚集团主席伊恩·布雷默（Ian Bremmer）认为，"美国梦碎"的窘境和受制于"民主陷阱"的无助感，使美国民众严重质疑甚至厌恶建制派理念、制度和政治人物，希望从体制外寻找答案。法国《世界报》、蒙田研究所智库及巴黎政治学院的民调显示，法国选民在历次选举中弃权率都很高，厌倦党派之争、排斥体制，对所有政党负责人尤其对中央政府负责人极度不信任。

4. **民主制度与资本主义、自由主义紧张关系凸显。**《金融时报》首席评论员马丁·沃尔夫（Martin Wolf）指出，民主制度支持平等主义，但资本主义至少从结果而言是反对平等主义的。一旦经济出现问题，大多数人会选择独裁统治；如果经济结果过于不平等，富人阶层也许会将民主制度变为财阀统治。当今世界，资本主义促进繁荣日趋艰难，不平等加剧、生产率增长趋缓，导致民主制度和资本主义都在丧失合法性。如果要维持民主制度的合法性，经济政策就必须以促进多数人的利益而非少数人的利益为导向，政治就应将公民置于首位、为公民负责。民主制度和资本主义密切结合的关系需要培养，而不应被视为理所当然。德国社会学家沃尔夫冈·施特雷克（Wolfgang Streeck）指出，经济增长走下坡路、不平等的加剧和债务的激增等潜在趋势导致第二次世界大战后普选民主和资本主义的联姻正在走向破裂。《卫报》专栏作家凯南·马利克（Kenan Malik）指出，民主制度与自由主义之间存在固有矛盾。前者以个人为核心，强调政府对个人自由的限制必须合情合理且最小化。后者的本质则是权力争夺。新形势下，在政治上没有话语权的群体只有通过挑战自由主义价值观才能维护民主话语权。民主和自由的两极分化造成了 2016 年的乱象，除非建立新的结盟政治，将自由主义思想和进步的经济、社会及集体理念相联系，否则 2017 年将面临更大的乱象。法国前总理德维尔潘（Dominique de Villepin）也认为，我们攻击国家，认为国家是社会组织令人压抑的过时形式，吹捧完全的自由主义。但国家和民主的衰弱才是世界粗暴化、野蛮化的重要原因，民主政体迫切需要复兴国家。

5. 西式民主神话正在崩塌，威权主义在民主国家中的接受度有所上升。民众对民主制度信心逐渐丧失。欧洲政策中心研究报告认为，英国公投脱欧是第二次世界大战后西方世界遭遇的严重失败，是西方文明进入发展"瓶颈"的直接表现，其影响可能远超预期，整整一代甚至几代人对西方价值观和制度的信心可能因此动摇。墨尔本大学政治学家罗伯特·福阿（Roberto Foa）和哈佛大学政治学讲师雅斯查·蒙克（Yascha Mounk）的研究发现，过去 30 年，在北美和西欧所有老牌民主国家，对议会等政治机构或法院的信任均急剧下滑。"公民不仅对本国政治领导人持批判态度，对民主政治制度价值的怀疑也开始加剧。"当前，自由民主制度正处于"解除巩固"状态，相当于"流感完全爆发前的低烧"。该趋势在年轻人中尤其强烈。美国、英国、澳大利亚等国智库调查数据也显示，只有42%澳大利亚青年、不足50%加拿大青年认为西式民主优于其他社会制度，仅1/3美国"80后"、43%欧洲"80后"青年认为生活在民主国家至关重要。戴蒙德认为，民主制度本身似乎已经失去魅力，包括美国在内的一些成熟国家变得愈发功能失调，很多新兴民主国家也恰如这些国家，未能满足其公民获得自由、安全和经济增长的期待。与此同时，中国数十年的经济增长业已证明，一个国家不必通过自由化创造繁荣。威权主义浪潮的兴起不再遥不可及。美国"自由之家"研究显示，"主要的威权主义政权大量投入建立庞大而复杂的软实力，并在世界各个角落发挥作用……这些政权不仅在国内抑制改革的声音，还试图重新塑造国际规范和价值观以限制民主在全球范围内的势力"。美国乔治梅森大学经济学教授泰勒·考恩（Tyler Cowen）认为，人类天生具有模仿、赞扬或接纳成功事物的倾向，对成功的判断主要基于实力而非自由与繁荣。因此如果世界舞台上存在一个强大体制，很多人会被吸引并试图效仿，但并不一定总能意识到受吸引的原因。当前西方政治开始变得更缺少自由，主要是因为威权主义在国际舞台上势力增强。吉迪恩·拉赫曼指出，首先显现于俄罗斯、泰国、菲律宾等年轻民主国家的威权主义观念和实践的复兴已经扩散到西方政治中。"对多数选民而言，民主本身并非目的而是达到目的的一种手段。如果民主制度无法带来就业（如南非）、保障安全（如菲律宾），或者生活水平停滞不前（如美国），部分选民就会以威权主义作为替代选项。如果政治经济体制被操纵、更偏向内部人，则一国更有可能滑向威权主义。"

（二）当前美西方各界对资本主义困境在政治领域的反思有以下特点：

一是相关讨论多发于重大政治事件后，但难以维持热度，更难深入探究资本主义的根本矛盾。自2008年国际金融危机爆发以来，相关讨论间歇性兴起，多与重大政治事件的时间节点相吻合，如"占领华尔街""茶党"运动、英国脱欧，以及特朗普当选美总统等。但常常是"好了伤疤忘了疼"，相关讨论常随着重大事件热度的退散逐渐沉寂，持续性差，难以深入。

二是相关讨论多停留于对有关困境的阐述，提不出具体的对策建议，难以推动实质性的改革。 当前，西方主流社会仍无法摆脱资本主义思维模式的束缚，相关讨论主要是在原有制度框架的基础之上，对当前西方资本主义国家政党政治、民主制度面临的发展困境进行阐述，而缺少对有关困境根源的深入剖析和解决困境的对策建议，因此难以形成变革性力量推动实质性的改革。

三、西方学者对资本主义社会问题的理论反思

近年来，西方资本主义国家各种问题层出不穷，尤以社会生活领域沉疴痼疾较为突出复杂。由于政治、经济、文化、族群等多重因素影响，西方资本主义社会问题日益严峻，并引发大量西方学者进行理论反思。

（一）民粹主义是西方社会多重问题交织的产物，并将进一步危及社会稳定

比利时布勒哲尔研究所所长贡特拉姆·沃尔夫指出，民粹主义的兴起反映了相当一部分欧洲民众的不安全感，有可能成为动摇欧洲及全球政局的一股力量。造成民粹主义政党迅速崛起的原因之一，是中产阶级人群日益增加的不安全感。许多投票支持民粹主义政党的选民都具有中产阶级或者工人阶级背景。他们认为国家和社会主流模式不能保护并帮助提高自己在社会系统中的地位，因而转向为民粹主义政党投票，并希望以此来吸引主流社会的注意。美国布鲁金斯学会高级研究员威廉·高尔斯顿认为，在欧洲和北美各地，建立已久的政治秩序面临反叛，问题在于社会精英难以

有效地治理社会和解决经济问题，现有的政治规范和政策正在削弱民主，有损人民利益。荷兰莱顿大学教授安德烈·格里茨表示，尽管民粹主义政党经常利用排斥移民等来宣传自己，但是人们为民粹主义政党投票，更多的是为了呼吁传统政党注意他们所遇到的困境，而并非痴迷于反对外来移民。民粹主义的流行反映出很多欧洲人都具有危机感，担心自己的生活条件下降，或者欧洲在国际上不再具有强大影响力。瑞士纳沙泰尔大学教授艾蒂安·皮盖（Etienne Piguet）表示，无论是何种原因导致欧洲各国面临严峻的就业形势，人们都应该看到这是一个非常复杂的问题。如果像民粹主义政党所主张的，以一个简单的方案来解决所有问题，那将注定要面对失败。假如终止欧盟内部的人员及商品的自由流通，关闭边境贸易，只会使进口货物更为昂贵，并破坏欧盟的出口能力。这只会使工作岗位进一步减少，而不会带来任何好处。

（二）贫富差距进一步拉大，社会阶层流动放缓是西方诸多社会问题的重要根源

德国科学与政治基金会美国问题专家拉尔斯·布罗祖斯认为，最近几年，西方社会的经济不平等有所增加，许多人感觉被社会所抛弃。同时，社会阶层固化，并彼此隔绝。普通民众对所谓"超级阶级"即全球精英的生活知之甚少，但民众明白这些精英具有相当大的影响力。这进一步加强了命运掌握在别人手中的印象，商业和社交媒体不负责任的报道也起了推波助澜的作用。美国经济学家迈克尔·斯彭斯指出，随着新兴经济体获得增长，工业化社会的活动迁往新兴经济体，不仅影响到劳动者阶层的就业和工资收入，也影响了相当一部分中产阶层，他们现在感觉自己是全球化和新技术的失败者。今天，不仅是所谓的劳动者阶层，美国和欧洲国家的中产阶层也感到自己成了全球化最后阶段、危机和新技术的失败者。西班牙专栏作家安德烈斯·奥尔特加认为，在全球化的最后阶段，在不平等和危机日益加剧，经济增长模式走到尽头的背景下，阶级斗争思想在西方回

归。因为紧张关系是存在于富人和穷人之间的，确切地说，是最富的人和最穷的人之间。社会流动性的减弱，削弱了机会社会的思想。美国社会学家卡米耶·珀尼认为，对贫富差距等社会问题感到愤怒和无力的人们会倾向于支持专制和重建传统的民主价值观。面对坚持继续实行已经不奏效的财富和机会重新分配进程的左派趋势，会产生社会的右倾化。在法国，投给玛丽娜·勒庞领导的国民阵线的选票大部分来自传统意义上的工人阶级。西班牙经济学家布兰科·米拉诺维奇认为，中产阶级在世界范围内壮大，但在西方社会呈萎缩趋势。这将导致西方国家选举动荡，激发民粹主义浪潮。诺贝尔奖得主、美国哥伦比亚大学教授、罗斯福研究所首席经济学家约瑟夫·施蒂格利茨认为，由于贫富差距，美国正发展成为一个分裂的社会——不仅是在白人与黑人之间分裂，也在1%的人与剩下其他人之间分裂，在教育程度高与教育程度低的人之间分裂，不管他属于哪个种族。美国学者乔治·弗里德曼认为，美国面临中产阶级生活水平持续下降的严峻问题。这一问题正影响美国社会秩序，而且如果问题继续存在将对美国实力构成威胁。美国中产阶级危机与现代公司危机不可分割。传统公司以前可以向中产阶级提供稳定的长期就业岗位和不断增加的收入，但如今此类企业的逐步衰落和不断重组带来了持续的失业问题。美国中产阶级危机并非一种短时压力，其背后是一场深刻的结构性转移，这种结构性转移的根源是传统家庭破裂导致的社会变革和传统公司衰落引发的经济变革。

（三）欧洲地区的多元主义等社会政策或为极端主义泛滥埋下伏笔

美国外交网站作者凯南·马利克认为，欧洲本土圣战者养成的真正起点不是极端化，而是社会脱节，是一种对西方社会的疏离感和怨恨感。比利时、法国和英国旨在促进融合的社会政策完全不同。但这些政策都帮助造就了一个更加分裂的社会，并且固化了有关归属感和身份的更加褊狭的愿景。英国学者贾森·伯克认为，穆斯林少数派是一个相当大的群体且很难融入社会，欧洲不少国家年轻人的失业率很高，武器也容易获取。加之各国通信和交通网极为发达，从而为极端主义俘获青少年提供了温床。美国专栏作家佩姬·努南认为，西方精英已经严重地脱离了民众，这一点在难民问题上体现得尤为突出。他们的生活不受任何干扰。融合不同文化，处理日常矛盾，应对犯罪、极端主义和街头恐惧，这一切负担都压在相对没有资源、也就是无保护者身上。德国联邦银行董事会成员蒂洛·扎拉青认为，大多数穆斯林移民没有意愿也没有能力融入当地社会，往往总是沦为政府的经济负担。雇主往往也不愿意雇佣穆斯林移民，因为他们不光白白享受着社会福利，拼命生孩子，拖欠房租，就连基本的工作也经常心不在焉、毫不负责。

（四）人口老龄化和结构变化将对欧美社会产生深远影响

德国学者克劳迪娅·埃伦施泰因认为，虽然欧洲本土人口减少从原则上看并不一定是坏事，但人口在极短时间内锐减就是问题。社会所需的适应过程需要时间，特别是由于更少的年轻人要负担更多的老年人的生活，这涉及一个庞大的财政支出问题。法国学者马蒂娜·拉龙什认为，西方尤其是欧洲人口的下降，可能导致劳动力人口和非劳动力人口之间的不平衡。由于婴儿潮一代开始退休，今后 10 年内，没有到工作年龄的人口将明显增多。这将在事实上影响欧洲国家日后的经济增长动力和潜力。哈佛大学教授戴维·布卢姆和斯德哥尔摩大学地理学教授博·马尔姆贝里认为，欧洲潜在的人口变化将会让欧洲下一个 50 年与上一个 50 年大为不同。在欧盟的下一个 50 年中，婴儿潮一代人将步入退休，这将缩减劳动力数量，这些人还要担负老年人医疗和养老金需求的沉重负担。人口老龄化将影响生产效率。尽管欧洲不大可能由于这一人口变迁而变得相对贫困，但是，它可能会经历长时间放缓的增长时期。在其他因素不变的情况下，老年人口占较高比例国家的人均收入和生产效率增长，相对于年轻国家而言，将趋向于更为缓慢。欧洲的经济实力相对于世界其他地方而言会因此下降，可能还是剧烈下降。美国学者马克·斯坦恩认为，由于严重的老龄化问题，欧洲将不可避免地"伊斯兰化"。由于穆斯林移民的生育率远远高于本土欧洲人，且新增的穆斯林移民群体仍在不断增长，这种由人口结构变化带来的社会结构变化将不可避免。欧洲的教堂最终将变成清真寺，那些通宵营业的酒吧也会逃不脱关闭的命运。

（五）福利国家的模式在西方社会举步维艰，将很难继续延续下去

法国高等社会科学院客座研究员马塞尔·戈谢认为，面临的最普遍问题是如何在个体自由和集体权力之间找到可靠的妥协。这种妥协可以通过维持福利国家来实现。福利国家成本很高，而且会继续高下去。这一模式需要继续生存，同时应加以改革使其更有效率。美国斯坦福大学历史学家瓦尔特·沙伊德尔认为，在人类历史上，只有战争、革命、国家崩溃及瘟疫才能持续地减少不平等。福利国家的再分配已经接近极限。在下一个 50 年中，欧洲最大的问题是老龄化。老龄化问题相当严重。它影响到公共资金的使用。人们不得不为养老金、医疗保险及护理支出更多的资金。上述支出并非真正的再分配。实际的再分配将用来为多子女的穷人提供补贴。用在资助这一老龄化进程的公共资金越多，留给可支配的实际再分配的资金就越少。移民只能减缓这一进程，但不能终结。这是完全不可能的。慕尼黑大学经济学和公共财政专业教授、慕尼黑经济研究所负责人、德国经济部咨询委员会委员汉斯－维尔纳·辛恩认为，如果想保持欧洲内部的自由流动，如果非欧盟公民大量流入欧洲的势头持续下去，欧洲福利国家就将面临着严峻选择：要么调整，要么崩溃。因为这将危及福利国家的标志性原则，即收入高于平均水平的人要多缴税，其贡献要大于他们从公共服务中获得的量，收入低于平均水平的人则少缴税，其贡献要小于他们从公共服务中获得的量。这种再分配把公共资源注入低收入家庭，是对市场经济的合理修正，是应对生活变迁的保障手段。如果新来者马上可以享受东道国的所有公

共福利，那么福利国家与不同国家间的人员自由流动在根本上是不相容的。

（六）西方各界对资本主义社会问题的认识和评判仍停留在问题表面，没有深入到问题本质，无法提出切实可行的解决方案

一是巧妙地规避了资本主义自身的问题，将贫富差距归咎于经济政策等因素。西方学者尚不能完全正视资本主义发展的"瓶颈"与桎梏，无法正确认识到贫富差距、阶层对立、社会衰败等问题是资本主义自身无法克服的绝症。仍然妄想通过修修补补的改革来解决相关问题，简单将问题症结归咎于经济政策。

二是存在明显的西方中心主义，将问题归咎于外部因素。西方学者在观察欧洲社会极端主义行为时，习惯于将问题归咎于文化因素。即认为是穆斯林群体本身的问题直接导致了欧洲恐怖主义的泛滥。而较少从经济社会等角度思考资本主义社会本身存在的问题，无法得出真正的解决方案。

三是没有正确的方法论和理论支撑，无法找到足以解决问题的药方。西方学者虽然能够就有关社会问题侃侃而谈，但始终没有找到正确的解决问题的方法，尤其是直击要害的方法论，加之缺乏成熟的理论支撑，根本无法找到解决上述资本主义社会问题的药方。

四、西方各界对资本主义国际困境的反思和争论

（一）第二次世界大战以来，以美国为首的西方资本主义国家建立起一套较为成熟、完整的国际体系，成为长期以来占全球主导地位的国际关系架构

2008 年国际金融危机以来，资本主义国际体系受到较大冲击和质疑，其全球主导地位在一定程度上开始发生动摇。美西方各界对相关困境进行

了深入反思，对经济全球化、国际格局、世界秩序，以及不同文明之间的关系等进行了激烈的探讨和争论，出现一些观点的碰撞与交锋。

1. 反经济全球化声音高涨，但更多的政治家和学者仍强调理性看待全球化。 近年来，西方国家普遍出现较为强烈的逆全球化情绪，一批带有鲜明民粹主义和民族主义色彩的政客走向政治舞台中心，大肆煽动本国民众对经济全球化的不满，鼓吹保护主义。美国总统唐纳德·特朗普（Donald Trump）大呼美国在对外贸易中吃了亏，全球化导致美国约 7 万家工厂关闭、大量岗位流失、蓝领工人工资下降，福特、通用等大公司纷纷将工厂外迁至墨西哥和其他国家。美国输出的不仅是岗位，而且是美国梦的一大部分。美国牺牲了本国利益，却让其他国家富足。这个"经济投降"的时代已经结束，未来在对外经济关系中要强调"美国优先"，美国将运用所有手段终止他国有损美国利益的行为。法国国民阵线主席玛丽娜·勒庞（Marine Le Pen）抨击当前全球化是某种形式的极权主义，是为了少数人的利益而对民众发动的战争。事实表明，全球化是个可怕的东西。当前法国经济低迷、失业率高企，原因一是完全自由的贸易使法国陷入与一些国家的不公平竞争，二是使用欧元而非本国货币使法国失去了货币自主权。法国应恢复货币、经济主权，并对是否留在欧盟举行全民公决。英国、奥地利、荷兰、意大利等国家民粹和极右政客均大肆批评全球化，高调反对欧盟机制。美国学者福山（Francis Fukuyama）忧虑地指出，全球化的确在民主国家中制造了内部紧张，而民主国家无法调和这些紧张，这就为"煽动性民粹主义"制造了空间，将特朗普推入了白宫。

西方国家更多的传统政治家和学者仍然倾向以辩证的视角看待经济全球化，认为不应抛弃全球化，而应改进相关政策措施。英国首相特雷莎·梅（Theresa Mary May）认为，全球化为世界创造了前所未有的财富和机遇，大幅减少贫困；拉近各国关系，消除国家间壁垒；夯实基于规则的国际体系基础，促进全球发展与繁荣。但政治家不能忽视全球化带来的诸多冲击，应当正确看待当前逆全球化运动，只有更好地回应民众关切，及时调整政策，才能引领新的全球化。美国前总统巴拉克·奥巴马（Barack Hussein Obama）认为，全球化、移民、科技发展等导致美国民众焦虑上升。世界空前繁荣，但社会充满不确定性和不安，这是当今世界的悖论。我们因此面临选择，是退回旧的、封闭经济，还是继续前进，承认全球化会带来不平等，同时努力使全球经济更好地为所有人而不是为少数上层人士服务。法国战略学会会长马翼科（Eric de La Maisonneuve）认为，"人人为自己、上帝为大家"的传统理念把全球化引入了原教旨资本主义的误区，造成国际竞争加剧、经济动荡频仍、社会分化对立。全球宏观经济协调和国家自身利益之间存在结构性矛盾。要从根本上摆脱危机，各国必须摒弃利益至上的观念，共同构建宏观协调的有效平台，寻求合作共赢。英国《金融时报》副主编菲利普·斯蒂芬斯（Philip Stephens）认为，全球化大大削弱了各国政府对经济的控制能力，但政府责任并未相应减轻。选民希望实现各国人员往来便利化，同时要求政府控制移民、打击跨境犯罪。他们希望采购中国产的廉价电器，但当国内就业受到威胁时又会归咎于政府。在这种情况下，世界有倒退回经济民族主义的危险。各国政府应制定可靠的全球规则，建立强有力的全球治理结构，真正奉行多边主义，在发挥自由市场体制作用的同时，解决全球资本主义与各国民主政治之间出现的失衡问题。

2. 普遍认为国际格局正发生深刻变化，但也有人坚持认为美国并未衰落，一些人注意到非国家行为体影响力上升。很多西方学者指出，2008年国际金融危机以来，国际力量对比出现明显的升降变化，世界正从单极走向多极或"零极"。俄罗斯外交和国防政策委员会荣誉主席、国立高等经济学院世界经济与政治系主任谢尔盖·卡拉加诺夫（Sergei Karaganov）认为，从广泛意义上说，美国独霸的单极世界秩序正在成为过去，新的国际秩序已然显现。从核武器到网络安全和政治问题，都应加强多边相互遏制。当前应尽快启动美国、俄罗斯、中国三边对话，以提高世界秩序的稳定性。美国、俄罗斯、中国大三角将随着时间推移而扩大，其他现实的、独立自主的参与者也将加入这个新"国家协奏曲"。菲利普·斯蒂芬斯认为，2008 年国际金融危机爆发后，西方国家出现衰退，南方和东方国家的韧性则在危机中表现得淋漓尽致，这放大了西方的弱点并凸显了"其余国家"不断增长的力量，导致权力加速从西向东、从北向南进行大转移。单极时代已一去不复返。美国欧亚集团主席伊恩·布雷默（Ian Bremmer）认为，我们现在正进入"地缘政治创造性破坏"阶段，旧的秩序已经瓦解，新的秩序尚未确立。世界正进入"零国集团"时代。这一阶段的世界总体来说更不稳定，但不会有大国之间的战争，我们不会面临第三次世界大战。

也有一些学者坚信美国的"一超"地位依然不可动摇。哈佛大学约翰·肯尼迪政治学院教授约瑟夫·奈（Joseph Nye）认为，美国绝对没有衰落，从相对角度说，未来几十年它很可能比其他任何国家都强大。但美国在世界经济中的份额将低于它在 20 世纪中叶的份额，其他国家崛起构成的复杂形势以及非国家行为体的作用，将使任何国家发挥影响力和策划行动变得更加困难。分析家们应该停止使用有关"单极"和"多极"的套语。他们将不得不在不同问题上同时接受这两个术语。已故美国前总统国家安全事务助理布热津斯基（Zbigniew Brzezinski）认为，世界重心从西方向东方动态转移、全球政治觉醒的骚动频现，美国在国内和国际舞台上的欠佳表现，均对全球稳定构成严峻的挑战。因此，美国和欧洲必须"扩大西方"，把俄罗斯和土耳其纳入欧洲，并在制定对东方政策时维持谨慎的"平衡"。恢复美国国内的活力是可能的。通过与欧洲有目的的合作，美国也能够塑造一个更大和更为重要的西方。华盛顿应采取一项宏大战略，使美国成为西方加强团结的促进者和担保者，以及东方大国之间的平衡者和调节者。

不少西方学者提出，国际关系的参与者正变得多元，非国家行为体影响力显著上升。美国国防部 2014 年发布的《四年防务评估报告》（*the*

Quadrennial Defense Review）认为，强大的全球力量正在崛起。重心转移正在使小国和非国家行为体在国际舞台上的力量增强。全球联系在不断加深、加强，导致国家、非国家行为体和个人之间的互动越来越多。技术对作战环境的影响越来越明显，过去仅限于大国所有的各种能力目前已被广泛的行为体所拥有。不断加快的信息传播速度正在挑战某些政府控制其人口和维持国内秩序的能力，同时改变了作战方式，并帮助团体进行动员和组织。美国新美国安全中心高级研究员朱莉安娜·史密斯（Julianne Smith）和研究员雅各布·斯托克斯（Jacob Stokes）认为，行为体和对手日趋多样化是美国面临的一大核心战略挑战。美国必须在处理小国、非国家行为体和跨国威胁构成的新兴威胁的同时应对正在崛起的国家竞争者。非国家行为体的数量和规模在迅速扩大，其中包括恐怖分子、叛乱分子、公司、犯罪组织和势力极大的个人。技术和生物武器的扩散使非国家行为体获得的力量比以往任何时候都大。

3. 出现反思自由主义世界秩序的声音，但支持相关秩序体系者仍占主导，并提出改良建议。随着国际力量对比的变化，一些学者开始反思西方国家推崇的自由主义世界秩序的普适性，并为美国的相对战略收缩寻找借口。美国布鲁金斯学会高级研究员罗伯特·卡根（Robert Kagan）认为，自由主义世界秩序从来都没有付诸公民投票。它不是上帝的馈赠，也不是人类进步的终点。虽然共产主义可能已经失败，但专制主义和独裁统治仍在继续，它们一直是历史的常态，生存时间可能会像欧洲的民主一样长久。今天的美国人依然喜欢自由主义世界秩序，但他们已不愿意做出巨大牺牲来维护这一秩序。2008 年国际金融危机爆发后，历史的终结突然变成了美国的终结、西方的终结，必胜信念转变成衰落论，后冷战乌托邦变成了后美国世界。美国人认为美国不再拥有足够力量塑造世界，并开始逃避现实、踟蹰不前。约瑟夫·奈认为，即使美国继续拥有比其他任何国家都多的军事、经济和软实力资源，也不意味着它会选择把这些资源转化为全球舞台上的有效力量。有人认为这是美国外交政策的孤立主义回潮，但这个词已成为一个政治棍棒。收缩并非孤立主义，而是战略目标和手段的调整。

西方战略界的主流声音依然支持自由主义世界秩序，呼吁美国继续承担世界领导角色，同时与时俱进地对世界秩序进行改良。美国前国务卿基辛格（Henry Kissinger）认为，从历史角度看，当前正处于第二次世界大战后建立的世界秩序的末段。所有的国家必须在理解自己国家利益的基础上讨论外交政策。美国没有"新孤立主义"的选项，要应对当前时代挑战，美国扮演有目的的角色在哲学和地缘政治上必不可少。但真正的世界秩序不能由任何一个国家单枪匹马建立，而需要其组成部分在保持自己价值观的同时接受全球性的、结构性的和法律上的第二文化，即超越地区和国家的视角和理想的秩序概念。这将是反映当代现实的威斯特伐利亚体系的现代化。布热津斯基认为，由于全球力量分布不断变化和全球冲突日益严重，美国更加有必要避免退缩到一种无知和闭关自守的心态，或者沉溺在自以为是的文化沙文主义之中。当前世界重心正从西方转移到东方，世界需要的是经济上生机勃勃且社会有吸引力、强大而负责任并具有战略意识，在国际上受尊重且在与新东方保持全球接触方面对历史了如指掌的美国。美国新安全研究中心主席理查德·方丹（Richard Fontaine）认为，全球领导人普遍认为，全球秩序正在被破坏，但在应当如何应对的问题上，尚未达成任何共识。因此，规划并加强全球秩序刻不容缓。必须提高该体系最强大参与者美国执行规则的能力，美国也必须与其他伙伴合作，修改全球安排，吸收新参与者的加入。

4. 一些人意识到文明应走向融合而非冲突，但仍有人鼓吹意识形态和价值观输出。不少西方学者开始承认，文明应该且正在走向融合，美西方不应将自己的意识形态和价值观强加于人。英国剑桥大学教授彼得·诺兰（Peter Nolan）认为，西方价值观、东方儒家思想和伊斯兰价值观不应是非此即彼的选择，而应相互融合，各显所长。要实现21世纪全球可持续发展，美国不应在全球复制其经济社会模式，不应在伊斯兰世界培养支持美式观点的"进步"力量，更不应孤立伊斯兰世界中反对其观点的"强硬派"。美国应同伊斯兰世界建立建设性合作关系，并借鉴伊斯兰世界的宗教传统，领导世界走向合作与和谐之路。如果美国被自身短期利益和狭隘的意识形态所惑，与伊斯兰世界发生"文明冲突"，将把世界引向灾难。新加坡国立大学李光耀公共政策学院院长马凯硕和美国著名经济学家劳伦斯·萨默斯（Lawrence Summers）认为，伟大的世界文明过去曾有着不同的身份认同，现在重叠的共同部分越来越多。西方不应该感到沮丧，而应该庆贺取得的非凡成就，把世界观的关键要素注入了其他伟大的文明。事实上，世界越来越融合，而不是分裂，由西方启蒙运动引起的理性进步正在全球范围广泛传播。随着时间的推移，文化和观念的流动很可能双向发展。文明的融合以及与其相关的社会和经济变革似乎会威胁到某些人，同时为蛊惑民心的政客所利用。但 21 世纪，世界将更多地由思想的权威而不是权威的思想来支配。伊恩·布雷默认为，美国人信仰自由，认为合法政府必须建立在人民的认可之上，并且认为这些权利是普世的。但美国民众应当知道，其他国家有自己的价值理念，美国不能简单地将自己的信仰强加于人。在全世界倡导美国理念和价值观的最好办法就是致力于完善本国的民主制度。只有将美国塑造成最佳典范，才能期望其他国家的人民要求其政府效仿美国。美国应从损害美国民主和价值观的海外干预中抽身，在试图重建之前更好地理解这个世界，谦逊地定义美国家利益，投入更多精力把美国国内的事做好。

罗伯特·卡根等一些学者也强调，输出意识形态和价值观也许不易，但应继续坚持。美国经常试图在贫瘠的土壤中种植民主。近几十年来，民主在世界各地普遍开花，有人可能会说这是人为的，因此很脆弱。但正如迈克尔·伊格纳季耶夫曾经指出的，"自由文明"本身可能就"与人类格格不入，只能通过反人性的最不懈的奋斗来实现和维持"。也许，这座脆弱的民主花园需要自由主义世界秩序的保护，通过不断提供养分、浇水、除草，以及修筑篱笆以远离不断蚕食的丛林。如果没有这样的努力，杂草和丛林可能迟早会回来，收回其失地。

（二）当前美西方各界对资本主义在国际关系领域困境的反思有以下特点：

第一，相关讨论仍处于初级阶段，距离达成共识还很远。 在资本主义自身危机与困境的刺激下，不少新的、激进的、反传统的、突破性的观点登台亮相，与传统观点分庭抗礼、持续拉锯。这些观点各有拥趸、声音互有高低，导致社会深度分裂，难以达成共识。关于应该支持还是反对全球化、美国应该"独善其身"还是"兼济天下"的辩论，看似通过特朗普入主白宫得出了结论，实则仍在持续发酵、制造分裂。

第二，相关讨论凸显了美西方精英阶层的焦虑感，以及急于寻求解困的紧迫感。 面对选民的反全球化情绪，面对国际格局、世界秩序和文明关系偏离西方主导的轨道，美西方内部传统、保守力量危机感"爆棚"。他们尤其担心在新一轮国际竞争中不再拥有优势，甚至处于劣势，纷纷出谋划策，急于寻求破局之策。这种紧迫感导致美西方社会"病急乱投医"，催生了英国脱欧和特朗普胜选。

第三，相关讨论难以跳脱美西方精英阶层的思维定式，只能流于对当前国际关系和国际秩序的"小修小补"。 绝大多数美西方政治家和学者都是从维护资产阶级的利益以及美西方主导的国际关系出发思考问题的，对很多问题的分析看似辩证，实则主观。他们只承认国际关系的量变，看不到或者不愿承认其正在走向质变，由此提出的对策也只能是谋求通过或多或少的改良维系原有的国际关系。这种改良必然力度有限，不可能是大规模的改革甚或推倒重来。

第五章

2008 年国际金融危机后
美式资本主义经济模式的新实践

一、美国在 2008 年国际金融危机冲击下的
金融财政政策调整

美国次贷问题自 2007 年逐渐暴露，到 2008 年 9 月已迅速演变为金融危机，进而波及欧洲、亚洲乃至全球，发展成自大萧条之后最严重的全球性资本主义经济危机。危机对美国经济构成了沉重打击，约 400 万美国家庭由于住房抵押赎回权被收回而丧失了住房，还有另外 450 万美国家庭处于住房抵押赎回权被收回的过程中或者已经很长时间没有按时偿还他们的抵押贷款。近 11 万亿美元的家庭财富蒸发。金融机构的资产减值规模相当于美国国内生产总值的 13%，家庭金融资产缩水 20%。[①]

金融危机爆发后，小布什政府在第一时间推出了 7000 亿美元"问题资产救助计划"（TARP）等应急举措，暂时控制住美国金融体系不至于彻底崩溃。奥巴马就任美国总统后加大力度"救市"，迅速制定了"金融稳定计划"（FSP），推行非常规的货币政策和扩张性财政政策，并对金融行

---

① 陈宝森、王荣军、罗振兴主编：《当代美国经济（修订版）》，社会科学文献出版社 2011 年版，第 304—305 页。

业实施改革，多管齐下，使危机影响得到一定控制，稳定了美国金融行业和整体经济，为其进一步全面推进"变革"理念奠定了基础。

（一）制定"金融稳定计划"，救助和激活金融市场

2009 年 2 月，奥巴马就任总统仅一个月之后，美国财政部长盖特纳公布了一项全面的"金融稳定计划"。该计划由美国财政部、美联储、美国联邦存款保险公司以及其他金融机构共同采取行动，旨在采取全面、有力、持续、透明的举措，通过政府投资动员私人资本，向陷入困境的金融机构注入资金，以此恢复信贷流动、重塑市场信心、修复金融体系。该计划主要包括以下四个项目：

第一，提供资金帮助银行渡过难关。要求大型银行接受一项精心设计的综合性压力测试，对银行资产负债表进行现实和前瞻性的风险评估，并采取措施改进信息披露制度。政府设立新的"金融稳定信托基金"为需要额外资金的银行提供支持，但同时要求受助银行将援助资金作为获得更多私人资本的"引子"，尽快获取足够私人资本来取代公共援助资金。

第二，鼓励私人资本参与金融市场。成立与"金融稳定信托基金"并行的"公私合营投资基金"，旨在由政府提供目前私人资本市场无法提供的资金，并以其杠杆效应带动私人资本逐步恢复和扩大参与金融市场，进而解决金融机构的问题资产。该基金起始贷款规模为 5000 亿美元，此后根据运作情况，最终可扩大到 1 万亿美元规模。

第三，加强支持小型消费和商业信贷。由于次级贷款在美国信贷市场中占据重要份额，要恢复金融市场活力，必须重启二级信贷市场，给予小型消费和商业信贷及其证券化产品更大支持，以降低借贷成本，恢复信贷流通。在美联储 2008 年 11 月宣布的"定期资产抵押证券贷款工具"(TALF)的基础上，财政部与美联储合作投入 1 万亿美元启动"消费和商业信贷计划"，将 TALF 适用范围扩大到小额商业信贷、学生贷款、汽车贷款和商业抵押贷款等方面。该计划制定额外步骤为小企业融资提供便利，通过

增加联邦对小企业贷款的保障份额，赋予小企业更多权利加速完成贷款审批。

第四，启动综合性房地产救助计划。FSP 中提到美国政府将采取有力措施解决房地产市场危机。2009 年 2 月公布"购房者偿付能力与稳定计划"后，美国政府进一步对其修订，又于 3 月 4 日宣布"居者有其屋"住房援助计划，旨在通过政府和商业银行开展合作，帮助那些因无力还贷而陷入或即将陷入"止赎"困境的业主降低月供，保住房产。具体来说，由购房者向银行申请修改贷款条件，通过降低贷款利率、延长贷款期限等方式努力使购房者的月供比例降至其收入的 38% 以下。政府将对提供贷款的商业银行发放补贴，并对参与该计划的商业银行和按时还款的购房者给予奖励，接受政府资金援助的金融机构必须参与该计划。

（二）美联储实施超常规的货币政策，支撑金融稳定和经济复苏

第一，迅速连续降息，长期保持零利率。应对金融和经济危机，利率工具是常用选项。从 2007 年 9 月到 2008 年 12 月底，美联储果断出手，连续 10 次降息，将联邦基金利率下调 500 个基点至 0%—0.25% 区间，使美国进入零利率时代。降息成为美联储超常规货币政策的起点，同时也是最晚退出的一项。在其他超常规货币政策陆续结束后，美联储于 2015 年 12 月宣布，由于美国经济表现良好、前景乐观，将联邦基金利率上调 25 个基点，确定 0.25%—0.5% 的新目标区间。这是美国近 10 年来首次加息，也标志着零利率政策保持 7 年后，美联储的货币政策开始正常化。此后，2016 年 12 月和 2017 年 3 月、6 月，美联储三次加息，将联邦基金利率上调至 1%—1.25% 区间。

第二，创新管理手段，扩大流动性支持。在短期利率未能有效缓解信贷市场紧缩的情况下，为防止金融机构和金融市场出现过于严重的流动性短缺，美联储以"最后的贷款人"身份扩大了向市场提供流动性支持的力度和范围。一是通过收购部分不良资产直接救助金融机构。启用紧急预防

条款，亲自入市收购两房（房地美、房利美）、贝尔斯登、AIG 等具有系统重要性金融机构的部分资产，为其提供融资。二是向商业银行准备金支付利息。为了增加商业银行的可贷资金，美联储于 2008 年 10 月 6 日宣布向商业银行法定存款准备金和超额准备金支付利息，改变了长期以来的惯例。三是启动"信贷与流动性计划"，降低金融机构融资门槛和成本。推出了针对存款机构、交易商、货币市场、借款人和投资商等不同对象的工具创新，包括限期拍卖工具（TAF）、定期贴现措施（TDWP）、一级交易商信贷工具（PDCF）、定期证券贷款工具（TSLF）、资产支持商业票据货币市场共同基金工具（AMLF）、投资者融资便利工具（MMIF）等。这是自大萧条以来美联储首次将流动性支持对象扩大到非银行金融机构和特定金融市场。这些非常规流动性支持和供应项目基本已于 2010 年失效或结束。

第三，多轮量化宽松政策，稳定金融经济形势。为稳定金融市场、刺激通胀、鼓励投资和消费，美联储进一步实施了超常规的"大规模资产购买计划"，也就是量化宽松政策。自 2008 年 11 月以来，美联储共实施三轮量宽，购买资产总规模约 3.9 万亿美元。第一轮量宽（QE1）始于 2008 年 11 月，美联储首次宣布将购买机构债和抵押贷款支持债券（MBS），并于 2009 年 3 月增加购买额。到 2010 年 4 月结束时，QE1 共购买了 1.25 万亿美元的 MBS、1750 亿美元的机构债券和 3000 亿美元的长期国债，主要目的是重建金融机构信用，稳定信贷市场。第二轮量宽（QE2）于 2010 年 11 月启动，2011 年 6 月结束，购买长期美国国债总额 6000 亿美元，每月购买额 750 亿美元。同时，美联储还进行了卖出到期的短期债券、购买中长期国债的"扭曲操作"，到 2012 年年底结束。QE2 的主要目标是增加基础货币投放，防范通货紧缩风险。2012 年 9 月，美联储宣布启动第三轮量宽（QE3）。这一轮实施的是没有明确上限的"开放式量宽"，宣布每月购买 400 亿美元 MBS，维持"扭曲操作"不变。同年 12 月，美联储宣布增加每月购买 450 亿美元国债，以替代到期的"扭曲操作"，使 QE3

每月资产购买额达到 850 亿美元。以此维持金融市场的宽松环境，进一步支持经济复苏和就业。在美国经济逐步复苏、就业形势转好的情况下，美联储于 2014 年 1 月宣布将每月资产购买规模削减 100 亿美元至 750 亿美元，迈出退出量宽的第一步。2014 年 10 月，美联储结束了资产购买计划，为期 6 年的量宽政策终于画上句号。

（三）实施扩张性财政政策，推出经济刺激计划

为刺激国内需求，美国政府实施了扩张性财政政策，核心举措就是减免税收和扩大开支。2008 年 2 月，小布什政府颁布了以减税为核心、总额 1680 亿美元的《一揽子经济刺激法案》。该法案分两步落实，其中 2008 年落实 1520 亿美元，2009 年落实 160 亿美元，计划使 1.17 亿户美国家庭获得退税支持，平均每个中产阶级家庭每年减轻税负约 1000 美元，但富裕家庭的税收有所提高。同时还实行了首次购房税收减免、新能源汽车税收减免等政策，鼓励消费。

奥巴马政府进一步加大力度，综合运用减税和政府支出手段刺激经济复苏，于 2009 年 2 月出台《美国复苏与再投资法案》。该法案涉及总金额 7870 亿美元（后来修正为 8310 亿美元），成为第二次世界大战以来美国政府最庞大的开支计划。法案主要目的是保留和创造就业岗位，促进经济复苏；帮助在衰退中受影响最大的群体；鼓励科技医疗领域的技术进步；投资于交通、环保和基建等令经济长期受益的项目；稳定州和地方政府预算。①

《美国复苏与再投资法案》将占总额度 37% 的 2880 亿美元用于对个人、家庭和小型企业的减税，其中对个人的税收激励为 2370 亿美元，对企业的税收激励为 510 亿美元。其余 63% 的资金，从使用主体来看，18% 分

---

① https://en.wikipedia.org/wiki/American_Recovery_and_Reinvestment_Act_09_2009，访问时间：2017 年 4 月 14 日。

配给州和地方政府，帮助其减缓财政压力，其中90%以上对州的拨款均被用于医疗和教育领域；45%用于联邦支出项目。从用途领域来看，医疗项目支出1551亿美元，教育领域支出1000亿美元，救助低收入工人和失业、退休人员822亿美元，交通、环保、通讯等基础设施投资1053亿美元，提升能效和可再生能源研发投资272亿美元，住房项目147亿美元，科研76亿美元，以及一些其他领域投资。法案还设定了"买美国货"条款，要求任何经济刺激计划资助的公共建筑或公共项目使用的钢铁和其他建筑材料必须产自美国，以此强化对美国产业和就业岗位的保护。①

此后，奥巴马还陆续公布了一些新的经济刺激计划，规模从500亿美元到4000多亿美元不等，根据形势推出新的举措进行交通基础设施更新、鼓励企业研发、提振经济和就业。

（四）推行重大金融改革，全面强化行业监管

金融危机引发了美国各界关于改革金融监管体系的呼声。2009年6月，奥巴马政府提议"对美国金融监管体系进行彻底检查"，旨在"通过改进金融系统的问责机制和透明度来保护美国金融稳定，解决'大到不能倒'的问题，通过结束银行救助行动保护美国纳税人，保护消费者免受金融服务行为泛滥的危害"②，以确保美国不会再度陷入如此严重的金融危机。政府所提议案最终于2010年7月以《多德-弗兰克华尔街改革与消费者保护法》获国会两院通过，由奥巴马正式签署。该法案号称是美国自"大萧条"以来改革力度最大、影响最深远的金融监管改革议案，反映了美国朝野对金融危机的全面反思，成为美国金融史上与《1933年银行法案》比肩的又一座金融监管里程碑，而且为全球范围内金融监管改革提供了思路

---

① https://en.wikipedia.org/wiki/American_Recovery_and_Reinvestment_Act_09_2009，访问时间：2017年4月14日。

② https://en.wikipedia.org/wiki/Dodd%E2%80%93Frank_Wall_Street_Reform_and_Consumer_Protection_Act，访问时间：2017年4月14日。

与参考。①

第一，设立新的监管机构，扩大和强化监管权力。成立金融稳定监管委员会，与美联储一道共同作为金融市场的主要监管者，向国会负责。委员会的主要任务是识别和处理威胁国家金融稳定的系统性风险，加强市场纪律。委员会共 10 名有投票权的委员和 5 名无投票权的委员，财政部部长任委员会主席。委员会有权将对金融稳定构成威胁的非银行金融机构或跨国银行的国内分支置于美联储的监督之下，在特定条件下可要求基层金融监管部门对金融行为进行更加严格的监管，有权要求任何资产超过 500亿美元的金融机构提交财务报告。委员会还获得了"先发制人"的监管授权，即经三分之二多数投票通过，即可批准美联储对大型金融机构采取强制行动，以防范可能的系统性风险。

法案还规定在财政部内设立金融研究办公室，旨在通过数据收集和研究支持金融稳定监管委员会的工作。办公室主任由总统任命、参议院批准。办公室有传唤权，可以根据工作需要要求任何金融机构提供任何数据，并可以制定标准来规范数据报告的方式。办公室在薪资待遇、人员雇佣等方面运作不受公务员制度的限制。法案还撤并或新设了一些监管机构，显著扩大了美联储的监管权力，同时也加强了对美联储自身的监督。

第二，风险预防与危机处理并重，解决金融机构"大而不能倒"的问题。一方面强调对系统性风险的预防，将所有具有系统重要性的银行和非银行机构纳入美联储的监督之下。对于资产 500 亿美元以上的银行控股公司，以及监管者认定的其他具有系统性重要意义的非银行金融机构，法案提出了更高的资本充足率、杠杆限制、流动性和风险管理要求，具体标准由金融稳定监管委员会确定。**另一方面**重视危机事后处置，设立新的破产清算机制，责令大型金融机构提前做出足够的风险拨备。法案引入全新的

---

① 杨巍、董安生：《后金融危机时代的美国金融监管改革法案——〈2010 年华尔街改革和个人消费者保护法案〉初评》，《证券法苑》（2010）第三卷，第 340—355 页。

破产清算框架——多德—弗兰克决议规则，当监管者认为金融机构出现违约或处于违约边缘、将对美国金融系统的稳定构成威胁时，可以向华盛顿的联邦法院提起诉讼，启动决议程序，给予联邦存款保险公司破产清算授权，由其接管该金融机构并对其进行"有序清算安排"。

第三，制定全面金融市场规则，堵塞监管漏洞。为解决此前由于缺乏对金融衍生品监管而产生的"影子银行"问题，法案加强了对原来在场外交易的金融衍生品和资产支持证券的监管。将大部分场外金融衍生产品移入交易所和清算中心进行交易和监管，采取标准化条款，交易需要接受美国期货交易委员会和美国证监会的监督和管理。要求银行将信用违约掉期等高风险衍生产品剥离到特定的子公司。对从事衍生品交易的公司实施特别的资本比例、保证金、交易记录和职业操守等监管要求。要求发行证券化产品的投资银行至少保留 5% 的风险资产，督促投资银行与贷款银行均合理分担和谨慎应对风险。

法案引入了"沃尔克规则"，限制美国银行进行无法令其顾客受益的投机性投资，通常被理解为禁止商业银行进行自营交易，但允许银行向私募股权基金和对冲基金以及为了对冲目的进行不超过自身一级资本 3% 的投资。法案还加强了针对对冲基金等机构的监管，要求大型对冲基金及其他投资顾问机构进行登记，披露交易信息，接受定期检查。如果此类机构具有特大规模或特别风险，将同时接受美联储的系统风险监管。针对此前联邦监管机构缺乏对保险业监管的制度空白，法案规定在财政部内设立新的联邦保险办公室，与各州监管部门联合加强对保险公司的监管。

第四，消费者金融保护与信息公开。一是保护消费者。在美联储下设立新的消费者金融保护局，解决以往消费者保护职权分散在不同政府部门的问题。消费者金融保护局名义上是美联储的一个局，实际上运作独立性很强，美联储不得干预其重要业务，局长由总统任命，经参议院批准，任期五年，对提供信用卡、抵押贷款和其他贷款等金融产品及服务的金融机构实施监管。消费者金融保护局拥有特别权限，对资产 100 亿美元以上金融机构的消费者保护行为进行特别监管；有权制定规则，可以在相关领域内自行制定消费者保护的条例并通过程序上升为法律；还可以与其他监管当局一样举行听证会，发起民事诉讼来执行消费者保护法律。

二是保护投资者。一方面加强金融机构高管薪酬管理。给予股东在高管薪酬等方面不具约束性的投票权，允许股东通过代理人提名董事，要求上市企业的薪酬委员会完全由独立董事组成。允许监管机构强行终止金融机构不恰当、不谨慎的薪酬方案，并要求金融机构披露薪酬结构中所有的激励要素。要求上市公司制定政策，当高管薪酬是基于虚假财务报告所获得时可收回高管薪酬。**另一方面**强化投资机构的信息披露和监管。设立投资者利益代表人办公室，制定"举报奖励制度"，强化对信用评级机构的监管。强调华尔街经纪人的受托职责，即客户利益高于经纪人的自身利益，规定对散户进行销售点的信息披露。加强证监会的监管职能，增加监管经费。要求部分以前可以豁免的投资顾问进行注册，尤其是首次要求对冲基金经理和私募股权基金经理进行注册，同时增加了对注册和报告内容的要求。

（五）短期收效明显的同时存在长期负面影响

面对大萧条以来最严重的金融和经济危机，美国政府的迅速行动和有力举措较为有效地遏制了危机恶化，取得了明显的短期效果。自 2009 年中期以来，美国经济即已开始复苏。但同时，相关调整也存在一定不足、带来一些副作用，对美国经济社会长远发展和美式自由资本主义制度产生深远影响。

一是短期刺激举措透支经济未来。经济刺激计划为美国政府造成了巨额财政赤字，使不断扩大的赤字成为美国无法解决的困境。相关举措在一定程度上透支了美国企业和民众未来的投资和消费的意愿和能力。

二是利益集团内部矛盾更加激化。美国政府为缓解危机，采取了一些限制资本的措施，引发华尔街金融资本等相关利益集团的不满，奥巴马在任内面临日益增强的反对声音和力量，美国政治极化不断加剧，很多后续改革举措难以通过和落实。

三是资本主义本质难解根本问题。美国政府的举措本质上仍代表大资产阶级利益，改革内容多是治标不治本，无法解决资本主义基本矛盾这一造成危机的根本原因。同时，相关举措也未能缓解美国普通民众的生活困境，贫富差距不降反升。《福布斯》数据显示，美国最富有 400 人的财富在 2008 年一年之内蒸发了 3000 亿美元，但由于其资产集中于金融资产，在刺激政策影响下很快反弹。到 2009 年年底，这 400 人的财富大多已经反弹回危机前的水平。而美国中下层人民依然是相对输家，难以看到自己的收入增长。①

四是自私政策产生负面外溢效应。美元是国际货币，美国持续实行量化宽松、增加基础货币供给，实际上是在让全世界为美国经济刺激举措买单。美元持续贬值，造成全球初级产品价格显著上涨，美国外债的市场价值大幅缩水。增发的美元大量涌入其他国家，造成发展中国家的资产价格暴涨和通货膨胀。正如尼克松时期的财政部部长约翰·康纳利所说："这是我们的货币，你们的问题"，美国的霸权主义本色表露无遗。

二、"再工业化"战略及构建制造业创新网络

2008 年国际金融危机暴露了美国产业空心化、经济虚拟化等深层问题，2009 年奥巴马政府上台后推出"再工业化"战略，从政府引领、投资研发、科技创新、税收减免、扩大出口、教育培训等方面大力促进先进制造业发展。

---

① 王勇、白云真、王洋、刘玮：《奥巴马政治经济学》，中国人民大学出版社 2015 年版，第 77 页。

（一）奥巴马政府"再工业化"战略的主要内容

1. **把发展先进制造业提升为国家战略，设立相应政府领导协调机构**。2009 年 12 月，美国政府发布《重振美国制造业框架》，提出要通过制定国家创新战略、法律框架等举措，促进制造业创新、研发和劳动力技能提升。2011 年，设立发展制造业专门协调机构——白宫制造业政策办公室，负责制造业相关政策改进、项目协调及与企业、研究院所的沟通；2012 年 2 月，公布《先进制造业国家战略计划》，正式把先进制造业提升为国家战略，并将完善创新政策作为发展先进制造业的首要目标。

2. **加大先进制造业研发投入，努力实现关键技术突破创新**。2011 年 2 月，美国政府发布《美国创新战略：保护我们的经济增长和繁荣》报告，把先进制造业、生物技术、清洁能源等作为美国科技创新突破的优先领域。2011 年 6 月，斥资 5 亿美元推出"先进制造合作伙伴"计划（AMP），与企业、大学一起加大对纳米技术、智能制造、工业机器人、3D 打印、物联网、先进材料、国防科技工业等领域的投资力度。

3. **对制造业给予税收减免，吸引美国制造业"回流"、就业岗位"内包"**。2010 年，美国政府出台《清洁能源制造业减税》方案，为此类企业减税 23 亿美元。同年 8 月，美国国会通过《2010 年制造业促进法案》，对人造纤维等 200 多种化工产品实行暂停征税或减税。此后，美国国会进一步立法，终结企业外包海外的税收优惠，对"回流"企业给予 20% 的税收减免。2011 年 6 月，美国政府推出"选择美国"计划，设立横跨 23 个部门的"选择美国"项目办公室，鼓励美国企业在国内投资制造业，将就业岗位"外包"转变为"内包"，并吸引全球跨国公司投资美国。

4. **推行"出口倍增计划"，抢抓全球经贸规则制定权**。2010 年 3 月，美国政府出台"出口倍增计划"，提出 2014 年美国出口额比 2009 年增长一倍。同时，奥巴马宣布成立由美国大企业首席执行官组成的"总统出口委员会"，就如何促进美国出口向总统建言献策。近年来，美国还着力推进跨太平洋伙伴关系协定（TPP）和跨大西洋贸易与投资伙伴协定（TTIP），打造与先进制造业发展相协调的新的贸易规则，抢占全球经贸规则制定的制高点，重塑美国制造业竞争优势。

5. 改进教育、签证制度，培育、吸纳先进制造业所需要的技术工人和专业人才。 2010 年 10 月，美国政府出台"技能服务美国未来"计划，在中小学、社区学院增加科学、技术、工程、数学课程和技能培训，提出到 2020 年对 50 万人进行技能培训的目标，为先进制造业培养急需的科技人员和熟练工人。同时，改革签证和绿卡程序，简化企业家和技术工人签证过程，为美国企业雇佣海外优秀人才创造便利条件。

（二）奥巴马连任后推进的"全国制造业创新研究网络"

2012 年 11 月奥巴马成功连任后，进一步对"再工业化"战略进行改进、升级，着力办好制造业创新研究所（IMI），构建"全国制造业创新研究网络"（NNMI）。在 2013 财年政府预算中，奥巴马正式提议由政府、企业、大学、社区共同建设"全国制造业创新研究网络"，提出联邦政府出资 10 亿美元，在 10 年内创建 15 个制造业创新研究所。同年 8 月，奥巴马宣布将制造业创新研究所数量增至 45 个。该计划开创了科技创新和产业升级相结合的协同创新模式，旨在以点带面打造先进制造业产业集群，"确保下一次制造业革命发源于美国"。迄今，全美已建立了 7 个制造业创新研究所，具体做法是：

1. 公开招标遴选设计方案，严格评审确定具体选址。 制造业创新研究所的设置采取公开招标形式，由设在白宫的跨部门"高端制造业国家计划办公室"（AMNPO）负责统筹、遴选。评标委员会由该办公室成员、政府部门官员、科研机构及业内专家组成。评审程序包括标书预审、现场考察、经济前景分析、商业效用分析等。例如，芝加哥"数字制造和设计技术创新研究所"的招标曾吸引麻省理工学院、伊利诺伊大学、亨茨维尔航天中心等 64 家知名科研机构参与，伊利诺伊大学凭借强劲的研发实力和地方政府的强力支持最终中标。

2. 公私合作筹集资金，多管齐下促进持续发展。联邦政府在 5~7 年内为每个制造业创新研究所提供 7000 万美元至 1.2 亿美元的启动资金，非联邦政府及其他机构以大于 1：1 的比率提供配套资金。在初期，以联邦政府投资为主，两三年后逐渐减少，私人机构出资不断增多。创新研究所在成立之初即须制定自我维持计划，通过会员费、服务费、合同研究、产品试制、知识产权许可费等多种方式募集资金，在 5~7 年后联邦政府资助结束时实现自负盈亏、持续发展。例如，底特律"轻型现代金属制造业创新研究所"研发的金属材料主要用于军民两用汽车、机械设备、船舶、飞机制造，由美国国防部主导并出资 7000 万美元，非联邦政府配套资金约 7800 万美元，参与研发并出资的机构包括 34 家大公司、9 所大学和 17 个非营利组织。

3. 政、产、学、研共同参与，成立独立董事会负责具体运营。制造业创新研究所的运作实行联合治理模式，成立独立的董事会，关键企业领导人担任董事长，骨干企业、高校、研究机构负责人担任董事会成员，政、产、学、研各方利益均得到体现和保障。例如，俄亥俄州扬斯顿的"增材制造业创新研究所"着重研发和推广 3D 打印技术。该所董事长由美国防制造中心总裁担任，董事会成员包括 3D 系统公司、美国制造技术协会、扬斯顿州立大学等机构负责人。美国政府则在该所内设立了一个跨部门的技术咨询委员会，负责把控技术研究方向。

4. 努力打造产业集群，协调推动资源共享。美国政府将每个创新研究所都定位为区域性制造业创新中心，注重技术优势和产业优势的无缝对接，共享关键设备和基础设施，打造一个产业集群。为避免恶性竞争和重复建设，美国政府还设立"全国制造业创新研究网络领导委员会"，协调各研究所运营过程中有关知识产权、技术标准、经验分享等方面的协作和利益分配。为最大限度打破各机构间技术垄断，各创新研究所都必须按要求将创新成果、有关资料上传至"高端制造业国家计划办公室"开设的"制造业门户网站",以便方便各创新研究所之间实现资源、技术共享。

（三）"再工业化"战略的初步成效及美国政府发挥的独特作用

近年来，随着"再工业化"战略实施，美国制造业持续回流、创新能力不断增强。通用电气、福特汽车、谷歌、苹果等跨国公司已经或计划将其部分业务迁回美国。据波士顿咨询集团估计，由于美国制造业竞争力的提高和陆续从中国等新兴市场国家回流，2016—2020 年美国每年出口将增加 700 亿至 1150 亿美元，创造 60 万至 100 万个制造业工作岗位及 100 多万个服务业就业机会。专家认为，随着人工智能、3D 打印、纳米技术、大数据等先进技术的开发创新应用，美国制造业正从传统制造业向"头脑制造业"转型，具有数字化制造、网络化制造、个性化制造等新特点，先进制造业已成为美国经济新的增长点。

需要强调的是，美国"再工业化"并非传统低端制造业的重建，而是先进高端制造业体系的创建、应用和推广，仅靠市场自我调节和企业自行摸索无法实现，美国政府在其中发挥的多重引领作用至关重要：一是产业技术方向选择上的"风向标作用"，通过确定国家创新研发的核心技术引导各类研究力量集体攻关、力求突破；二是资金筹集时的"杠杆作用"，通过政府启动资金撬动更多的社会资本投入实体经济和制造产业；三是各类市场主体公平竞争中的"协调人作用"，通过招投标、董事会等形式推动产、学、研紧密合作、利益共享；四是良好市场环境的"营造者作用"，通过人才培养、资源共享、知识产权保护等创造适宜的创业、营商环境；五是开拓海外市场的"后台老板作用"，通过主导贸易规则、打压竞争对手，维护、拓展美国企业利益。

三、奥巴马时期的页岩气革命与美国能源独立战略

能源战略是奥巴马政府推出的一系列雄心勃勃的经济政策核心内容之

一,一直是他施政的重中之重。为推进相关战略,奥巴马政府举措不断,虽取得了一定成效,但离实现其战略目标仍相距甚远。

(一) 奥巴马政府能源战略的主要内容

奥巴马执政以来,综合施政,多措并举,积极推进新的能源战略,通过重新布局产业内部结构、全方位振兴本土能源产业、推进能源技术革新、强化相关法律法规和标准制定等措施,致力于扩大能源来源和提高能效,促进能源的可持续发展。

1. 立足国内,调整产业内部结构,推进能源产业的全方位振兴。奥巴马上任之初,大力强调本土能源产业内部结构调整和整体发展,致力于以新能源替代传统能源,以优势能源替代稀缺能源,以可再生能源替代石化能源。首先,刺激清洁和可再生能源的开发利用。承诺未来 10 年投入 1500 亿美元巨额款项,支持太阳能、风能、地热能和生物质能等清洁和可再生能源产业。提出 2012 年相关能源产量比 2008 年翻一番、到 2035 年占电力供应总量 80% 的目标。同时,通过实施为购买者提供减税等优惠政策,推动美国汽车行业 2015 年前生产 100 万辆混合动力汽车,以促进上述能源的利用。其次,重振核电工业。计划投入 540 亿美元,在未来若干年建成 6—9 座新核电站。吸取日本福岛核电站事故教训,强调以更安全的方式发展核能和保存核废料。再次,增加传统油气资源的开采和供应。[①] 执政两年后,奥巴马政府对能源战略进行了适当回调,强调开发传统油气资源,增加国内油气供应同等重要。宣布开放 75% 的美国外大陆架供油气勘探,批准阿拉斯加北极油田勘探案,推动上马多个国内油气开发项目。

2. 推进技术革新,致力于开发新能源和提高能效。为推动能源产业

---

① https://www.congress.gov/bill/111th-congress/house_bill/2454/text,访问时间: 2017 年 2 月 1 日。

的升级换代，奥巴马政府斥巨资推动对新能源的研发。**一是**突破化石燃料"瓶颈"，开发"致密石油"和页岩气等非常规、非传统油气资源，增加油气总产量。二是支持发展纤维素乙醇等下一代生物燃料的生产技术工艺，取代用玉米等粮食做乙醇燃料的技术。三是发展光伏太阳能系统，到2020年将光伏太阳能系统的成本降低75%。**四是**发展节能环保的混合动力或电动汽车。为配合上述举措，奥巴马任命新能源专家、科学家朱棣文为能源部长，并在全国各地启动上百个跨界能源研究项目，建立一系列"清洁能源革新港"，汇聚一流专家和技术人员共同进行技术攻坚。同时，积极推动节能技术进步。宣布投入32亿美元提高能源效率，降低能源损耗，并出台国家能效行动计划，为节能技术的研究和开发绘制蓝图。

3. 强化法律法规和标准建设，提高民众意识，促进能源安全和可持续发展。在节能减排方面，建立国家低碳燃料标准，在2020年前将燃料中的含碳比例降低10%。设立美国首个机动车温室气体排放限额，规定到2016年提高能效三分之一，节省18亿桶石油，减少近10亿吨温室气体排放。2016年，美国签署气候变化《巴黎协定》，承诺到2030年，美国将把发电站的碳排放减少三分之一。研究制定国家建筑节能目标。推广碳捕捉与封存技术，着手建立以市场为基础的"总量控制与排放交易"机制。在安全监管方面，采取更多的行政手段加强对石油市场的监管，推动制定相应法律，打击石油市场价格操纵、欺诈和其他违法行为，降低价格波动和过度投机的负面影响。吸取墨西哥湾原油泄漏事件的教训，实施新的监管规则强化石油企业安全规程，避免再次发生类似灾难。在社会推广方面，出台"绿色按钮"倡议，为民众提供在线家庭能耗数据查询，以唤醒民众节能意识，鼓励减少家庭能耗。签署行政命令，要求美国最大的能源消费者——联邦政府及美军发挥表率作用，以实际行动推动可持续发展。

4. 优化能源进口布局，确保海外能源供应。重点依靠美洲和非洲等周边和稳定地区，减少对遥远且动荡的中东地区的石油依赖。将北美洲作为第一重点，继续扩大从加拿大和墨西哥进口石油。以南美洲为第二重点，积极进口巴西石油，以弥补因美国与委内瑞拉关系失和而受限的委内瑞拉石油来源。加大对非洲特别是尼日利亚和安哥拉等国家的油气开发力度。利用对伊拉克和阿富汗的控制权和影响力，加强与两国油气合作。在西亚北非局势动荡和美欧联手制裁伊朗的背景下，推动沙特阿拉伯等国家提高石油产量，弥补国际石油市场供应不足，平抑国际油价。此外，美国还加强与加拿大、罗马尼亚和保加利亚等国家的页岩气开采合作。

（二）奥巴马政府能源战略的根本意图

奥巴马上任之初，美国正深陷金融危机泥潭，实体经济饱受拖累，失业率急剧上升，总体经济形势异常严峻。奥巴马上任数年后，美国经济复苏基础依然薄弱，活力不足，失业率高企。美国实力和国际地位相对下降，外交掌控能力有所削弱。在此背景下，奥巴马政府的能源战略意在"一箭多雕"，既有挽回国内经济颓势、增加就业的现实考虑，也不乏抢占国际新一轮产业制高点、增大外交回旋空间和战略主动性的战略意图。

1. 摆脱衰退，刺激经济复苏。能源及相关的汽车、建筑和家居节能环保产业均属于实体产业。扶植相关产业，有利于打造实体经济亮点，遏止美国国内产业"空心化"趋向，平抑能源价格的大幅波动，在当前金融衰败的形势下重新激活传统经济增长点，带动美国经济抽身泥潭。同时，鼓励产业技术革新，发展新能源和可再生能源，也可推动美国经济走上更清洁的可持续发展的道路，助推美国经济培植新的增长点，开辟新的前景。通过增加国内油气生产，还可削减进口石油产生的数千亿美元支付成本，缓解美国政府本已沉重的财政压力。

2. 创造就业岗位，改善民众福祉。金融危机爆发以来，美国失业率长期处于 8% 以上的高位，失业人口预计高达 1300 多万，美国媒体预计美贫困人口多达 4700 万，占总人口的六分之一。大力发展能源产业有助于增加就业，尤其是可再生能源和节能领域的就业创造能力极强，最多相当于同等资金投入油气领域所创造就业岗位的 4 倍，可达到少投入多产出、事半功倍的效果。据估计，奥巴马的能源战略 10 年内可为美国创造至少 500 万个就业岗位，将有效缓解当前的高失业率困境。另外，通过推广节能应用，还可以帮助民众压缩生活成本，减轻生活负担，从而改善民众的福祉，引导民众转向"绿色"生活方式。

3. **引领国际能源产业革新，抢占全球产业竞争新的制高点**。曾因引领世界"互联网革命"而风光无限的美国，敏锐地认识到可持续发展对于世界经济未来发展的重要性。希望通过清洁能源、新能源的研发抢占先机，再度引领世界能源产业的变革，从而在全球新一轮"低碳经济"和可持续发展的竞争中占据领跑位置，巩固美国"超级经济大国"和"世界经济引擎"的地位。同时，美国能源产业国际竞争力的提升，也有利于美国加强对国际能源市场和世界经济命脉的控制。

4. **降低能源对外依赖，增加外交战略主动性**。西亚北非、南美和俄罗斯等地区和国家是当今世界主要产油区，这些地区和国家大多动荡，或与美不睦。长期以来，对上述国家和地区石油的过度依赖迫使美国动用大量外交资源和精力维持与其关系，对一些国家甚至不惜进行政治要挟或动用武力。实现能源独立，降低对外依赖，优化能源进口布局，将大大提升美国外交的战略主动性，增加其在处理相关外交关系和热点问题时的回旋空间，对于美国推行全球霸权和"战略再平衡"具有重大意义。此外，降低石油消费、进口和温室气体排放也将有助于美国一改在全球能源和环境保护议题中的被动地位，重拾主动权。

（三）奥巴马政府能源战略进展及制约因素

奥巴马政府的能源战略取得了较为显著的进展，但也遇到一些制约因素。

1. **页岩气领域取得重大技术突破，非常规、非传统油气产量猛增**。2010 年，美国爆发"页岩气革命"。2011 年，全美页岩气产量达到 2269 亿立方米，占当年美国天然气总产量 6485 亿立方米的 35%，美国超过俄

罗斯成为全球天然气第一大生产国。此后美国页岩气产量飞速攀升，2016
年奥巴马政府收关时，已高达 4820.1 亿立方米，占当年美国天然气总产
量的 64.3%，并数十年来首次出口产自本土大陆的天然气。[①]

2. **清洁能源产量节节攀升，减排效果有所显现**。2009 年以来，美国
政府批准了大量近陆可再生能源项目，光伏和风力等发电装机容量持续快
速上升。2016 年，美国新增光伏和风力发电装机分别达到 774.8 万千瓦
和 786.5 万千瓦。2012 年，批准佐治亚州新核电厂项目，这是 30 多年来
美国首个新的商业核电厂。此外，生物乙醇等行业也呈现良好的发展态
势。美国能源信息署 2016 年数据显示，2016 年美国与能源相关的碳排放
为 51.7 亿吨，比 2005 年的水平下降了 14%。

3. **原油产量大增，石油自给率稳步上升**。从 2011 年起，美国国内原
油产量增速快速上升。2015 年年产量为每日 942 万桶，比 2008 年增加了
约 88.4%，是 1972 年以来最高水平。2016 年受油价走低影响，美国原油
日产量降至 887 万桶，包括原油和其他石化产品投入的成品油，当年美国
石油每日总产量为 1235 万桶；石油净进口量为每日 487 万桶，占美国石
油消耗量的比例从 2008 年的 57% 降至 25%。

4. **美国推行全球战略掣肘有所减少，在中东战略上主动性增加**。一方
面，石油外交在美国外交议程中的重要性下降，中东地区在美国全球战略
中的地位相对下降，一定程度上"成全"了奥巴马政府的"全球再平衡"
战略，使其得以将更多的资源投入亚太地区，打造"美国的亚太世纪"。
另一方面，奥巴马政府在推进中东战略时的顾虑相对减少，也使其得以放
手推进该地区的民主、自由进程，与欧洲国家共同推进"阿拉伯之春"，
并加大在核问题上对伊朗施压。客观地说，能源战略虽绝非奥巴马政府取
得上述外交"政绩"的主要"功臣"，但起到了一定程度的铺垫和配合的

---

① 庞名立：《2008~2016 年美国页岩气的产量和储量变化》，www.cngascn.com/en/En/cou-
rier/201803/32254.html，访问时间：2018 年 5 月 6 日。

作用。

5.多重因素制约奥巴马政府能源战略的推进。一是效率因素。开发推广新能源和清洁能源及节能减排等都需经历漫长的过程，需要政策、资金、人力等方面不断的巨大投入，拉动经济的效果短期内难以显现。二是市场因素。新的能源和技术存在高昂成本，以及新的生产安全和环境隐患等挑战，与进口传统能源的相对廉价和便捷相比尚无绝对竞争优势。目前美国仍是全球第一大石油进口国，进口量远超其他国家。三是内政因素。美国共和党、民主党两党分别代表着传统石油利益集团和新能源集团的利益，而石油利益集团对美国政治影响力尤巨，如何处理来自相关方面的阻力、有效平衡各利益集团的关系，是该战略能否得到全面实施的关键。

四、"特朗普经济学"的主要内容及初步看法

2008年国际金融危机以来，美式资本主义经济遭受重创。如何带领美国走出危机阴影、重振经济和就业，一直是美国政府最关切的核心课题。美国经济经过奥巴马政府的八年调整，看似已走出危机阴影，但增长动力不足和分配不公等问题并未解决，甚至进一步凸显。特朗普政府面对美国经济现实问题，出台一系列与前任不同的政策措施，助推美国经济短期向好，有人称之为"特朗普经济学"。

（一）2008 年国际金融危机爆发 8 年后，美国仍然面临经济不振和分配不公的问题

2008年国际金融危机后，经过奥巴马政府两届任期的努力，美国经济在发达经济体中率先走出了衰退和停滞，实现了温和增长。经济增长率从危机之初的负值恢复到正值，道琼斯指数从6000多点上涨到最高的18000多点，房地产市场基本摆脱了次贷危机，稳步复苏，失业率从

10%以上高位回落到5%以下。尽管如此，奥巴马政府末期，经济活力不足和分配不公仍是美国面临的主要问题。2016年，奥巴马在《经济学人》杂志上撰文指出，美国面临四大结构性挑战：刺激生产率增长；抑制日益加剧的不平等；确保每个想工作的人都有工作；建设更具弹性的经济。①

经济活力依然不足。一是实体经济乏力。当虚拟经济过热现象被遏止后，美国实体产业空心化的问题进一步浮出水面，难以担当美国经济主要动力源的重任。美国破产企业数量继续不断上升，企业总体盈利连续负增长，小企业信心指数远低于历史均值。**二是新的产业突破未能及时出现**。美国继续在信息技术、人工智能、高端制造等方面引领世界创新潮流，相关领域看似临近突破边缘，但预计中的"第四次工业革命"迟迟没有到来，足以拉动整体经济增长的新产业集群尚未形成。**三是劳动生产率下降**。1995年至2005年，美国平均劳动生产率增速为2.5%，2005年至2015年降至不足1%。非农部门劳动生产率连续负增长，创1979年以来最长下跌纪录。**四是劳动参与率较低**。25岁至54岁的男女不参加劳动的比率分别高达12%和26%。受上述影响，美国2016年经济增速仅1.5%，为2007年至2009年的衰退期结束以来最低。国际货币基金组织等连续下调美国经济增长预期，一些经济机构甚至预测美国很快将重陷萧条。

社会分配不公问题持续恶化。美分配领域的问题长期存在。2011年兴起的"占领华尔街"运动，打出的口号之一就是反对人口占比1%的富人对99%的平民的掠夺。尽管奥巴马政府已经认识到分配不公的问题，但并未能有效遏制贫富分化加剧的趋势。由于经济增长疲弱，蛋糕本来就小，再加上分配不公，普通民众备感困顿，获得感严重不足。作为社会主

---

① https://www.economist.com/briefing/2016/10/08/the-way-ahead，访问时间：2017年4月20日。

体的中产阶级大幅塌陷，美国"橄榄形"社会结构不断下沉，向"金字塔"形方向演变。1971 年美国国内最富裕阶层和最贫困阶层占比分别为 16%和 4%，2015 年两个数据提高至 20%和 9%，当年美国福布斯富豪榜前 400 名拥有的财富相当于美国中下层民众财富总和。1971 年美国中产阶级占总人口的 61%，2015 年已不足 50%。

（二）特朗普政府推动"四减一增"措施，谋求刺激美国经济增长、扩大就业

特朗普政府总体认识到了美国上述经济困境，将经济和就业作为头号施政议题，在"使美国再次强大"和"美国优先"旗号下，提出的主要应对思路是：通过重振实体经济特别是传统产业，解决经济活力不足的问题，刺激增长、扩大就业；在做大经济蛋糕的基础上，以"涓滴效应"下渗惠民，改善中下层民众的境地。根据上述思路，特朗普政府提出了未来十年创造 2500 万个就业机会、将经济增速提至 3.5% 的目标，并制定了"四减一增"的具体措施，包括减少行政干预管制、减少企业和个人税负、减少国际贸易逆差、削减联邦政府开支和增加基础设施投资等。

1. 减少对经济领域的行政干预和管制。特朗普认为，政府对经济的过度监管以及围绕相关规制产生的繁文缛节严重拖累美国经济发展。特朗普政府视改革规制为政策"基石"，一上台就宣布暂停制订和发布新的联邦管理规定，要求所有联邦机构成立规制改革小组，全面梳理不合理的监管措施，并迅速予以废止。特朗普还明确规定，未来联邦政府每发布一项新规，必须至少废除两项旧规。上述措施重点指向金融、能源以及制造业和基础设施建设等领域。

一是放松金融监管。特朗普认为，联邦政府在监督市场、防止欺诈、保护消费者利益的同时，也应保护企业利益。2008 年金融危机后美国国会通过的"多德—弗兰克法案"，催生了大量新规和多个新的官僚机构，不仅未能推动经济增长，反而给银行业增加了沉重负担，导致银行无法

放贷、企业无法借贷。特朗普就职后即签署行政令，在总统的授权范围内废除了该法案的部分条款。此后在其进一步推动下，2018 年 3 月美国国会参议院通过议案，同意修订该法案部分内容，放宽对中小型银行的监管。

二是松绑能源产业。特朗普政府谋求通过减少对能源开发的限制，刺激能源产业发展，增加就业，最终实现能源自给自足。特朗普刚上任就签署行政命令，要求联邦政府尽快审批通过被奥巴马政府否决的"基石XL"输油管道项目和"达科他"管道项目。2017 年 3 月，特朗普签署"能源独立"行政令，宣布废除奥巴马政府"清洁电力计划"规定的 2030 年美国发电厂减排目标，开放租赁联邦土地进行新的煤炭开采，并不再限制油气开采场所的甲烷排放等。①6 月，特朗普宣布美国退出《气候变化巴黎协定》。10 月，美国环保局宣布将废除"清洁电力计划"。

三是加快制造业和基础设施建设项目审批进度。特朗普抨击美国政府对制造业和基础设施建设项目的审批复杂繁琐，有的耗时甚至长达十几年，严重损害了美国营商环境、限制了相关行业的发展。特朗普要求商务部和环保署等相关部门制定精简管理法规、加快项目审批速度的行动计划，大幅加快审批进度。

2.实施以减税为核心的税制改革。特朗普政府对美国税收制度大加挞伐，致力于推动更加简易、公平的税制改革，推广最低税率，减轻个人及企业税负，以刺激美国国内消费和投资，实现经济增长和扩大就业。作为特朗普经济政策的"旗舰项目"，特朗普上台不足一年，即在弥合各方分歧的基础上于 2017 年 12 月签署了《减税和就业法案》。法案主要包括三方面内容：一是个人所得税改革，主要是提高个税起征点，全面下调各档税率，增加儿童抚养的纳税抵扣，提高普通抵扣标准等；二是企业所得税

---

① https://www.whitehouse.gov/presidential-actions/presidential-executive-order-promoting-energg-independence-economic-grouth，访问时间：2017 年 5 月 22 日。

改革，主要是改变此前联邦企业所得税税率分五档八级、最高税率阶梯为35%的做法，一律按21%的税率缴纳；三是国际税收改革，主要是变全球征税体系为属地征税体系，修改国际税收优惠体系，降低跨国公司海外利润向美国回流税率，其中现金等价物和重新投资的境外收入回流税率分别调整为15.5%和8%。

根据特朗普本人的说法，该法案是里根政府以来美国最大的"税制革命"，将为美国家庭总体减税3.2万亿美元。一个年收入7.5万美元的标准四口之家有望减税2000美元，相当于其每年税负的一半。法案也将刺激美国企业在海外滞留的约4万亿美元的利润向美国回流。

3. 以减少美国贸易逆差为指向调整贸易政策。特朗普政府认为，当前的国际自由贸易体系纵容了一些国家在对外贸易中实施非法出口补贴、操纵汇率及窃取知识产权等违规行为，使其在对美贸易中占了便宜，同时美国与一些国家签订的双边、多边自贸协定并未把美国利益放在首位，这些都导致美国产生巨额贸易逆差，以及大量美国工作岗位流向海外。特朗普政府突出强调"公平""互惠"在国际贸易规则中的重要性，认为在更加平等的竞技场，美国商品完全有实力在竞争中胜出，美国公司也将更愿意留在美国创造就业、缴税并重建美国经济。

具体而言，特朗普政府主要推动在三方面调整贸易政策。**一是重审美国签订的双边、多边贸易协定**。特朗普上台伊始即宣布美退出"跨太平洋伙伴关系协定"（TPP），与加拿大和墨西哥重谈北美自由贸易协定，与韩国等国家重新修订贸易安排，与暂无双边贸易协定的国家举行贸易谈判，获取更多实利。**二是加强贸易执法**。主要是根据美国国内法频繁发起针对外国输美产品的贸易救济调查，以反倾销反补贴、打击窃取知识产权、保护美国国家安全等为由征收高额关税。**三是探讨征收"边境调节税"**。主旨是对美出口商品免税，对进口商品征收高关税，以刺激企业重返美国、在美设厂。但"边境调节税"违反国际贸易规则，可能导致美国出口商和进口商利益分配不均，在美国国内争议较大，已基本搁置。

4. 以减支之名，行扩支之实。特朗普上台前曾大肆抨击奥巴马政府的财政政策导致赤字飙升，不可持续。特朗普上任后提出实施"紧缩政府开支计划"，致力于逆转联邦政府开支不断上升的趋势，主张除国防和国家安全支出外，其他各项政府支出保持每年 1% 的递减速度，谋求用 10 年的时间基本实现预算平衡。但特朗普政府也逐渐认识到，其计划推动的一些政策措施必须有联邦资金的配套支持，一味减支并不可行。

2018 年 3 月，经过大半年的博弈、折冲，联邦政府经历两度短暂关门后，美国国会通过了 2018、2019 两财年预算案。其中 2018 财年预算总额 1.3 万亿美元，比上一财年增加了 1430 亿美元，为近年来最大增幅。主要扩支领域包括国防、边境管控，特别是修建美墨边境墙、反情报、应对阿片类药物危机、改善基础设施等，主要减支对象是人文艺术领域、针对低收入人群的医疗辅助保险计划和食品补助计划。联邦政府大部分部门的预算被大幅削减，特别是环保署、国务院、农业部、劳工部等。

5. 增加基础设施建设投入。特朗普认为，美国基础设施落后，严重损害了美国货物出口和人员流动的安全便捷。特朗普政府视改善基础设施为美国经济新的增长点。2018 年 2 月，白宫公布《建设一个更加强大的美国：特朗普总统的美国基础设施倡议》，宣布从六个方面推进基础设施建设。**一是**联邦政府计划投入 2000 亿美元，通过联邦政府与地方和私人资本合作等模式，撬动对基础设施领域总额 1.5 万亿美元的投资；**二是**加大对农村基础设施建设的投入；**三是**将基础设施建设决策权返还给州和地方，允许其根据本地实际需要进行建设；**四是**废除限制基础设施建设发展的行政规定；**五是**缩短基础设施项目审批程序；**六是**通过提供职业技术培训等方式，提高美国建筑工人的技术水平。

特朗普政府尤其强调交通基础设施建设的重要性，主张重点加强道路、高速公路、桥梁、隧道、机场和铁路等交通路网建设，同时兼顾电网、通讯等领域。据称特朗普团队已在全美范围内初步筛选出一系列优先建设项目。但相关项目仍然面临投资大、周期长、回报不确定等问题，切实推进困难重重。

（三）"特朗普经济学"是糅合左右翼主张的政策大杂烩，短期有助于美国经济向好，但中长期可能给美国经济带来隐患

1.**"特朗普经济学"不拘泥于特定"主义"，是糅合左右翼主张的政策大杂烩**。主要旨在针对美国现实经济困境和民意诉求，回应美国共和党和中下层选民的关切，特别是其中的白人中产、农村地区和"铁锈"地带选民。从刺激国内经济发展的措施看，"特朗普经济学"总体偏保守主义，强调"小政府、大市场"，减少经济监管和干预，重视军事力量建设，同时包含扩大公共投资等凯恩斯学派的核心政策主张，注重发挥政府在刺激投资、扩大就业等方面的作用。从对外贸易政策看，"特朗普经济学"奉行经济民族主义，鼓吹保护主义，反对自由贸易，同时注重贸易对经济的拉动作用。

2.**"特朗普经济学"一定程度上有利于美国经济向好，助推了"特朗普景气"的产生**。从特朗普执政首年的情况看，美经济整体向好趋势明显，这一定程度上归功于奥巴马政府的政治遗产和美国经济周期性扩张等因素，但特朗普政府的经济政策也发挥了重要促进作用，有助于进一步松绑经济发展，激发企业经营活力。此外，美国各界对特朗普政府进一步推进经济施政、特别是进一步加大基础设施投资等寄予厚望，推动了美国股市保持高位。美国媒体将特朗普执政以来的美国经济状况称之为"特朗普景气"。

3.**"特朗普经济学"难以从根本上解决美式资本主义经济困境，美国经济面临一系列中长期风险**。一是美国经济的根本性问题并未触及。特朗普施行的经济政策，无法解决美国劳动生产率增长缓慢、贫富悬殊、社会阶层固化等长期结构性问题，难以从根本上改变美国经济动力不足的状况。**二是贸易保护主义害人害己**。过度的贸易保护主义措施将加大美国与

各贸易伙伴国的贸易摩擦，导致贸易伙伴的抵制和反击，提高美国民众生活成本，同时也将损害国际经济秩序和自由贸易体系的良性发展。**三是美国财政的可持续性风险持续增加**。根据美国国会预算办公室测算，美国财政赤字将于 2020 财年突破 1 万亿美元，比此前预测的 2022 年提前两年。特朗普政府削减赤字目标难以实现，美国高赤字风险将持续累积。

第六章

美国社会的新现实

一、奥巴马的进步主义理念与社会政策

2008 年国际金融危机的爆发不仅暴露出美式自由市场资本主义在经济领域存在的深层弊端，也令长期主导美国社会的保守主义黯然失色。在此背景下，奥巴马作为"自由派"的"黑马"，2009 年入主白宫后在加紧应对金融危机的同时，在社会领域也推行了一系列加大政府干预、注重公正平等、提升社会包容性的"变革"，引导美国社会思潮由保守主义明显向自由主义转变，成为国际金融危机后美国探索资本主义发展模式调整的新尝试。

（一）改变理念：强调干预、公平和变革，自由主义取代新保守主义成为美国政府的主导思想

美国政治和社会思潮"有相互交替的传统，自由到了激进，便会转向谨慎的保守，而保守到了停滞，又会出现改革的自由"[①]。20 世纪 30 年代罗斯福"新政"开启了现代自由主义主导美国的历史阶段，60 年代肯尼迪、

---

① 楚树龙、荣予：《美国政府和政治》，清华大学出版社 2012 年版，第 73 页。

约翰逊推动政府全面介入经济社会生活的"伟大社会"计划使自由主义达到顶峰。但"盛极必衰"，此后不断扩大的民权运动和反越战运动，与 70 年代石油危机带来的经济衰退叠加，使美国社会转趋保守，直到 80 年代里根上台后推行限制政府作用、重视自由市场的"里根革命"，带来保守主义全面复兴，并在此后长期主导美国社会。21 世纪初上台的小布什政府在经济财政、社会文化和外交防务上全方位推行新保守主义，被认为是当代美国历史上最保守的一届政府，却在国内导致金融危机爆发、社会贫富差距拉大，在国外深陷两场战争，大多数美国民众认为国家走在错误的发展道路上，保守主义严重受挫，美国社会思潮再次回摆。

奥巴马作为民主党人，是一个坚定的自由主义者，也曾自称"进步主义者"。他在联邦参议员任内，曾在《国家》（*National Journal*）杂志 2007 年度的议员投票倾向打分中，被评为"最自由派的参议员"。奥巴马高举"变革"大旗，强调改变、进步、公平、未来等概念的自由主义价值理念，全面反对小布什政府保守主义的内外政策，在竞选期间即掀起了一阵"奥巴马旋风"。有自由派媒体人欢呼，"在经济危机中，当资本主义遭受攻击、全国民众向政府索要答案时，自由左翼分子终于拥有了一位有头脑的领袖"[1]。美国在迎来第一位黑人总统的同时，经济社会领域的治理理念也较此前发生了重大调整，其核心政策主要表现在三个方面：

一是强调政府干预。保守主义的"中心思想"之一是"小政府"，让市场自主运行。但国际金融危机的爆发令自由市场资本主义带来的巨大风险和弊端暴露无遗。奥巴马在 2009 年的就职演讲中说，"这次危机提醒我们，没有监督，市场将会失控"[2]。所以奥巴马上任之后，推出一系列救市

---

① 克莱夫·克鲁克：《奥巴马是个自由派》，2009 年 3 月 4 日，http://www.ftchineses.com/story/001025017，访问时间：2017 年 6 月 2 日。

② "President Barack Obama's Inaugural Address"，https://obamawhitehouse.archives.gov/blog/2009/01/21/president -barack-obamas-inaugural-address，访问时间：2017 年 6 月 27 日。

措施、经济刺激计划和金融改革方案应对危机，均以加大政府的干预、投入和监督为核心，带有明显的凯恩斯主义色彩，纠正以往过度放任市场作用的做法。在社会领域，奥巴马推行的各类政策也贯穿这一理念，突出政府的主导作用。

二是重视社会公平。美国长期奉行"市场万能"政策的结果，是财富迅速向少数资本家集中，富者愈富、贫者愈贫。国际金融危机爆发后，美国中产阶级财富缩水、数量萎缩，社会两极分化程度创下历史新高。奥巴马认为，"国家如果仅照顾富人，就不可能持续繁荣"[①]，各类社会福利政策"不会削弱我们的积极性，不会让我们成为一个索取者的国家，而会促使我们敢于冒险，让这个国家更加强大"[②]。因此，他致力于通过医疗、教育等一系列社会改革，缩小贫富差距，照顾弱势群体，缓和社会矛盾，解决美国发展的深层次问题。

三是主张开放包容。在各类社会议题上，奥巴马秉持自由主义理念，强调开放和包容。奥巴马当选总统前，长期关注妇女、民权等议题，支持堕胎和枪支管控，反对死刑，对移民和同性恋持宽容态度。就任总统后，奥巴马积极推进男女同工同酬、移民改革和枪支管控等议程，并表示赞成同性婚姻。

由于奥巴马上台之初即面临"大萧条"后最严重的金融和经济危机，其所推行的政策又带有鲜明的自由主义色彩，因此有人将其与富兰克林·罗斯福相比，将其应对危机的举措称为"奥巴马新政"，认为2008年是"里根革命"的完结之年，2009年则是奥巴马调整完善美式资本主义、引领美国走入新发展阶段的变革元年。

---

① "President Barack Obama's Inaugural Address", https://obamawhitehouse.archives.gov/blog/2009/01/21/president -barack-obamas-inaugural-address，访问时间：2017年6月27日。

② "Inaugural Address by President Barack Obama", https://obamawhitehouse.archives.gov/the-press-office/2013/01/21/inaugural-address-president-barack-obama，访问时间：2017年6月27日。

（二）医保改革：旨在实现"全民医保"的平价医疗法案成为奥巴马最具代表性的政治遗产

医疗保障是衡量一个国家社会管理水平的重要指标。20世纪初，西奥多·罗斯福总统即提出在美国建立全民医保的目标，此后多位总统也曾提出不同方案，但均未成功。1965年，约翰逊总统创建了为65岁以上老年人服务的"联邦医疗保险计划"（Medicare），以及帮助贫困者和残疾人的"联邦医疗救助计划"（Medicaid），成为美国医保体系的基本支柱，并延续至今。此后历任总统改革医保的努力，包括1994年克林顿总统夫妇力推的全民医保方案，均以失败告终。

根据美式自由市场资本主义的理念，美国医保制度强调个人选择，但也因此存在明显弊端。一方面覆盖率不高，美国是唯一没有实现全民医保的发达国家，2010年有4990万人没有医保；[1]另一方面成本高昂，2008年美国人均医疗费用为7146美元，医疗费用占GDP的比值为15.2%，均居全球首位[2]。世界卫生组织2000年评估认为，美国医保制度在191个国家中，费用最高，总体表现居第37位，居民总体健康水平则仅居第72位[3]。

奥巴马将改革医保制度、实现全民医保作为执政的主要目标之一。就任之后，他抓住自己强势当选，而且民主党同时控制国会参、众两院的难得机遇，全力推动医保改革。经过反复协调和艰苦博弈，奥巴马终于在2010年3月23日签署《患者保护与平价医疗法案》（*Patient Protection*

---

[1] Denavas-Walt Carmen et al, "Income, Poverty, and Health Insurance Coverage in the United States:2010", in U.S. Census Bureau, *Current Population Reports*, 2011, pp.60–239. Washington, DC: U.S. Government Printing Office.

[2] WHO, *World Health Statistics 2011*, Geneva: World Health Organization, 2011.

[3] "The World Health Report 2000: Annex Table 1 Health System Attainment and Performance in all Member States, Ranked by Eight Measures, Estimates for 1997", http://www.who. int/whr/2000/en/annex01_en_pdf，访问时间：2017年6月29日。

and Affordable Care Act，简称 ACA，常被称作"奥巴马医改"），实现了美国社会保障体系 45 年来最大规模的改革。

"奥巴马医改"的规定主要包括三个方面：**一是扩大医保覆盖人群范围**。"奥巴马医改"首次制定了强制参保的规则，一方面针对个人，规定凡是没有享受雇主资助的医保、联邦医疗保险计划、联邦医疗救助计划或其他公共保险项目的个人必须购买医疗保险，否则需要交纳罚款。但面临经济困境等少数情况可以例外。对收入高于联邦医疗救助计划要求但低于联邦贫困线 4 倍的人提供补贴。另一方面针对企业，规定雇用 50 名（含）以上全职员工的企业如不为员工提供医疗保险，则需交纳罚款。

二是降低医保整体成本。强制参保的规定扩大了参保人群，此举可以有效分散和减少保险公司承担的风险，降低医保成本。提高了医保消费税的征收额度，并向富人的"豪华医保"征税，以此填补部分改革成本。防止过度使用医疗手段和药物，压缩老人医疗保险支付给医院和其他医疗服务提供者的巨额费用，同时进行支付方式改革，以按价值付费代替传统的按服务项目和服务数量付费[①]。

三是强化政府监管和参与。一方面加强对保险公司的监管。禁止保险公司因既有病史而拒绝个人参保或提高保费，限制保险公司设定每年的赔付金额，并要求 80%—85% 的保费必须用于医疗。另一方面强化州政府的责任。法案要求各州建立保险交易市场，由州或联邦政府运营，提供在线购买医保的平台。要求州政府将参加联邦医疗救助计划的收入上限提高至联邦贫困线的 133%，并确保无法通过家庭获得医保的儿童得到医疗保险。

"奥巴马医改"的通过被看作是奥巴马推进自由主义议程的重大胜利。

① 王勇、白云真、王洋、刘玮：《奥巴马政治经济学》，中国人民大学出版社 2015 年版，第 9 页。

据测算，该法案生效后第一个十年将使美国政府预算赤字减少近 1400 亿美元，在第二个十年减少约 1.2 万亿美元。到 2016 年年初，该法案已帮助 2000 万人获得医保[①]，可能在 2010 年至 2013 年间帮助避免了 5 万人死亡[②]，如果取消该法案则可能导致每年43956人死亡[③]。不过，奥巴马和民主党人为了确保该法案通过，在一些条款上也作出了妥协，并未完全实现原定目标，比如在反对派的强大压力下放弃了由政府提供医保并与私营保险公司竞争的"公共选择"计划。

（三）强调公平：推行"中产阶级经济学"，照顾弱势群体利益

奥巴马认为，美国在 2008 年以前十年的收入增长几乎全部流入 1% 的富人手中，经济发展未能惠及普通民众，底层民众向上流动的机会越来越小，社会不公平更加严重，这不符合美国的基本价值理念。"如果只有少数人过得好，越来越多的人生活却难以为继，美国就无法成功。自由不应只是幸运者的特权或少数人的快乐，美国的繁荣必须建立在中产阶级不断壮大的基础上"[④]。奥巴马将自己定位为"中产阶级和弱势群体代言人"，将重建"机遇的阶梯"、壮大中产阶级作为执政目标。

在此理念的指导下，奥巴马奉行被视作"劫富济贫"的政策。一方面强化对富人的规制。他将 2008 年国际金融危机的爆发归咎于华尔街的不

---

① "Health Insurance Coverage and the Affordable Care Act，2010-2016"，https://aspe.hhs.gov/pdf-report/health- insurance-coverage-and-affordable-care-act-2010-2016，访问时间：2017 年 6 月 29 日。

② "Obama's Claim the Affordable Care Act was a 'Major Reason' in Preventing 50000 Patient Deaths"，https://www.washingtonpost.com/news/fact-checker/wp/2015/04/01/obamas-claim-the-affordable-care-act-was-a-major-reason-in-preventing-50000-patient-deaths/?utm_term=.76ddf2100a3b，访问时间：2017 年 6 月 29 日。

③ "Repealing the Affordable Care Act will Kill more than 43000 People Annually"，https://www.washingtonpost.com/posteverything/wp/2017/01/23/repealing-the-affordable-care-act-will-kill-more-than-43000-people-annually/?utm_term=.e15fd76896f0，访问时间：2017 年 6 月 29 日。

④ "Inaugural Address by President Barack Obama"，https://obamawhitehouse.archives.gov/the-press-office/2013/01/21/inaugural-address-president-barack-obama，访问时间：2017 年 6 月 27 日。

负责任。他是对华尔街公开指责最多的美国总统。他将限制和监管华尔街作为应对金融危机的重要举措，出台了美国历史上最严厉的金融改革方案。停止小布什政府针对富人的减税政策，呼吁按照"巴菲特规则"进行税收改革，即要求年收入超过 100 万美元的富人纳税率不应低于 30%。另一方面改善中产阶级和弱势群体境遇。奥巴马就职不久即宣布成立由副总统拜登牵头的"中产阶级劳动家庭工作小组"，制定有利于中产阶级的就业、收入、职业培训、工作场所安全与公平等政策。在应对金融危机的过程中，突出保护普通消费者和投资者的利益，帮助受危机冲击的普通民众保留房产，并提出针对中产阶级的永久性减税计划。

2015 年 1 月，奥巴马在年度国情咨文中提出了"中产阶级经济学"，作为其执政理念的概括，即确保每个人都得到公平的机会、合理的报酬并遵守相同的规则，分享国家的成功并为此作出贡献。"中产阶级经济学"主要包括三个要素：**一是增强中产阶级的安全感**，推动带薪病假和产假，提高最低工资标准，争取男女同工同酬，通过减税、增加投资、提高服务质量等举措，减轻中产阶级在育儿、教育、医疗、住房、养老等方面的负担，提高生活质量。**二是帮助美国人增强自身技能**，提出实现社区大学免费教育，改进职业教育体系，强化对失业人员和退伍军人的再就业指导和培训，鼓励增加带薪实习机会，帮助民众提高收入。**三是增强美国经济的竞争力**，加大基础设施建设投资，通过签署跨太平洋伙伴关系协定（TPP）等举措抢抓国际贸易规则的制定权，强化互联网、航天航空等高端科技研发和应用，改革税收体系，以此促进中小企业发展，留住并推动就业岗位向美国本土回流。

（四）社会包容：推进移民改革和维护同性恋权利等自由化社会政策

1. 坚定推行移民政策改革。奥巴马主张进行更加自由化的移民政策改革，主要源自两方面因素。从个人角度讲，他既是"自由派"又是少数族裔，致力于为弱势群体争取平等权利，对少数族裔群体具有天然的亲近感，认为"欢迎移民是美国生活的中心思想"①。从党派角度讲，民主党一贯对移民持相对宽容的态度，而且随着美国少数族裔占人口比例的持续上升，少数族裔对政治的影响力不断上升，推动移民改革有利于争取少数族裔群体对民主党的支持。

奥巴马就职后曾试图推动综合性移民立法改革，为美国 1100 万非法移民提供获得公民资格的渠道。在两党激烈博弈的背景下，法案虽在参议院闯关成功，却未能通过共和党控制的众议院，久拖不决。奥巴马在第二任期改变策略，绕开国会，转而采用行政命令的手段以求迅速实现目标。2014 年 11 月，奥巴马颁布一系列移民改革的行政命令，主要措施包括：投入更多执法人员加强边境管理，制止非法越境活动，加快越境遣返进程；加速和简化高技术移民、大学毕业生和企业家留在美国的程序；在美国居住 5 年以上、其子女是美国公民或永久合法居民的非法移民，如果向政府登记、通过犯罪和国家安全背景审查并愿意纳税，将可以免遭遣返，并可申请 3 年的居留许可；加速遣返有犯罪史并对国家和公共安全造成威胁的非法移民。新政关于暂停遣返非法移民的规定预计令 400 余万人受益。

2. 助力同性婚姻合法化。同性婚姻一直是美国政治上相当敏感的话题。奥巴马早期与很多政治家一样，对此表态较为模糊。但奥巴马当选总统后，助推美国社会思潮整体向自由化方向发展，同性婚姻得到越来越多的宽容和理解。2009 年之后，美国允许同性婚姻的州迅速增加。在这一氛围下，出于为连任竞选争取资本等政治考虑，奥巴马于 2012 年接受采访时明确表示，同性恋者应该享有结婚的权利。但同时他也强调，这只是个人观点，美国各州政府应自行决定是否承认同性婚姻。这是美国现任总

---

① 王勇、白云真、王洋、刘玮：《奥巴马政治经济学》，中国人民大学出版社 2015 年版，第14 页。

统首次公开表态支持同性婚姻，虽未采取实际立法行动，仅具象征意义，但在美国社会仍引起广泛关注。2013 年 1 月，奥巴马在第二任期的就职演讲中明确提出支持同性恋者在法律上获得平等权利，成为首位在就职演讲中提及"同性恋"一词的总统。奥巴马的表态极大激励了同性恋人群。2015 年 6 月 26 日，在美国仍有 14 个州禁止同性婚姻的情况下，美国最高法院判决同性婚姻在全美合法，白宫当晚打出象征同性恋权益的彩虹灯光以示庆祝。这一事件成为美国在社会议题上更加自由化的重要标志。

此外，奥巴马还积极推动枪支管控立法，高调倡导应对气候变化，减轻对非暴力毒品犯罪的处罚，在众多社会议题上均体现出鲜明的自由主义色彩。

（五）未竟事业：奥巴马在社会领域的自由化"变革"无法克服美式资本主义的深层矛盾

2008 年国际金融危机爆发后，信奉自由主义理念的奥巴马出任美国总统，推进多项致力于复苏经济、实现平等和开放包容的经济社会议程，取得一定成效，美国走出危机阴影，社会思潮明显左转，但未能也无法从根本上解决美式资本主义存在的长期性、结构性问题和矛盾。

1.受困于政治斗争，奥巴马社会领域的自由主义施政议程未能完全落实。奥巴马的改革议程损害了美国众多利益集团和富人的利益，也不符合美国人对政府作用根深蒂固的怀疑情绪，引发舆论强烈反弹，立法和实施过程中受到共和党百般阻挠，很多议程并未最终付诸实施。医改法案是在共和党议员无一支持的情况下强行通过的，多项关键条款被推迟实施。共和党始终未放弃推翻该法案的努力，并因此导致 2013 年联邦政府"关门"十余天。移民改革的行政命令也引起共和党激烈反对，26 个州向得克萨斯州地方法院起诉奥巴马滥用总统权力，要求政府暂停实施行政令，获得法院支持，在上诉过程中继续获得联邦巡回上诉法院支持，最高法院终审以 4∶4 的僵局表决结果维持了下级法院的裁决，因而移民改革未能真正推行。即使在民主党内部，也有不少人受制于利益集团和个人政治利益，反对或消极对待奥巴马的改革举措。

2.**局限于体制弊端，奥巴马自由主义"变革"无法解决美式资本主义的困境。一是贫富差距进一步拉大。**在全球化大背景下，财富向少数人迅速集中，大量就业岗位向低劳动成本地区转移，奥巴马的"变革"也无力改变这一趋势。美国虽较快摆脱危机、实现了经济增长，名义失业率较危机之初大幅减少，但中产阶级获得感不足。奥巴马在 2016 年任内最后一次国情咨文中承认，美国贫富差距仍在加大，经济增长并未降低民众的焦虑感。**二是种族矛盾依然难解。**奥巴马虽成为美国历史上首位非洲裔总统，但其任内黑人被白人警察枪杀事件频发，黑人游行抗议此起彼伏，种族矛盾继续发酵。奥巴马执政末期，三分之二美国民众认为种族关系不睦，40%的人认为比奥巴马执政前更糟。美国白人对少数族裔移民群体的疑惧情绪不断积累发酵。**三是社会分裂继续加剧。**美国民众对非法移民、同性婚姻、堕胎、控枪等社会议题的包容性虽整体有所提高，但保守派观点仍占据主流地位，两派思潮激烈碰撞、严重对立。

3.**纠结于发展方向，美式资本主义仍将长期在保守主义与自由主义之间摇摆。**保守主义主导美国几十年，在 2008 年国际金融危机爆发后受到质疑，奥巴马推动自由主义在新形势下重新成为美国政府的指导思想，并推行自由化的经济社会"变革"。但这些举措无法解决源于资本主义制度的深层问题，甚至反而加剧了美国社会的分裂，民众不满情绪继续积累和蔓延，多数民众仍然认为美国走在错误的发展道路上。实践证明，无论是"小政府"的保守主义还是"大政府"的自由主义，都是资本主义体制内的调整与改良，都治标不治本，都无法解决资本主义制度的内在缺陷所引发的问题，都无法获得民众的普遍认可，无法如美国自由派媒体人所欢呼的那样"为遭受攻击的资本主义提供答案"。美国未来仍将在两种理念之间反复摇摆，既有斗争，又寻求妥协，但不可能对美式资本主义制度进行根本性的改变。

二、美国人口结构变化带来的影响

当前，美国正处在人口发展的历史转折期，作为人口主体的白人数量增长缓慢，各少数族裔人口增长迅速，美国将从以白人为主体转变为不存在主要族群的国家。人口结构的重大变化将使美国社会更加多元，对美国政治、经济、宗教、安全等产生重要影响。

（一）外来移民的不断涌入，加上少数族裔相对较高的生育率，使美国人口结构发生显著变化并呈现以下特点：

一是白人人口占比逐年下滑，将丧失主体族群地位。与 1970 年相比，2010 年白人（非拉美裔）占总人口比例从 79.6% 下降至 63.7%，预计到 2042 年，白人占比将首次低于 50%。与白人相对，少数族裔人口均不同程度的增长，预计到 2060 年将占到总人口的近三分之二，美国将迎来各种族裔均为"少数民族"的未来。

二是拉美裔人口增长尤为迅速，美国部分地区已"拉美化"。拉美裔人口占比从 1970 年的 6.5% 猛升至 2010 年的 16.3%，预计到 2050 年将占总人口的 30%。拉美裔移民聚居现象尤为严重，新墨西哥、加利福尼亚、得克萨斯、亚利桑那等州是拉美移民传统聚集地，占全国拉美裔人口比例高达 80% 左右，93% 的拉美裔以西班牙语作为第一语言，不少人终生生活在西语区。

三是穆斯林人口不断增多，伊斯兰教在美国各族群中影响上升。近年来美国每年改宗伊斯兰教的新穆斯林约在 3.5 万人左右，覆盖拉美裔、非裔、亚裔、白人等各个族群。由于高生育率、新移民和新教徒的增加，美国穆斯林人口明显增长并遍及各州。美国人口普查不统计宗教信仰，但根据美国著名民调机构皮尤研究中心数据显示，2014 年美国穆斯林人口约占总人口的 1%，较 2007 年翻了一番，预计到 2030 年将升至 1.7%。

（二）美国人口结构的变化使美国社会日渐多元，白人主体文化受到冲击，对美国国家认同塑造及政治、社会、安全均产生难以忽视的影响

1.文化日渐多元，国家认同塑造面临挑战。美国是由 WASPs（白人、盎格鲁—撒克逊文化、清教徒）为主体构建的国家。新中国成立以来，以盎格鲁—撒克逊文化为核心的同化和"熔炉"政策对打造和强化外来移民和少数族裔的"美利坚"国家认同发挥了重要作用。但是，随着更多非白人、非英语使用者、非基督教信仰者移民的涌入，特别是白人与少数族裔人口此消彼长，美国这口"坩埚"投料太多，老汁太少，作为国家认同核心的白人主流文化同化能力不断减弱。另外，为调和日渐复杂的族群关系，美国大力倡导和推动多元文化主义，强化了各族裔的自我意识、寻根意愿，随着各少数族裔人口的持续上升，坚守自己的语言文化、聚族而居的现象更加突出，美国社会凝聚力下降，更像是一个"油水混合体"，难以深度交融。美国著名学者亨廷顿担忧美国将变成一个松散的邦联。

2.少数族裔在选举政治中的影响力上升，"族群政治"逐渐侵蚀"公民政治"。随着人口的快速增长和在总人口中所占比例的提高，少数族裔在美国选举政治中的影响力不断扩大。2016年大选美国民主党泄密邮件直白指出，外来移民都是忠诚的，且能几代人积极投票。由于美国选举人制度增加了大州的影响力，在拉美裔人口比较集中的加利福尼亚、得克萨斯、纽约、佛罗里达等州，拉美裔选票的重要性更是凸显。2010年美国中期选举中，美国媒体曾以"拉美裔拯救了参议院的民主党人"这样的标题来形容拉美裔选票的重要性。候选人不得不使出浑身解数讨好拉美裔，少数族裔特别是拉美裔关心的移民等议题渐成选举的重要内容。政客或政党争相扮演族群利益的维护者，《华盛顿邮报》预言，未来美国大选政治将取决于少数族裔而非中间选民。

3.白人焦虑感上升，"黑白旧恨"外又添"新仇"。一是文化上，文化价值观影响力减弱、沦为少数民族的趋势不断刺激白人作为主体族群的焦虑感。二是经济上，2008 年国际金融危机后美国经济复苏乏力，大量中下层白人失业或收入下降，他们将美国的衰落和自身的境遇归咎于大量涌入的外来移民和少数族裔，排斥倾向愈加明显。三是政治上，美国保护黑人权益的政策逐渐衍化成"政治正确"原则，产生族群间"反向歧视"新的不平等，尤其是在白人数量和经济、政治影响力相对下滑的背景下，引起白人反弹。长期困扰美国社会的白人至上和白人民族主义思潮躁动加剧，在 2016 年大选中通过特朗普种族主义言论获得宣泄并进一步高涨。美国媒体感叹，特朗普成功地把民权运动以来一直上不了台面的仇恨运动带入了美国主流政治。

4. **族群矛盾中的宗教因素上升，影响美国安全稳定**。美国标榜宗教信仰自由，强调"政治正确"，造成宗教逆本土化倾向上升等后果，一些境外宗教势力和极端思想加速向美国渗透。美国一些穆斯林出现认同宗教化、思想激进化、行为暴恐化倾向。调查显示，30 岁以下美国穆斯林中有 15% 的人支持某种情况下可对平民目标进行自杀式袭击。美国主流社会对穆斯林反感和不信任感骤增，甚至出现"恐伊症"和穆斯林群体"污名化"，特朗普的"禁穆令"正迎合了部分民众反穆斯林的情绪，这种情绪反过来又可能刺激部分穆斯林的极端化。随着穆斯林人口的持续增长，这种相互不满和疑惧情绪将会继续，成为影响美国安全稳定和内外政策的不确定因素。

三、2008 年国际金融危机以来美国政治极化和民粹主义的新发展

2008 年国际金融危机以来，美国经济社会发展模式弊端凸显，民主、共和两党围绕国家未来发展道路和诸多棘手政策议题展开空前激烈的辩论与争斗，政治极化、民意分裂和民粹主义愈演愈烈，严重影响了政府施

政，并最终催生了"特朗普现象"。

（一）美国民主、共和两党斗争不断激化，政治体系运转失灵

2008 年大选，民主党大获全胜，同时赢得白宫和国会两院，中左政治力量在美国影响上升。奥巴马上任初期，着眼提振美国经济、重振民众信心，迅速出台刺激经济、稳定金融等措施，并着手全面推进医保、能源和教育等社会领域的重要改革，推动社会转型。在处理两党关系方面，奥巴马提出超越"极化政治"、建立跨党大联合的口号，试图寻求共和党的支持与合作。但实际上，奥巴马并不擅长协调两党关系，当"变革"议程遭到共和党抵制时，奥巴马利用民主党在国会两院多数地位强行推进相关法案，并通过议事规则规避共和党拖延立法进程。在上述条件下，民主党虽于 2009 年和 2010 年推动国会分别通过"经济复兴与再投资法"和医保法案，但付出了重大政治代价，众议院近两百名共和党议员无一人对两法案投赞成票。两党在上述两法案上的严重对立使两党斗争在奥巴马执政初期就陷于激化。此后，两党对立快速上升，合作空间急剧缩小。

2010 年中期选举后，共和党重掌众议院，随即加大了对奥巴马政府的攻势，将削减财政赤字、缩减政府规模和废除医保法案等作为主要议程，力图瓦解奥巴马政府执政成果，终结其连任之路。奥巴马和民主党亦着眼 2012 年大选需要，将更多精力放在对共和党的攻讦和抹黑上。美国政府施政效率进一步滑坡，提高债务上限、削减财政赤字和刺激就业等一系列涉及国计民生的重大议程难产，政府几度险些关门。

2012 年大选，奥巴马成功连任，共和党保住众议院多数席位，府院分治、两党恶斗局面进一步恶化。2013 年，奥巴马力推的枪支管控法案遭参议院共和党人否决。由于两党在减支、医保、预算等问题上的严重分歧，美国联邦政府被迫启动自动减支机制，联邦政府因预算拨款案未能及时获批，其非核心部门自 1996 年以来首次被迫关门 16 天。面对政治极化带来的阻力，奥巴马政府寻求通过行政命令绕开国会推进施政议程。这一

被称作"钢笔加电话"的施政策略加剧了共和党对政府的不信任，府院之争更趋激烈。2014 年中期选举，共和党大胜，掌控国会参众两院，并占据全美多数州长职位，严重"跛脚"的奥巴马政府再难从国会闯关取得政绩，美国国内政治风向朝中右方向回摆。

（二） 2008 年国际金融危机阴影下左右翼思潮激荡，"茶党"和"占领华尔街"运动兴起，社会分裂、极化加剧

历史经验表明，危机往往成为极端思想的孵化器，国际金融危机对美国社会造成的巨大冲击也导致左右翼极端思潮抬头。两党斗争激化、中间道路的缺失更助长了美国国内左右翼草根运动的兴起。在金融危机后的最初几年间，右翼的"茶党"运动和左翼的"占领华尔街"运动具有突出的代表性。

奥巴马 2009 年年初入主白宫后，针对金融危机猛药治病，大举推进"大政府"治理，美国政府政策急转向左。受此刺激，极端保守势力快速反弹，当年即以部分共和党极端人士为核心兴起了"茶党"运动，提出削减财政支出、给富人减税、反对政府过度干预经济等主张。"茶党"运动参与者不断增加，声势日益壮大，一度发展成为全国性的游行示威活动。其支持者最多时达 800 万人，大多为保守的白人中产阶级。2010 年 2 月，"茶党"召开第一次全国代表大会。当年中选期间，"茶党"筹集大量竞选资金，帮助共和党内民粹派和右翼极端派一举夺下 35 个国会席位，标志着"茶党"运动正式登上美国政治舞台。

"茶党"运动在美国国会"登堂入室"后不久，2011 年下半年，以纽约为中心，名为"占领华尔街"运动的和平示威运动突然爆发并不断升温扩大，一度蔓延至全美 800 多个城市，参与者主要来自青年草根阶层。与"茶党"运动反对政府干预相反，"占领华尔街"运动凸显民众怨富情绪，提出了"以 99%的名义反对 1%"的口号，强烈抗议华尔街金融资本的贪婪导致了金融危机却并未受到应有的惩罚，民众反而成为危机的最大受害

者，要求奥巴马政府进一步加强对经济活动的干预。有的示威者甚至提出推翻美国现行政治体制、"结束全球资本主义"、实施直接民主等激进主张。"占领华尔街"运动在当年10月至11月间掀起了全国性高潮，此后因天气转冷，参与人数下降，加之各地警察实施清场，运动转入低谷并逐渐偃旗息鼓。受"占领华尔街"运动的影响，奥巴马及民主党政策主张进一步左转。

"茶党"和"占领华尔街"运动的兴起，加剧了两党理念对立和政治极化，使美国社会更趋分裂，为数年后美国左右翼极端主义和民粹主义的强势"喷发"埋下了伏笔。但相关草根运动的兴起并未导致第三党力量的出现，美国两党制基本格局没有改变。

（三） 2008年国际金融危机引发深层次矛盾，"特朗普现象"和民粹主义抬头

奥巴马政府的第二任期，美国逐渐走出金融危机的阴影，但美国经济复苏"叫好不叫座"，民众未能从中获益，贫富分化持续加剧。作为美国传统"橄榄型"社会结构主体的中产阶级遭遇全球化的冲击，被"剥夺"了财富和就业而大量滑向低收入群体。面对经济困局、政府失灵、社会分裂等多重困境，美国民众失望、愤懑的情绪持续积压，公众对政府的信任降至历史低点，反现状、反建制、反精英的诉求高涨。同时，美国人口结构变化，少数族裔壮大，触发原本占据美国人口主体的白人的深度焦虑，以移民问题为核心，不同身份人群的诉求差异空前暴露，身份政治对美国政治生态的影响力上升。2016年美国大选，在距金融危机爆发已经8年之际，再度将极端主义和民粹主义推向了新的高度。

2016年美国大选两党初选阶段，美国民众渴望新政治人物的愿望迫切，两党参选群体中均出现了一些政治"圈外人"和"边缘人"。民主党方面风头最劲的是佛蒙特州联邦参议员桑德斯。作为美国历史上第一位公开信奉"民主社会主义"的联邦参议员，桑德斯坚信改良主义道路，主张

实行普遍的社会福利、混合的经济模式和妥协的阶级合作。参选期间，他高度关注社会经济不平等等议题，主张对富人增税、增加政府干预、促进社会财富再分配；主张实行强有力的劳工保障、单一支付的全民医保、免除学费的公立大学；反对任何形式的贸易协定，倡导加强对金融银行业的管制，打击华尔街与华盛顿经济政治精英联盟，从而实现缩小贫富差距、追求经济平等、惩治政治腐败等目的。桑德斯强调，他所理解的"民主社会主义"核心在于实现经济上有保障的权利，即打破亿万富翁主宰政治的现状，建立一个不是为顶层经济阶层而是为所有人服务的政府。尽管前国务卿希拉里·克林顿最终在民主党初选中胜出，但桑德斯的表现非常亮眼，赢得了不少民主党选民的追捧。"桑德斯旋风"对民主党发展影响深远，民主党认识到极左思潮对选民的吸引力，党的主流理念进一步左转，极左势力在党内地位进一步上升。

共和党方面最主要的"圈外人"是地产大亨特朗普、神经外科医生卡森和惠普首席执行官菲奥莉娜等，其中最有代表性的非特朗普莫属。特朗普从未在政府担任公职，此前也未竞选过联邦或州议员。此次大选期间，他高呼"让美国再次伟大"的口号，提出的理念内容杂糅，光谱多元：经济上，既有保护产业和就业、反自由贸易等逆全球化倾向，也有自由主义减税、放松监管等主张；政治上，既有反建制、反精英的平民主义风格，又有崇尚权威、突出个人能力的强人做派；社会问题上，既强调传统文化价值和基督教信仰，又有排斥移民和穆斯林的极端思想；外交上，既有坚持战略收缩、减少对外干预的务实思维，也有强硬捍卫美国利益，保持军事优势的保守作风。相关主张缺乏系统的理论支撑，不乏自相矛盾之处，但总体上立足"美国优先"，旨在重振美国国内经济和社会，摆脱全球化的负面影响，减少对外依赖和让度。特朗普在众多共和党竞选人中强势突围，并最终击败希拉入主白宫，标志着本轮民粹主义和极端主义浪潮在美国达到顶峰。特朗普所代表的反建制、逆全球化、保护主义、民族主义等理念开始转化为国家政策。

特朗普上台后强力推进施政议程。经济层面，成功推动大规模税改，放松经济监管，复苏本土制造业，推动就业回流。鼓吹"公平贸易"，退出"跨太平洋伙伴关系协定"（TPP），重谈"北美自贸协定"，挑起贸易摩擦。社会层面，力推新医保法案，强化入境限制和边境管控，打击非法移民，启动修建美墨边境墙。外交层面，要求盟友分担责任，退出气候变化"巴黎协定"和联合国教科文组织等多边机构，撕毁伊朗核问题全面协议。不少政策举措由于引发巨大争议，初期遭到国会、官僚机构甚至特朗普执政团队内部建制派等传统政治力量的强力抵制，各地民众反特朗普示威游行时有发生，"限穆令"等个别政令甚至一度被有关联邦地区法院叫停。

特朗普推进施政虽多有波折，但不少政策最终得以成功落地，尤其是相对有力回应了反全球化的底层民众、反移民和人口多元化的白种人的关切。同时，美国经济整体向好，2017 年增长 2.3%，2018 年前三季度分别增长了 2%、4.2% 和 3.5%，失业率降至 3.7%，为近 50 年历史低位，股指连续走高。上述背景下，不仅占美人口约 37% 的"铁粉"始终对特朗普不离不弃外，特朗普还成功地说服了不少原本激烈反对他的共和党建制派。到 2018 年中期选举时，特朗普已在共和党内成功建立权威，党内支持率高达近 90%。共和党理念和政客均出现明显的"特朗普化"趋向。总的看，美国已初步克服对内政新形势的"不耐受反应"，"特朗普现象"和民粹主义进一步在美国站稳脚跟。

（四）2008 年国际金融危机以来美国政治极化和民粹主义的不断高涨，与危机本身和美国制度缺陷密切相关，美国政治极化和民粹主义未来一段时期内仍将延续

1. 民粹主义兴起是 2008 年国际金融危机在意识形态领域引起的持久震荡。经济基础决定上层建筑，极端的经济形势催生极端的政策应对。2008 年国际金融危机极大地伤害了美国经济，奥巴马政府极转向左的"猛

药"是必然,带来政治和社会的"不耐受反应"是必然,刺激反向的极右理念也是必然。这是危机的后遗症,其严重程度与危机本身的烈度相当。

2. 政治极化、过度制衡使美式资本主义陷入治理困境。美国学者福山2014年出版的《政治秩序与政治衰败》一书在解释奥巴马政府时期的府院之争时指出,美国"三权分立"制度下,立法处理行政需求的方式成本极高、效率低下。在两党极化的情况下,美国监督和制衡体系变成了"否决制","不犯错"的初衷导致了"不作为"的结果。同时,新的时代条件下,美国精英民主向大众民主转变,面对大众情绪化、非理性的特点,在精英主导下设计、建立并长期运行的美国政治体制出现诸多不适应症。"特朗普现象"一定程度上可以解读为美国体制对民主大众化时代的不适,或者极端的适应方式。

3. 美国政治极化和民粹主义仍将在一定时间内延续,其负面外溢效应值得警惕。2018年美国国会中期选举后,美国两党将快速转向准备2020年大选。未来两年,民主党控制下的众议院必然不会配合特朗普推进立法和施政议程。同时,特朗普2017年上台后不久即宣布谋求连任,中选助选期间已在为连任铺路,中选后将马上切换至"大选模式",预计他将继续延续其选战风格和策略。美国政治极化和民粹主义短期内仍将延续,甚至进一步恶化,其对美国经济政策、外交战略的负面影响将继续上升,外溢效应值得高度警惕。

第七章

美国外交战略的新调整

一、资本主义世界体系的演变与美国外交战略的大调整

将资本主义作为一个整体性的世界体系来研究是马克思主义较早提出并长期贯彻的重要思想。马克思恩格斯在《共产党宣言》中明确指出,"资产阶级,由于开拓了世界市场,使一切国家的生产和消费都成为世界性的了……迫使一切民族采用资产阶级的生产方式,使未开化和半开化的国家从属于文明国家、使农民的民族从属于资产阶级的民族、使东方从属于西方"。① 列宁也指出,"资本主义如果不经常扩大其统治范围,如果不开发新的地方并把非资本主义的古老国家卷入世界经济的漩涡,它就不能存在与发展"。② 在马克思主义看来,资本与生俱来的攫取超额利润的本性决定了它必然要向世界范围不断扩张市场、输出资本和产品。因此可以说,要真正了解当代资本主义的运行规律、主要矛盾和发展走向,就必须从世界体系的宏观角度对资本主义和西方进行把脉。

西方打赢冷战后,特别是进入 21 世纪以来,资本主义世界体系的广

---

① 《马克思恩格斯选集》第 1 卷,人民出版社 2012 年版,第 1404 页。

② 《列宁选集》第 1 卷,人民出版社 2012 年版,第 232 页。

度和深度都得到了前所未有的加强。用一些西方左翼学者的话说，就是"资本主义已成为一个真正的全球现象"，实现了"自身的普遍化"，"它的社会关系、运动法则及矛盾的普遍化，商品经济、资本积累和追求最大限度利润的逻辑已经渗透到我们生活的每个方面"。① 这突出地体现在两个高度耦合上。

一是资本主义世界体系与全球化的高度耦合。资本的全球扩张与经济全球化的深入发展相互促进、各取所需。**一方面，第二次世界大战后经济全球化的大发展大繁荣为资本主义世界体系的延伸提供了平台。**随着国内市场的饱和、劳资关系及社会利益格局的固化，以及投资边际效应的递减，西方资本家日益将压低成本、提高利润的关注点从国内转向国外，竞相将资金和生产能力转移到生产成本较低的边缘、半边缘国家，利用这些国家拥有的大量廉价劳动力，并通过将其融入全球化下的统一市场来开拓新的商品倾销空间，从而在核心国家内部利润率持续下滑的同时得以继续攫取高额剩余价值，维持资本主义市场体系的旺盛生命力。正是在全球化的一波波浪潮中，西方资本实现了更高层次的跨国循环，资本主义世界体系的扩容升级也为发展和容纳不断提升的生产力提供了更广阔的空间，进而在很大程度上缓解了资本主义内在矛盾的剧烈爆发，客观上延续了资本主义的生命周期。有中国学者这样总结：经济全球化是经济社会化发展的一个新阶段，也是资本主义生产方式的一种新形式，极大地促进了生产力的发展，推动资本主义世界体系发展成今天这个样子。②

另一方面，资本主义世界体系的扩张客观上也对经济全球化起到了重要推动作用。西方资本主义面对国内外进步力量的批评，特别是以各国社会主义政党为代表的左翼力量以及国际共产主义运动此起彼伏的挑战，不得不对自身统治和经营方式进行大量的自我改造和革新，吸收了不少具有

---

① 埃伦·伍德：《现代主义，后现代主义，还是资本主义？》，《当代世界与社会主义》1997年第2期。

② 庞仁芝：《当代资本主义世界体系论要》，《中国延安干部学院学报》2012年第5期。

进步色彩的理念和政策，以缓解内部社会矛盾，提升经济活力，在推动科技创新和生产力发展方面取得了重要进展。在对外方面也适当改变了旧殖民主义野蛮残暴的剥削方式，通过更具隐蔽性、欺骗性的方式来把持竞争力优势，更多地通过自由贸易、"公平交易"等市场行为攫取高额利润。资本主义世界体系的这些自我调节、改良创新，固然不会改变其剥削本性和固有矛盾，同时客观上也有助于增强经济全球化对促进社会生产力发展和提高人类生活水平等方面的积极价值，进一步促使世界各国各民族都自觉或不自觉地加入进来，在全球化的大潮中探寻本国本民族的安身立命之处。

二是资本主义世界体系与美国霸权的高度耦合。这是垄断资本主义发展到当今阶段出现的一个极为显著的变化。列宁曾高屋建瓴地指出帝国主义是资本主义的最高阶段，这对我们今天分析资本主义世界体系的新变化仍有极为重要的理论指导意义。同时，随着美国上升为当今世界唯一的超级大国，某种意义上也可以说是资本主义世界体系中唯一的帝国主义国家，这与19世纪和20世纪初期若干个垄断资本主义国家或帝国主义列强互相争夺、瓜分世界的情况又有所不同。美国独享世界霸权，进而形成以美国霸权为核心的资本主义世界体系，同时美国主导下的世界体系反过来又成为维护和反哺美国霸权的核心支柱。这种资本主义世界体系与美国霸权体系的高度耦合现象，决定了我们分析当今资本主义绕不开对美国霸权特别是其外交战略调整演进的研究。

从资本主义世界体系的角度研究美国霸权，可以简单概括为"一个目标、两套循环"。

一个目标，指的是维护全球霸权地位已固化为美国外交战略的核心目标。冷战结束以来，美国历届政府都在《国家安全战略报告》中点明美国的全球战略目标就是发挥在全世界的"领导作用"，并从这一核心目标出发制定了各式各样的外交、安全战略和地区政策，极力巩固美国在软硬实力等方面的绝对优势，全力防止能够挑战美国霸权的地区和世界性强国崛起。这其中既有西方资本主义国家"国强必霸"的历史文化传统、在国际关系"安全困境"下以维护霸权来确保美国自身绝对安全的现实需要等因素，同时在很大程度上也是保障美式资本主义以及西方主导下资本主义世界体系顺利运转的内在需求，这主要体现在美国内外两套循环机制上。

两套循环，指的就是美国霸权体系的国际循环和美式资本主义的国内循环。这两套内外循环机制相互配合，共同维系着西方主导的资本主义世界体系。

从国际循环看，一方面，美国霸权愈来愈依靠外源性掠夺手段，利用在世界体系中当仁不让的霸主地位，从上至欧洲、日本等西方核心国家，下到地处第三世界的广大边缘、半边缘国家攫取大量政治、经济、安全、文化红利。特别是以美元金融霸权为核心的国际资本流动体系，帮助美国在经济全球化时代更高效地渗透和控制世界经济活动。另一方面，美国作为这套霸权体系的领头羊和核心枢纽，必然要从国内拿出部分承担起供应相关国际公共产品的重担，以维护国际体系的基本稳定，即金德尔伯格等西方学者总结的"霸权稳定论"。这些公共产品既包括建立和巩固多边国际规范、规则和机制，打造全球性的盟友体系并提供安全保证，也包括维护国际垄断资本的自由流动和世界贸易体系的正常运转，甚至必要时不惜承担巨额的经常项目和财政预算赤字。这种牟利与担责、攫取与付出的动态平衡关系，构成了维系美国的全球霸权和资本主义世界体系生命力的外部循环机制。

从国内循环看，美式资本主义的内部循环愈来愈紧密地与美国霸权的外部循环联系在一起，同时形成的反作用和消极影响也愈来愈突出。长期以来，美国利用内部循环机制较好地实现了霸权红利的再利用和维霸成本的再分担。美国将从海外攫取的大量资源和财富反哺国内，在很大程度上造就了经济的长久繁荣，并借此缓解了财富分配不公、阶层利益固化、种族矛盾尖锐等社会痼疾，进而帮助延缓了资本主义基本矛盾的激化爆发。同时，美国垄断资产阶级等统治阶层通过引导社会有序流动、鼓励个人奋斗和科技创新等治理手段，将维霸成本稀释并分担到社会各阶层，有力地支撑了美国对外维护全球霸权的战略。但随着经济全球化进一步深入，造成国际政治经济发展的不平衡、各国内部利益分配的不平等现象不断加剧，美国在国际上维持这套霸权体系的成本也愈来愈高，在国内维持资本主义内部良性循环的能力愈来愈差。特别是 2016 年大选特朗普出人意料地当选美国总统，反映出美国国内以白人蓝领为代表的部分阶层对这套内外循环体系失衡的强烈不满情绪，进而对美国冷战以来确立的一整套以维护和承担全球霸权为核心的外交战略体系构成前所未有的内生性冲击。

因此，我们要厘清冷战后西方资本主义的发展变化，就很有必要对同时期特别是进入到 21 世纪以来美国外交战略的调整进行深入的分析，摸清从小布什到特朗普的美国历届政府是如何通过调整外交政策理念和手法来更好地维护美国的霸权地位，进而维护西方资本主义的生存发展和垄断资产阶级的根本利益，以及在此过程中反映出的西方资本主义出现的一些新特点、新动向。

二、小布什时期的美国外交

美国外交战略的既定目标是维护自身在世界上的主导地位，以确保美国垄断资产阶级的统治阶层能够更好地利用世界霸权体系来攫取利益。这套外交战略的首要出发点就是防止出现任何可能对其世界霸主地位构成挑战的战略对手。冷战期间，美国一直把苏联作为全球对手，执行了一套以遏制苏联为主的全球战略。苏联解体后，从老布什开始的美国历届政府开始极力寻找新的战略对手。小布什执政期间，围绕谁是主要对手以及如何应对的问题百般谋划，推动美国外交战略先后做出三次重大调整。

（一）小布什执政初期，推动美国外交战略进一步转向强硬，曾经试图将中国树为潜在战略对手

冷战结束之初，美国在对外战略上一度经历了一个找不出明确对手的"战略迷茫期"。围绕美国的国家利益和战略目标是什么、谁是主要对手、应该采取什么样的应对策略等问题，美国国内的政界和学术界开展了多轮政策辩论，先后提出新孤立主义战略、选择性接触战略、合作安全战略和优势主导战略等对外战略主张。①

美国占据统治地位的军政精英很快就认识到，不管国际局势发生什么变化，维护美国的全球领导地位始终是最符合美式资本主义根本利益的选择，进而确立了全力阻止任何潜在对手挑战美国霸权地位的战略共识。这在 1992 年美国国防计划指导草案中表露无遗。该草案报告直截了当地提出，美国未来的主要目标就是阻止其他工业化大国挑战美国的领导权和现有的政治经济秩序，同时必须防止潜在的竞争对手成长为地区性乃至全球性大国，从而确保美国的单极霸权地位。② 但是，美国将这一大的战略共识落实到实际对外战略上仍需要一段较长的调整过程。无论是老布什政府提出的"世界新秩序"构想，还是克林顿政府首个任期大力推行的以经济、安全和民主为三大支柱的参与和扩展战略，更多的都是对冷战后单级格局背景下美国霸权体系向何处去的初期探索。

随着美国国内经济实力的迅速回升，国际上对欧洲、日本等西方盟国的约束力增强，克林顿政府第二任期开始逐渐向现实主义和实力外交的强硬路线回摆。在美国军工利益集团和共和党强硬派等势力的影响下，克林

---

① Barry R. Posen, Andrew L. Ross, "Competing Visions for U.S. Grand Strategy", *International Security*, Winter, 1996-1997, Vol.21, No.3, p.6.

② Patrick E. Tyler, "U.S. Strategy Plan Calls for Insuring No Rivals Develop", *New York Times*, March 8, 1992, p. Al; "Excerpts from Pentagon's Plan: 'Prevent the Re-emergence of a New Rival'", *New York Times*, March 8, 1992, p.A14.

顿政府提出"塑造—反应—准备"三位一体的军事战略，要求美军必须完成三大战略任务：主动塑造有利于美国的国际环境、对各种危机做出有效反应，以及着手进行长期战略准备以应付未来可能出现的挑战。这背后反映出的是美国外交战略思想的重大转变，即认为 2015 年之前都是美国面临的难得的"战略间歇期"，主要威胁是各种非传统安全挑战，而不是能威胁到美国自身安全的全球性对手、或有能力与美国在军事上抗衡的地区大国及国家联盟。[①] 其中隐含的意味则是 2015 年之后俄罗斯、中国等地区强国可能上升为美国在全球的主要战略对手。因此，美国必须利用好这一战略机遇期，积极主动地应付俄、中未来挑战。在这一战略思想指导下，克林顿政府第二任期明显加大了对俄、中的防范力度。在西线加紧推行北约东扩，发动科索沃战争，提出北约新战略，积极推行新干涉主义，进一步挤压俄罗斯的战略空间；在东线则极力强化美日军事同盟，推动日本完善有事法机制，寻求在东北亚部署战区导弹防御系统，并针对台海可能出现的冲突进行军事准备。

　　小布什执政初期继承了美国外交战略的这一调整趋势，并进一步将战略矛头指向中国。2000 年美国大选竞选期间，小布什就声称要改变克林顿建设中美战略合作伙伴关系的提法，公然将中国称为美国的"战略竞争者"，并提出扩充军备、加紧建立国家导弹防御系统等整军备武的强硬政策主张。小布什上台后，广招保守派和强硬派入阁，特别是奉行单边独霸战略思想的新保守主义者占据了白宫、国防部等要害部门的显要位置，在对外决策上开始发挥重要作用。在他们的影响下，小布什从共和党现实主义外交理念出发，开始全面评估和调整美国的外交战略，其核心就是在对战略对手的判断上将中国视为潜在的主要威胁。

　　当时，美国朝野普遍认为中国经济实力高速增长，综合国力稳步提升，未来发展潜力已超过问题重重的俄罗斯，对美国全球霸主地位的威胁

① Department of Defense, "Report of the Quadrennial Defense Review", May 1997.

程度也大幅提升。这一判断突出地体现在小布什政府 2001 年发布的《四年防务评估报告》中。该报告虽然于"9·11"事件后的 2001 年 9 月 30 日发表，但由于时间关系，其主要观点反映的仍是小布什政府在"9·11"事件前的对外战略考虑。在这份报告中，美国放弃了将俄罗斯视为潜在对手的提法，提出寻求按美俄新战略框架设想进一步发展美俄关系。同时，报告提出在亚洲地区正出现大规模的军事竞争[①]，露骨地暗示中国将成为美国的主要对手。根据这一战略判断，小布什政府上台伊始就出台一系列对华防范牵制措施，包括力图提升美台关系，大幅度提升对台军售质量和规模，图谋改变台海问题上的"模糊战略"等，甚至公开宣称要"采取一切手段协防台湾"。一时间，美加速"战略重心东移"的观点甚嚣尘上，中美关系的消极面更加突出。

（二）"9·11"事件促使小布什政府对美国的外交战略进行深入反思和调整，全面奉行新保守主义的政策理念，打造出一套全新的反恐谋霸战略。其主要内容包括将恐怖主义和大规模杀伤性武器扩散确定为最主要的威胁，将大中东地区作为战略重心，全力确保美国资产阶级的绝对安全和维护美国霸权的绝对优势

"9·11"事件前的美国，正处于一个"烈火烹油、鲜花着锦"的资本主义霸权新高峰。自 20 世纪 90 年代中期以来，美国经济进入了第二次世界大战后持续时间最长的高速增长期，以信息技术为代表的高科技领域也拉开了与其他发达国家的差距，国际竞争力连续排名世界第一。用知名战略学者约瑟夫·奈的话说，"美国像一个巨人雄踞于世界之上，它控制着世界的经济、商业和通讯，它的经济发展是世界上最成功的，它的军事力量无敌于天下"。[②] 这种国力上的突出优势，确保了美国在制定和推行对

---

① Department of Defense, "Report of the Quadrennial Defense Review", September 2001.

② [美] 约瑟夫·奈:《美国霸权的困惑：为什么美国不能独断专行》，郑志国等译，世界知识出版社 2002 年版，第 1—3 页。

外战略上享有较强的"行动自由"。这是小布什政府敢于放手采取单边黩武强硬政策的最大倚仗。

同时，"9·11"事件打破了美国本土安全不受侵犯的神话，对美国外交战略的传统思维和布局都构成了前所未有的挑战。美国的垄断资产阶级统治阶层通过"9·11"事件深刻认识到，传统的军事优势在新形势下并不能确保他们人身的绝对安全，极端主义和高科技的结合构成了更为紧迫的现实威胁。一旦拥有大规模杀伤性武器，即便弱小国家和小规模的恐怖组织也能给美国造成巨大伤害。美国前国防部长科恩指出，必须将恐怖主义看作是取代与苏联冷战对峙的"新的全球斗争"。[①] 据此，小布什政府对美国外交战略的轻重缓急进行了重大调整，明确将恐怖主义和大规模杀伤性武器扩散作为美国当时面临的主要威胁，提出要打一场无限期的"全球反恐战争"。这一时期的美国外交战略包括以下几个突出特点：

一是以先发制人的军事打击手段消灭恐怖主义和大规模杀伤性武器扩散等主要威胁。小布什政府认为，传统的遏制和威慑战略并不适用于反恐战争，必须依靠主动出击、先发制人的军事打击，在美境外就消除恐怖主义威胁。为此强调"修炼内功"，依靠强化和改造美国自身的能力来面对变化莫测的国际环境，这种战略也被称作"基于能力的模式"（capabilities-based model）。其出发点是美国无法确认未来的威胁来自哪些国家或非国家行为体，但可以预测到这些威胁用以打击美国安全和利益的手段及能力和方式；因此，美国没有必要去分辨敌手和威胁的方向所在，而只需要确定自身需要何种实力准备才能有效地抵消这些威胁[②]。这不仅需要美国始终保持军事实力的绝对优势，而且必须加强在地缘政治上的投入，从地区安全态势入手，确保美国对于关键战略地区的控制。在地缘战略排序上，美国明确了亚洲、中东、欧洲、西半球的先后排序，将亚洲提升为战

---

① 转引自美国国防大学国家战略研究所：《理清纷乱的世界——美国跨世纪全球战略评估》，国防大学出版社 2000 年版，第 415 页。

② Department of Defense, "Report of the Quadrennial Defense Review", September 2001.

略关注的首位。① 小布什政府先后在阿富汗和伊拉克发动两场反恐战争，宣称要不惜一切代价消灭恐怖主义和大规模杀伤性武器扩散的策源地，就是践行这种先发制人军事战略思想的体现。

二是争取大国合作构建国际反恐联盟。恐怖主义和大规模杀伤性武器作为一种新形态的非传统安全威胁，具有隐蔽性、分散性、扩散性等特点。小布什政府意识到，要在最短时间内控制住这些威胁，没有主要大国的全力支持配合是做不到的。美国不得不调整原本以应对大国竞争为主线的对外战略，开始积极寻求争取中国、俄罗斯等大国提供合作，构建美国主导下的全球反恐联盟。2002 年发布的《美国国家安全战略报告》提出，"今天，国际社会面临自 17 世纪民族国家兴起以来的最好机遇，建立大国间和平竞争而非不断扩军备战的世界。今天，世界大国发现自己与美国站在同一战线上，联手对付恐怖暴力和混乱导致的共同危险"。并提出"俄罗斯……成为反恐战争中的伙伴"，"美国将鼓励这两个国家（俄罗斯、中国）发展民主和开放经济，因为这些是国内稳定和国际秩序的最坚实的基础。我们将坚决反对其他大国采取侵略行动，欢迎他们以和平的方式追求繁荣、贸易和文化进步"。这一时期，美国根据"任务决定联盟"的反恐策略，从反恐、防扩散的基本任务出发，认为中俄、中美之间存在广泛的合作基础，明显改善了对俄和对华关系。特别是美国积极调整对华政策，加强中美交流合作，从而大幅扭转了小布什上台前后中美关系一度急剧降温的趋势。

三是通过推行"大中东计划"，加紧实施新的地缘战略。"9·11"事件后，美国发现恐怖袭击者和基地组织的主要成员均来自沙特阿拉伯等中东重要产油国，从而意识到反美恐怖主义已在中东和中亚地区扎根泛滥，对美国国土安全和能源安全构成严重威胁。小布什政府将包括中东地区国

① 周建明：《从塑造、反应和准备到阻止、威慑和击败——美国 1997 年与 2001 年的"四年防务评估报告"的比较》，《国际问题研究》2002 年第 1 期。

家和阿富汗、巴基斯坦等国在内的"大中东地区"作为对外战略的重点，认为该地区既是反恐战争的主战场，也是推行能源安全战略的要地。认定大中东地区伊斯兰国家普遍存在的"民主缺失"是导致各种反美极端主义和恐怖组织层出不穷的根本原因。为彻底根除美国面临的恐怖威胁，小布什政府在加强全球反恐作战等硬手段的同时，意识到必须采取民主改造的软手段对伊斯兰极端主义进行"思想战"，以实现标本兼治的效果。同时借此提升美国价值观影响力的广度和深度，从而确保当地政府和民间主流更加亲近、附和美国，真正确立美国在中东地区的绝对影响。为此，小布什政府大举推行以西方民主自由价值观改造伊斯兰世界"落后地区"为核心的"大中东计划"，试图根除恐怖主义和极端思想产生的社会土壤，进而全面加强对这一地缘战略要地的影响力和控制力。美国试图对其他国家进行民主改造不是新鲜事，但"大中东计划"的要害在于从反恐谋霸的战略目标出发，将打击恐怖主义和构筑针对潜在对手战略包围网的策略结合在一起，积极投棋布子，抢占全球战略的制高点。

四是根据反恐战争和对外战略新特点，积极推动军队变革。美军原有军备特点和部署情况主要适应冷战要求，在反恐战争中逐渐暴露出许多问题。为采取更为灵活有效的军事战略打击恐怖主义，同时加强对大中东地区的控制力和影响力，小布什政府开始对美军的编制、装备和全球部署进行大规模改造和调整。2003年6月，在总结阿富汗和伊拉克战争经验的基础上，时任国防部长拉姆斯菲尔德提出将美军编制庞大的师转变为小型"战斗群"，装备全新的轻型战斗车辆，以增强机动性和战斗力。此后小布什政府正式公布大规模调整美军全球部署计划，包括大幅削减海外驻军，将机动性较差的重装部队撤回本土，同时提升从本土远程出击的机动能力；强化在东欧和中亚基地的前沿存在，寻求在伊拉克长期驻军并建立永久性基地；在亚太地区以日本和关岛为主要战略基地，进一步增强海空力量；加强非洲之角的军事存在等。目的是将美军战略重点从冷战时期的静态防御转为更加重视机动灵活的主动打击能力，部署重心更加接近中东、中亚和亚太的战略要地，以更好地服务美国对外战略目标。

（三）小布什连任总统后，随着美国深陷"两场战争"泥潭，"大中东计划"效果不彰，单边黩武的外交政策受到更大牵制，不得不再次调整对外战略的策略手法，在延续反恐优先的同时，一定程度上向传统现实主义路线回归，以更好地维护美国的霸权地位

在对外战略指导思想上，从新保守主义转向"新现实主义"。小布什第二任期开始后，国防部长拉姆斯菲尔德、副部长沃尔福威茨等新保守主义的头面人物纷纷去职，标志着新保守主义政策对美国外交战略的影响力大幅下滑。国际上，美国深陷阿富汗战争和伊拉克战争的泥潭难以自拔，在软硬实力上都付出了沉重代价。美军累计伤亡近6万人，耗资1.6万亿美元，成为"美国历史上成本最高昂的战争"。[①] 美国布朗大学研究成果显示，伊拉克战争的实际成本甚至可能高达3万亿美元之巨。[②] 特别是小布什政府在新保守主义力推下，不顾欧洲等传统盟友的反对，一意孤行发动伊拉克战争，酿成严重后果，恶化了同盟友的关系，损害了美国的国际形象。在美国国内，针对伊拉克战争和新保守主义单边黩武路线的反战运动风起云涌，导致小布什领导的共和党在中期选举接连失利，自身民意支持率也长期处于低位，执政地位走弱。美国国内一些媒体甚至宣称"布什革命""牛仔外交"已告终结。小布什政府不得不减少对新保守主义路线的倚重，适当降低单边主义色彩和"文明冲突论"等强硬意识形态的调门，寻求改善与盟友关系，减少不必要的战略损耗，以更好地实现反恐谋霸的战略目标。

在外交战略重心上，从反恐压倒一切转向更加关注大国关系等传统挑战。由于"9·11"事件造成的惨痛伤害难以忘却，恐怖主义组织依然无法

---

① 美国《时代》周刊报道，转引自参考消息网，http://mil.cankaoxiaoxi.com/bd/20150107/620507.shtml。

② Daniel Trotta, "Iraq War Hits U.S. Economy: Nobel winner", Reuters, March 2, 2008.

完全肃清，美国不会放弃对反恐和防止大规模杀伤性武器扩散的重视。同时，美式资本主义维护霸权的内在要求决定了美国不会任由反恐这一短期目标过多过久地占据对外战略的核心。小布什政府在2006年版《国家安全战略报告》和《四年防务评估报告》等重要战略文件中提出，以中国、印度、俄罗斯为代表的主要崛起大国正处于"战略十字路口"，他们的战略选择将影响美国未来战略地位及行动自由，是决定21世纪国际安全环境的关键。强调美国应努力影响这些国家的选择，推动他们促进合作和共同安全利益。报告将印度视为新兴的关键性战略伙伴，将俄罗斯称为"国内民主进程堪忧的转型国家"，但对美不构成类似冷战时期的重大威胁。认为中国军事现代化在取得高速发展的同时仍缺乏透明度，首次明确点出中国最有潜力与美国进行军事竞争，且已危及地区军事平衡，应两面下注加以防备。

同时，报告提出美国应致力于确保所有主要崛起大国都融入国际体系，鼓励中国在亚太地区发挥建设性作用，成为负责任的"利益攸关方"和"良善力量"，意在推动中国为维护美国主导下的现行国际体系承担更大责任。美国转变外交战略重心的主要目的，仍是试图在不放弃单边行动自由的前提下，一方面通过有选择地更多采取多边合作手段，修复盟友关系，减少反恐维霸的成本；另一方面着眼长远，通过采取两面下注的办法来加强对主要大国发展走向的影响和塑造，争取将他们纳入美国主导下的国际秩序，从而确保美西方资本主义体系继续"一统天下"。

在地缘战略重点方向上，从全力改造大中东地区转向适当平衡战略布局。小布什政府力推的"大中东计划"在伊斯兰世界遭遇强烈反弹。"美式民主模式"在当地独特的政治社会文化环境下水土不服，导致"民主改造"的后果与美西方的初衷背道而驰，一大批伊斯兰极端势力反而借助西方式的民主选举扩充实力。美国极力打造的"伊拉克民主样板"陷入层出不穷的教派冲突和暴力活动，一度滑向内战的边缘，进一步暴露了西方民主自由"普世价值"的缺陷。美国接连爆出"虐囚"、亵渎古兰经等丑闻，在伊斯兰世界的形象严重恶化，导致美式价值观对穆斯林民众的吸引力进一步下滑。小布什政府被迫降低推动民主改造的调门，采取更为实用主义的态度处理与中东地区国家关系，加大对亲美温和派势力的支持。

同时，进一步平衡地缘战略布局，主要突出三个重点。一是反恐重心从中东北非地区进一步扩展到从中东到中亚、东南亚的"不稳定弧"地带。二是防止在台海地区出现大的军事冲突。三是阻止伊朗和朝鲜发展核武器项目。① 为此，美国采取了一系列软硬兼施的手段，包括在中亚独联体国家推动"天鹅绒革命"，加强在亚太、中亚等战略要地的军事存在，特别是美军拿手的战略机动和远程打击能力。同时加大与欧洲、日本等西方盟友的协调力度，通过加强国际制裁、完善多边防扩散机制等方式，共同对伊朗、朝鲜施压，甚至策划对伊朗动武或推动政权更迭的两手准备，力图迫使伊朗、朝鲜作出放弃核武器的决定。

总的看，小布什政府对外交战略的三次重大调整，既是基于对冷战后美式资本主义体系面临主要威胁的判断，服务于确保美国主导世界的既定战略目标，同时也反映出小布什政府背后的大军工集团、大能源商、大金融财团、农场主和宗教右翼等利益集团的诉求，体现了美国垄断资产阶级统治集团的意志和偏好。但万变不离其宗。无论美国如何调整外交战略的投入重点和具体手法，都改变不了谋霸目标与世界多极化大势的矛盾，解决不了资本主义体系的内在痼疾。2008 年从美国发轫进而席卷全球的金融危机，很大程度上即源自小布什政府对外单边黩武、对内结构失调的政策失误，迫使接任的奥巴马政府对美国的内外政策进行大幅度变革。

三、"奥巴马主义"与美国对外战略的新变化

面对 2008 年国际金融危机的冲击，美国总统奥巴马对美国外交诸多具体政策作出较大调整，将外交重点领域由反恐转向应对新兴大国，重点

① 钱文荣：《布什第二任期的亚太战略初探》，《亚非纵横》2005 年第 2 期。

地区由中东—中亚转向亚太，并推出"巧实力""多伙伴"等一系列新的外交理念，被称为"奥巴马主义"。"奥巴马主义"是奥巴马政府在务实评估资本主义国际困境和美国自身实力变化的基础上对美国对外政策进行调整的产物，也体现了鲜明的民主党理念和奥巴马本人的风格特色。

（一）"奥巴马主义"产生的背景

一是美综合实力受损，挽救美式资本主义本身的迫切性上升。2008年国际金融危机后，美国经济、金融领域遭受重创，民众饱受失业高企、分配不公、财富缩水之苦，强烈认为本国发展走在错误的道路上。奥巴马打着"变革"的旗号赢得大选，认为美国必须作出改变，回应民众关切，美国新政府的第一要务是带领民众走出危机、刺激经济和创造就业，重振美式资本主义。同时，美国综合实力相对下降，原有"包打天下"、长线作战的外交布局投入巨大、难以维继，成为摆在奥巴马政府面前不可回避的问题。

二是小布什政府外交实践的负面效应不断显现，美国维系世界霸权的方式亟须调整。小布什政府时期，美国发动阿富汗、伊拉克两场战争，消耗了本国巨大资源，却迟迟未能消灭基地组织、抓获本·拉登，也未在伊拉克发现美国指控其藏匿的大规模杀伤性武器。美国在与伊斯兰极端势力冲突中把控失准，使之泛化为西方文明与穆斯林世界的冲突。美国出师名义、效果和可持续性均饱受质疑。同时，美国一味强调本国利益，退出《反导条约》，拒签《京都议定书》，转向更加依靠军事手段的单边主义外交行为，导致国际社会不满。美不顾欧洲盟友反对入侵伊拉克，对美欧同盟关系造成较大冲击。直到奥巴马政府上台之时，美国一些外交政策和实践对自由主义世界秩序和美国全球领导力的负面效应已十分明显，倒逼美国政府必须作出政策调整。

三是经济全球化、世界多极化等趋势深入发展，美危机感、焦虑感上升。一方面，世界多极化趋势不断发展，新兴国家群体性崛起，非国家行为体实力和影响力上升，在国际舞台上表现更为活跃，成为美国无法忽视的力量。另一方面，经济全球化深入发展，国与国相互依赖不断加深，不顾他国利益的单边主义行为和以意识形态划界的僵化思维越来越难以实现维护自身利益的基本诉求。与全球化伴生的金融危机、恐怖主义、气候变化、传染病等各种跨国挑战凸显，更加需要跨国合作共同应对。这些都成为奥巴马政府必须应对的外交新课题。

四是美国民主党外交理念和奥巴马本人风格、信条形成叠加效应。 传统上美国共和党推崇以实力为后盾的现实主义外交理念，民主党则更加信奉强调国际合作的自由主义外交理念。这两种外交理念随着美国两党执政轮替在美国外交实践中呈"钟摆"式往复。随着奥巴马政府上台，民主党外交理念对美国外交影响凸显。同时，作为外交最高决策者，奥巴马本人相对温和又颇具理想主义色彩的个人风格也成为美国外交风格中的必然元素。

（二）"奥巴马主义"的主要内容

奥巴马政府上台后，对美国外交政策作出调整，一定程度上对小布什政府时期单边黩武的政策路线和僵化的意识形态思维进行了技术纠偏，强调优化整合资源配置，推进总体战略收缩、局部战略调整和扩张，谋求以较小、更精准的投入实现美国全球利益最大化，巩固美国在国际事务中的主导权，帮助资本主义国际体系走出困境。

1.适当收缩反恐投入，通过结束两场战争为美国霸权脱困减负，帮助资本主义国际体系甩掉"负资产"，同时谋求继续主导传统地区热点问题走向。 奥巴马一上台便稳步推动结束伊拉克和阿富汗两场战争。美国收缩反恐战线并重点聚焦阿富汗，出台阿巴新战略。2009 年向阿富汗大举增兵，意在"快进快退"，打击阿富汗塔利班势力和基地组织，敦促阿富汗加快重建进程和政治和解，加大对巴基斯坦国内反恐和稳定的支持力度。2011 年美军击毙本·拉登后，美国宣布从阿富汗三步走撤军计划及撤出伊拉克的战略决定。2011 年年底，美军完成从伊拉克战场撤出计划，推动在伊拉克的军事行动进入新阶段，由此前以作战为主转为以执行训练、反恐和安保任务为主。

从 2010 年起，"阿拉伯之春"席卷西亚北非多国。不少国家政治动荡、经济衰退、内乱不断，中东地区局势恶化、恐怖极端势力滋生。各方对美国领导力缺失的批评和不满上升，奥巴马第二任期不得不回身强化投入。一是积极修复与中东盟友关系，加强军事合作，利用海合会构筑海湾地区新格局。影响埃及等转型国家政治走向，介入巴以和谈、伊朗核、叙利亚等地区热点问题，发挥领导力。二是稳妥推进战后对阿富汗的安排，将阿富汗定位为"重要非北约盟国"，结成"持久战略伙伴关系"。调整 2014 年年底前完成从阿富汗撤军计划，继续保持在阿富汗军事存在。三是推进"大中亚计划"，提出涉及阿富汗经济重建和推动中亚—南亚互联互通的"新丝绸之路"计划，促进地区军事和禁毒合作。四是适当投入打击"伊斯兰国"极端势力。

2. 全方位推行"亚太再平衡"战略，抢抓世界经济和战略新中心的领导地位，强化亚太地区的自由主义秩序。 奥巴马政府敏锐地捕捉到世界经济和战略重心东移的动向，开始强调美国是"太平洋国家"，明确提出要将 21 世纪打造成"美国的太平洋世纪"、实现"太平洋梦"，先后提出"重返"亚太、"转向"亚太和"亚太再平衡"等战略，以及"印太""大亚太"等以亚太为核心的地域概念，集中优势资源全力扩大美国在亚太存在、抢抓地区主导权。

一是以日本、澳大利亚为北、南双"锚"，革新美亚太同盟体系。提升日本在同盟体系中的地位，修订《美日防卫合作指针》，对日解禁集体自卫权大开方便之门。同时拉紧与韩国、菲律宾等盟友的关系。二是以印度、越南为重点，加大对新兴国家的拉拢。美印建立"全球战略伙伴关系"，签署《后勤互换协议备忘录》，推进核能、防务和国土安全、亚太战略等领域合作。美国宣布全面解除对越军售禁令，美对越军援、两国军事交流明显加速。**三是**加大地区军事部署，推进亚太反导体系建设。奥巴马政府提出到 2020 年将 60% 的海空力量部署到亚太的目标并将提前完成，增加和升级在有关盟国军事部署，扩建关岛基地，启动在韩部署"萨德"反导系统。与盟友和伙伴国密集举行超规模联合军演，持续在地区海域实施"航行自由行动"。**四是**构筑亚太多边新架构，搅动地区热点问题。美国着力启动"跨太平洋伙伴关系协定"（TPP）谈判，挤入东亚峰会、建立美国—东盟领导人会晤机制，谋求多边经济和政治安全主导权。适度挑动朝鲜半岛、南海、东海局势紧张，为其进一步插手创造条件。

3.适当管控军事冲动、淡化意识形态分歧，更加注重运用"巧实力"实现目标。一方面从单纯依靠军事领域向军事、政治、经济、社会等多领域综合施策转变。军事领域，调整防务指导思想，由"同时打赢两场局部战争"向具有同时"在一场以上冲突中作战的能力"收缩。在利比亚问题上，借北约进行有限军事干预，推法国、英国冲锋在前，开创了美国以幕后指挥方式进行对外干预的新模式。在叙利亚问题上，抑止动武冲动，避免轻启战端。经济领域，提升经济外交至整体外交优先位置，强调美国经济复苏对维护美国全球领导地位的重要性，注重外交对美国国内经济发展的配合，突出经济手段对实现外交目标的重要作用。政治和社会领域，继续输出美式民主自由价值观，关注非传统安全挑战，加强通过公共外交、借助社交网络媒体推进相关议程的能力。另一方面适当软化意识形态分歧和战略立场对立，更加强调以接触、对话实现美国利益诉求。美国诱压并举应对伊朗核、朝核等问题，在军事、制裁等高压威慑下推动政治外交解决。尤其是实现美伊关系破冰，推动伊朗核谈判达成全面协议。但对朝鲜"战略忍耐"效果不彰，虽形式上继续敞开对话的大门，但实际已陷入僵局。美国结束长期对古巴封锁政策，恢复与古巴的外交关系，实现奥巴马历史性访古。美国任命驻缅甸大使，两国领导人实现互访，美国终止实施针对缅甸的《国家应急法》，撤销涉缅制裁政策框架。美国与老挝、柬埔寨等国关系也取得进展。美国还寻求改善与伊斯兰世界关系，稳妥应对伊斯兰世界反美浪潮及美国驻利比亚大使等外交人员遇袭身亡事件，做出对话合作的姿态。

4. 从单边转向更加依靠双边和多边，倡导建立超越资本主义"朋友圈"的"多伙伴"世界，分摊美国维持霸权的成本。 与小布什政府"非敌即友"的外交思路不同，奥巴马政府强调不能单打独斗，主张尽可能结成最广泛的伙伴关系网络，共同应对挑战。同时提出"权利与责任平衡"，要求盟友与伙伴国加大外交投入，配合美国维持霸权诉求在国际事务中承担更多责任。

上述"多伙伴"世界大致分为四个层次：**一是**巩固与传统盟友的同盟关系，革新同盟战车。除前述加快美国亚太同盟体系外，美国继续拉紧与欧洲传统盟友关系，借北约调动欧洲盟友为美国分忧，配合美国对阿富汗、中东、俄罗斯等战略，部署欧洲反导系统。**二是**拉近与印度、印尼、巴西、埃及等有地区性影响和共同利益的新兴国家的伙伴关系。因应相关国家在本地区的上升势头，在地区事务中刻意扶持相关国家，推动其与美国及其同盟体系里应外合，为美国地区利益服务。**三是**构建与中、俄两个大国的建设性关系，寻求两国在国际地区事务中的配合。与中国探讨构建新型大国关系，挖掘在气候变化和有关地区热点问题上合作新亮点。尝试"重启"与俄罗斯的关系，即便乌克兰危机使两国关系降至冰点后，美国仍与俄罗斯保持对话接触和在一些地区热点问题上的合作。**四是**创建多样化小多边机制，"组团解决"热点问题。如创立美日韩、美日澳、美日印等三边对话机制，组织六国与伊朗的核问题对话，拼凑"叙利亚之友"会议，通过"新丝绸之路"倡议施压阿富汗周边及地区国家分担阿战后重建责任等。

5. 加大在重要多边机制和全球性议题上的投入，企图主导国际金融、经济、贸易规则升级换代，抢抓国际新议题、新公域主导权。 提升二十国集团机制作用，将该机制打造成应对国际经济金融危机的主要多边框架，宣扬"全球经济再平衡",以增加话语权拉拢新兴国家分担责任,助力美国领导的国际金融经济体系实现"软着陆"。力推跨太平洋和跨大西洋两个伙伴关系协定(TPP 和 TTIP)谈判,强调公平、开放、透明等有利于发挥美西方竞争优势的贸易标准,植入民主、人权等价值观,谋求主导国际经贸规则升级换代。

抢抓气候变化和核议题。美国为本国减排设定新目标,推动碳排放交易,主动引导气候变化国际谈判进程,力推应对气候变化的国际合作,成功促成了《巴黎气候变化协定》。奥巴马高调宣扬建立"无核武器世界",倡导召开全球核安全峰会,推进国际核裁军及防扩散进程,强化国际核不扩散机制,引领国际核秩序走向。"抢滩"国际新公域。美国加大在网络、太空、极地等国际新公域的争夺力度,提升美国自身能力,限制竞争对手影响,全面参与和主导相关国际合作进程。特别是出台《网络空间国际战略》,加强网络空间安全建设,推进、监测全球互联网自由,利用"网络攻防"和"网络外交"等新手段维护美国"网络霸权"。制定《美国国家空间政策》,确定美国空间政策的原则和目标,维护外空优势地位。

(三)对"奥巴马主义"和美国对外战略调整的看法

"奥巴马主义"的核心仍是维护美国全球霸权地位和美国主导的资本主义国际体系,这一根本目标没有变也不可能变,只是实现的手段有所调整。客观而言,"奥巴马主义"有利于美国适当收缩自顾,腾出更多精力应对自身发展之困,同时在外交上实现一定程度的止损增效,推进重点战略,有利于美国在一个时期内延续其全球霸权地位,同时提升资本主义国际体系的适应能力。

随着"奥巴马主义"的推进,一些问题也不断暴露出来。**第一**,"奥巴马主义"本质上是美国承认自身世界领导力相对下降的事实,一定程度上揭开了美国领导的资本主义国际体系走向衰落的序幕。**第二**,欧洲是美国全力维护的资本主义国际体系的重要组成部分,美国却未能在应对欧债危机等问题上给予欧洲盟友足够的支持，未能很好地维护资本主义国际体系本身的力量及其内部团结。美国促成伊朗核协议导致不少中东盟友的不满，同盟体系内部裂痕使其推进中东战略时的执行力大打折扣。**第三**，美国战略收缩改变了世界和地区战略平衡，给一些地区强国提供了发力空间，同时导致一些地区盟国谋求倚美自大，增加了地区国家间相互争夺的风险，不利于地区局势的稳定和美国维护在本地区的利益。**第四**，美国谋求战略重心东移却又对中东欲罢不能，难以实现真正意义上的收缩战线、优化资源和精准投放。**第五**，奥巴马政府"巧实力"外交虚多实少，未能从根本上改变美国总体依靠军事力量维护霸权的僵硬状态，也未能改变亚太国家安全上靠美、经济上倚华的格局，美国"亚太再平衡"实际效果存在争议。

四、特朗普执政后美国外交政策的新调整

"总统们很少是靠认同其前任而被造就的"①，作为一个立志"让美国再次伟大"的总统，特朗普上台伊始，美国即通过退出"跨太平洋伙伴关系协定"（TPP）、退出气候变化《巴黎协定》让世界感受到了美国外交的急剧变化，甚至一度让"逢奥（巴马）必反"成为外界判断特朗普政府政策的依据。伴随着美国国内内顾情绪增强、在国际上全球霸主地位出现松动，以及美国政治中政党交替带来的政策"钟摆"效应，特朗普时代的美国外交迎来了继"奥巴马主义"之后美国对外战略的又一次调整。2017年年底、2018 年年初，美国新版《国家安全战略报告》《国防战略报告》《核态势评估报告》等政策文件相继出台，特朗普时代美国外交政策的框架逐

---

① ［美］约翰·加迪斯：《遏制战略：战后美国国家安全政策评析》，时殷弘、李庆四、樊吉社译，世界知识出版社 2005 年版，第 135 页。

渐清晰。

（一）特朗普上台美国外交政策变化的背景

一是美式资本主义困境加剧美国国内内顾民意诉求。金融危机大背景下，奥巴马借助美国民众对变革的迫切期待，以跨意识形态、跨年龄、跨族裔、跨宗教的形象成功吸引了美国国内各阶层支持。但在执政后，他推行的经济刺激计划、全民医改、气候变化与能源改革、移民改革等政策议程始终未能令深度关切经济与就业议题的美国普通民众满意[①]。整体上，美国经济虽有所复苏，但民众获得感有限，中产阶级压力有增无减，贫富差距、种族矛盾等社会问题凸显，美国民众，特别是蓝领群体在全球化时代的挫折感和不满情绪持续蔓延，求变诉求再度高涨。在美国国内政治极化日益加剧、经济议题很难得到妥善解决的大环境下，美国各界主张将关注重点立足国内事务的倾向日益明显。皮尤研究中心 2016 年 5 月的一项调查显示，超过一半的美国人（57%）希望美国"管好自己的事情就行了，让别的国家去处理他们的问题"，有 41% 的美国人认为"美国已经在国际事务中做得太多"[②]。

二是美国维持世界霸权"性价比"下滑，引发美国民众对外交政策不满。一方面，伴随着中国、印度等"非西方"新兴市场国家的群体性崛起，美国维持霸权带来的收益日益下降。从美国在全球贸易体系与投资领域获得的收益看，2000 年，美国出口贸易额在世界货物出口贸易总额中占比是 15.57%，到 2015 年，该数字已下滑至 11.5%。与此同期，中国相应的数据则由 2000 年的 3.63% 升至 11.92%。中国进出口贸易总额增量的绝对值更达到了美国增加额的近两倍。2000 年，美国吸引外国直接投资的全球占比高达 23.11%，金砖国家全部仅为 5.93%，但到 2015 年，美国方面

---

① 刁大明：《美国两党政治走向及对特朗普外交的影响》，《现代国际关系》2017 年第 10 期。

② "Public Uncertain, Divided over America's Place in the World", http://www.people-press. org/2016/05/05/public-uncertain-divided-over-american-place-in-the-world/，访问时间：2018 年 3 月 8 日。

的数字已下降到 21.56%，而金砖国家增长至 14.53%^①。另一方面，为维系自身霸权地位，美国付出的维霸成本日益升高。在全球反恐方面，截至 2017 年 9 月，美国已累计为 2001 年后的历次反恐战争投入高达 5.6 万亿美元的资金，美军死亡人数更高达 6800 多人^②。反恐战争引发的全球性"难民危机"让美国在国际上承受着巨大舆论压力，美国国内由移民及其后裔引发的恶性恐怖袭击事件也屡屡发生。这些都加剧了美国民众对此前实施的美国外交政策的不满。

三是政党轮替制度导致共和党保守主张在美国外交政策中"回摆"。共和、民主两党轮流执政是美式资本主义政治制度的主要特征。长期以来，民主党在外交政策上倾向于自由主义立场，共和党偏向保守主义主张，随着不同政党背景的总统登台，美国外交政策实践一直在两者之间呈"钟摆"式分布。商人出身的特朗普此前在国际政治领域并无太多经历，他的对外政策除了在经贸领域多立足于自身经历外，共和党在处理大国关系、维系联盟体系、应对亚太和中东等地区热点问题上的主张也成为特朗普政府外交政策制定的影响因素。

（二）特朗普执政后美国外交政策的三大转变

1. 由国际主义向本土主义转变

奥巴马政府当政时期，美国对自身的定位仍是"自由世界的领袖"。奥巴马曾公开表示"美国打算成为未来 100 年内的世界领袖"^③。美方坚持认为美国国家安全、繁荣与国际秩序密切相关，认为美国必须在国际事务

---

① 转引自韩召颖、姜潭：《全球化背景下美国对外战略的转向》，《现代国际关系》2017 年第 4 期。

② 相关数据参见美国布朗大学"战争成本"网站，http://watson.brown.edu/costsofwar/costs/economic; http://watson.brown.edu/costsofwar/cost/human/military，访问时间：2018 年 3 月 8 日。

③ 奥巴马：《美国打算成为未来 100 年内世界领袖》，http://news.sina.com.cn/w/2014-05-29/005830252006.shtml，访问时间：2018 年 3 月 8 日。

中发挥领导作用，利用美国主导下的国际秩序维护美国利益。但是，特朗普上台后，美国"世界领袖"的定位发生明显转变，甩掉"领袖"包袱，万事"美国优先"成为美国外交政策的出发点。具体表现为：

一是对美国参与的国际机制大搞"退出外交"。在竞选过程中，特朗普强烈批评 TPP 做出太多让步，不符合美国利益。上任第四天，特朗普即签署行政令退出 TPP。跨大西洋贸易与投资伙伴关系协定（TTIP）相关谈判也被实质性暂停。特朗普政府还不断指责世界贸易组织伤害美国利益，频频威胁退出。同时，特朗普政府以"对美国不公平"为由，宣布美国将退出应对气候变化《巴黎协定》，推卸美国承诺的应对气候变化的责任。美国国务院以联合国教科文组织敌视以色列为由宣布退出该组织。

二是削减外交、对外援助及对国际机构的投入。在联邦政府 2018 财年预算中，特朗普削减了近三成（29.1%）外交与对外援助支出[①]，并计划在 2019 财年再度压缩 27%。截至 2018 年 3 月，美国在全球的 180 个大使级外交岗位中，有 42 个仍处于空缺状态。同时，美国还进一步削减支持联合国等国际组织运作的相关经费，在 2017 年对联合国预算进行"历史性删减"，将联合国 2018—2019 财年运营预算砍掉 2.85 亿美元。在对外援助方面，特朗普公开表示援助巴基斯坦的行为十分"愚蠢"，称美国将停止援助。美国还以巴勒斯坦民族权力机构对美国缺乏尊重为由，冻结 6500 万美元通过联合国近东巴勒斯坦救济和工程处向巴勒斯坦难民提供的援助资金。

三是强调盟友分担义务。对北约及欧盟国家，特朗普多次表示北约已经"过时"，应重新审视其存在的合理性与价值。指责欧洲盟国"搭便车"、占美国便宜，称盟友如不增加防务支出，美国将放弃北约和欧洲。2017 年首次出席北约领导人峰会期间，特朗普不提对北约成员国防务义务，反

---

① "Budget of the U.S. Government: a New Foundation for American Greatness Fiscal Year 2018"，p.42，http://www.whitehouse.gov/sites/whitehouse.gov/files/omb/budget/fy2018/budget.pdf，访问时间：2018 年 3 月 8 日。

而点名批评盟国防务支出未达标。**对日本、韩国等亚太盟友**，在自身地区和国际事务掌控力有所下降的背景下，美国明确表示希望盟国承担更多责任、发挥更大作用。特朗普访问日本、韩国及同两国领导人会见期间公开呼吁两国分担更多美军驻军费用，购买更多美国武器，加强地区存在。

2. 由自由主义向兼具保守主义与实力政治的务实主张转变

奥巴马政府时期，美国注重维护、利用美国主导下的世界政治、经济秩序，强调规则在处理国际关系中的重要性。但特朗普上台后，以"实力求和平"成为特朗普政府标志性主张，军事、经济等大国硬实力指标的比拼成为美国政府对外政策的重点。具体表现为：

一是强调军事实力在国际竞争中的作用。特朗普曾公开表示，"我的外交政策方针是建立在一个坚强基础上的，即凭实力行动。这意味着我们必须维持一支在世界上遥遥领先的最强军队"[1]。上任伊始，特朗普即签署名为"重建美国武装部队"的行政令，指示国防部评估美军战备状况，并直言其目的在于"我们不允许别国的军事力量超越我们，要使美国军事力量的战斗力达到最高水平"。在联邦政府 2018 财年预算中，特朗普取消了自 2013 财年以来的国防开支自动减支机制，显著增加国防部、国土安全部和退伍军人事务部的预算。在 2017 年 12 月 13 日签署的国防预算法案中，增加导弹防御计划及在阿富汗、伊拉克和叙利亚等地区作战的经费支持力度，同时为美军涨薪。

二是鼓吹"对手论"，渲染大国竞争。在新版美国《国家安全战略报告》《国防战略报告》和《核态势评估报告》中，特朗普政府重拾大国竞争视角，表明大国竞争是美国"首要关切"，称中国、俄罗斯为"战略竞争对手"，对美国国家安全构成挑战。指责中国、俄罗斯并未像美国一样削减

---

① Donald Trump, *Great Again: How to Fix Our Crippled America*, New York: Threshold Editions, 2016, p. 32.

自身核武库，威胁世界和平与稳定。在处理同俄罗斯关系上，特朗普签署《以制裁方式应对美国敌对势力法》，放弃竞选时同俄罗斯迅速改善关系的主张，重回对立视角。在处理同中国关系上，特朗普等美国政界高官屡屡从政治、经济、军事、情报等角度全方位渲染中国竞争对美国的威胁。

三是看重经贸实利，要求"公平"贸易。美国在自由贸易体系中"吃了亏"是特朗普看待美国对外贸易问题的基本视角，"贸易逆差"多少则成为衡量标准。特朗普上台后，主要从两个方向发力，以求实现所谓的"公平"贸易。一方面是要求与相关国家重新谈判自由贸易协定。特朗普政府已先后同加拿大和墨西哥就"北美自贸协定"，同韩国就"美韩自贸协定"展开了多轮磋商。另一方面则是以提高关税、开启"双反"调查等相威胁，换取相应国家主动削减对美国的贸易顺差。在特朗普上台后的数次出访活动以及出席亚太经合组织领导人非正式会议、出席达沃斯世界经济论坛年会等国际活动时，特朗普都一再重复要求实现"公平"贸易主张，向相关国家施压，要求各国削减对美贸易逆差。

3. 由重多边机制向重双边机制和单边手段转变

奥巴马政府时期，强调巩固美国在国际事务中的主导权，巧用多边机制。但特朗普上台后，美国自恃实力超强，更加强调通过双边渠道、单边手段解决争议以获得最大利益。具体表现为：

一是调整在热点问题上的应对做法。在朝鲜半岛核问题上，出台"极限施压"政策取代"战略忍耐"，在利用联合国安理会制裁朝鲜的同时更加强调同中国合作，同时加紧在朝鲜半岛周边军事部署，并屡屡发出动武威胁。在阿富汗问题上，增兵阿富汗，推出南亚新战略，提出依靠印度稳定地区局势新主张。在中东问题上，否定伊朗核问题国际协议，屡次公开表示要加大对伊制裁力度。更加明显地在巴以和平进程中持偏向以色列立场，通过搬迁美驻以使馆至耶路撒冷等举措搅动中东乱局。

二是在维护本土安全相关事宜中更多使用单边手段。特朗普两度签署针对以特定穆斯林国家来美人士为主体目标的旅行禁令。以可能削弱美国执行移民法和确保边境安全的主权为由退出《全球移民协议》。在既有国际机制之外，多次以违反美国相关国内法为由对朝鲜、伊朗、俄罗斯、委内瑞拉实施更多的单边制裁。不断加大利用美国国内贸易执法手段限制进口频率，利用涉知识产权"301调查"、涉国家安全"232调查"等手段频频在双边贸易上对外施压。

（三）对特朗普政府外交政策调整的几点看法

一是特朗普时代的美国外交政策延续了美国全球战略收缩态势，在经贸等领域实现了重点发力。 从总体看，基于美国国家实力的相对下滑，特朗普有意让美国外交的目标自维护"世界领袖"地位回归到强调谋求现实国家利益的主权国家正常模式。特朗普延续了"奥巴马主义"适当收缩自顾的主张，并在程度上更进一步，公开打出"美国优先"旗号，更大幅度地将美国政府施政注意力转向国内，实现重点发力。同时，特朗普政府以高要价加制裁威胁的"商人作风"在近期也确实成功地向部分国家索取到部分经贸实利，按既定意图成功压迫多国承诺削减对美国的贸易逆差，推动多项涉美自贸协定修订谈判重启，成功地向外兜售大量美国军火。只是从中长期看，如果美国不改变自身单纯依靠施压的对外交往方式，恐怕相关国家不会甘于被美国持续敲诈，美国外交后续行动的效果或将持续下滑。

二是特朗普政府的外交政策正在加速美西方主导的自由主义国际秩序衰落。 特朗普政府推行的"美国优先"政策引发美国国内战略界乃至全球对美式自由主义国际秩序的空前焦虑。美国《国家利益》杂志就指出，随着美国绝对实力优势的衰退，世界其他国家和地区正逐步走出美国主导的"帝国政治"，向权力平衡主导的国际政治回归，大国权力竞争加剧成为主要标志。在"特朗普现象"外溢效应的影响下，一些国家利己主义、功利主义做法渐多。在现有自由主义国际秩序逐步被打破、新秩序尚待建立之际，国际力量格局充满转折过渡期的不确定性。有西方学者就指出，当今世界仿佛是一个"多厅影院"，各大国各自选择不同的电影、上演不同剧情、推进各自利益，世界正陷入令人备感困惑的混乱状态。

三是特朗普政府外交政策的变化仍有回调空间。从内部看，当前特朗普上台仅一年，其外交政策虽较前发生较大改变，但仍未完全定型，且变化主张主要集中在经贸等有限领域。在美国国内共和党建制派影响下，特朗普政府在推行"印太战略"、维系同盟体系等方面表现出了一定的政策延续性。从外部看，历经第二次世界大战后 70 多年的发展，自由主义国际秩序几经起伏，已经具有充分"韧性"。在日本、欧洲国家等美国传统盟友的影响下，在诸多既有国际机制的制约下，美国外交政策"回归"的空间与外界预期仍然存在。在美国退出 TPP 后，日本就极力推动 TPP 剩余 11 国商讨并签署"跨太平洋伙伴全面进展协定"（CPTPP），为美国重新加入预留空间。日本、澳大利亚等还积极推动建立美、日、澳、印四国协调机制，加强地区安全与经贸合作，主动对接特朗普政府"印太战略"构想。在应对中国等新兴市场国家崛起方面，西方发达国家仍然愿意同美国进行配合，继续维护"西方主导秩序"对"非西方秩序"的优势。当前，特朗普政府的外交政策尚未完全定型，后续发展及影响仍需持续跟踪、分析。

第八章

英国资本主义实践的新调整新变化

一、浅析卡梅伦等人倡导的"负责任的资本主义"主张

2008 年爆发的国际金融危机对西方资本主义国家产生了强烈冲击，欧美失业率居高不下，欧元区深陷债务危机，经济复苏乏力，各国政要、媒体和专家学者不得不对资本主义面临的困境进行反思。2009 年 1 月，英国保守党领袖卡梅伦在瑞士达沃斯世界经济论坛发表题为"我们需要受欢迎的资本主义"的演讲。2012 年 1 月，已担任英国首相的卡梅伦，自民党领袖、副首相克莱格和反对党工党领袖米利班德先后发表讲话，剖析英国经济社会困境和资本主义面临的危机，分别提出建立"有道德的资本主义""更负责任、更慷慨的资本主义"和"负责任的资本主义"等观点。英国政党领导人希望为解决危机寻找良方，但远未触及根本性矛盾。

（一）卡梅伦、克莱格、米利班德等人的基本观点和主张

1. 认为多种因素叠加引发了国际金融危机。危机的主要根源包括：传统的自由市场理论失灵，虚拟经济过度发展；权力过度集中在既得利益集团手中，政府被利益集团"绑架"导致监管缺失或不力；社会契约失效，极少数超级富人对社会财富的掠夺和"红利文化"失控使社会不再公平公

正；传统价值观、道德丧失，急功近利、不劳而获思想蔓延等。资本主义陷入了前所未有的信任危机。卡梅伦和米利班德还相互指责对方政党执政时政策失误。卡梅伦认为，英国危机的根源是工党不相信市场能发挥作用，视大型企业利益等同于整体经济利益，执政期间大举借债以应付政府干预带来的庞大公共开支和福利支出，使公共财政背负巨额赤字，经济增长难以为继。米利班德批评前保守党领袖撒切尔夫人执政时，采取大规模私有化、降低税率、放松监管等自由市场主义政策，为国际金融危机爆发埋下了祸根。保守党、自民党联合政府过度过快削减开支抑制了经济需求，影响了经济复苏。

2. 相信资本主义制度的缺陷可以通过自我改良得到完善。卡梅伦认为，开放的市场和自由企业是促进人类财富和幸福的最重要的力量。资本主义体系存在缺陷，但资本主义扩大了所有权，增加了机会，与政治自由相辅相成。应利用这次危机完善市场而非破坏它，通过反思建立一个更公平、更有价值的经济。米利班德称，21世纪资本主义是否会衰落，取决于政治能否向有缺陷的经济模式发起挑战。当前英国只追求自由市场原则而忽视社会公正的模式存在问题，需要签订新的社会契约，彻底改变"不劳而获"的价值观体系和体制性不公，应比过去任何时候更强调公平公正。克莱格认为，虽然资本主义目前成为政治攻击的目标，但这只是其成功历史长河中的短暂一瞬。市场催生了思想、创新和实践，从来没有其他人类创新带来如此进步或提高人民的生活水平。资本主义制度并未陷入危机，关键是要使市场成为"大众的市场"而非少数人的市场。

3. 呼吁建立"有良心的""负责任的"资本主义。卡梅伦指出，资本主义变得不受欢迎的主要原因：一是道德框架明显丧失，危机的根源是不计后果和贪婪；二是资本主义与人民生活脱节，人们无法掌控自己的命运，更严重的是社会严重不平等，赢者通吃。必须确保市场既自由又公平，坚持社会责任的理念，建立"有良心的资本主义"。要加强企业的社会责任，提高工商界的薪酬和奖金透明度，杜绝奖励失控现象；开放机会和企业，使员工更多参与公司经营和分享红利；减少政府管制，代之以更有效的管制；鼓励创业、竞争和冒险精神，确保机会均等。米利班德称，英国必须恢复"一分辛苦一分收获"、努力工作、团结互助的传统美德。未来工党将采取措施建立"更公平、更负责任的资本主义"。将重塑金融业与实体经济的关系；改变企业急功近利的心态，建立负责任的商业；企业、个人和社会共同承担职业技能培训的责任；限制高管薪酬，改革福利制度使努力工作者获得回报；创造更好的就业环境，培养新公司、新产业不断增长的经济，使英国工业更有国际竞争力；改变私人垄断部门一手遮天现象，保护消费者权益。克莱格强调，问题不是资本主义色彩太重，而是太少人拥有资本。解决的办法是建立经济领域的公民社会，使权力掌握在更多人手中，联合政府要特别加强股东和雇员的权力。政府将成立专门委员会调查研究有效的多种公司所有制形式，为公司采纳员工参股制提供参考模式。

（二）促使英国政党领导人深刻反思的深层次原因

1. 盎格鲁—撒克逊发展模式受到质疑。以英美为代表的盎格鲁—撒克逊模式崇尚自由市场和资本的力量，排斥政府监管，主张资本突破国家边界，是全球化的主要推手。20世纪80年代，该模式逐渐向新自由主义发展，更加强调自由化，放松金融监管，公共部门私有化和削减社会福利，使市场和资本的力量大大增强。前保守党领袖撒切尔夫人及前工党领袖布莱尔执政期间使之得到充分发展。随着全球化深入发展，享受到低价国际能源和工业产品的英国开始大力发展金融业，将制造业大规模转移到发展中国家，导致国内虚拟经济泡沫严重、产业空心化。加之金融业过度创新、超前信贷消费和对金融投机的监管不足，英国在美国次贷危机发生后首当其冲，出现金融危机，并沦为最早陷入经济衰退的西方国家。在对这场危机的反思中，受到最大批评的就是自由资本主义发展模式。

2. 政府努力使英国摆脱经济社会危机，但效果不彰。危机发生后，布朗领导的工党政府采取一系列举措，如实施扩张性财政政策，大力救助银行业，扩大"量化宽松"货币政策规模，以刺激经济增长。但由于政府财政赤字数额巨大，经济复苏效果不彰，工党失去执政地位。2010 年 5 月保守党、自民党联合政府上台后，着力削减财政赤字、恢复财政平衡，改革金融体系，取消金融监管"三驾马车"，并努力寻找新的经济增长点。英国经济一度有所好转。但随着国际金融危机后续效应持续发酵和核心贸易伙伴欧元区深陷债务危机，2011 年第四季度英国经济再现负增长。失业率居高临下。私人部门复苏乏力，银行惜贷，实业部门融资无门。穆迪公司将英国列入负面观察名单。英国成为西方主要经济体中唯一陷入"二次衰退"的国家。同时，由于政府对社会福利、医疗体系和税收制度进行大刀阔斧改革，民众深感"切肤之痛"，反对削减工资、福利和提高学费的抗议示威频发，伦敦等多地发生严重骚乱，"占领伦敦"运动持续数月不息。英国陷入经济社会双重危机。

3. 主要政党急需创新执政理念、恢复民众信任。撒切尔夫人的新自由主义理论和布莱尔的"第三条道路"被指为危机根源，政府为应对危机所做的种种努力未得到民众的理解和支持，加之"报销门""窃听门""政治献金门"等丑闻不断，英国政党遭遇理论决策失误、执政能力不足，以及政客不负责任等猛烈批评。三大政党的权威性和民众信任度大幅下降，经济社会危机又演变成政治危机。此次危机还凸显了英国社会价值观缺失、贫富差距加剧，已严重影响到社会"健康"。长期以来，优厚的福利保障体系养育出越来越多干吃福利的懒人。一些公民家庭观念日益淡漠，青年人缺乏管教，犯罪率攀升。根据经合组织数据，过去十多年英国收入差距恶化的速度快于其他任何富裕国家。即使深陷危机，在政府用纳税人的钱为银行纾困付出巨大代价之时，一些即将破产的公司仍给高管发放巨额薪酬和奖金。日益严重的两极分化成为时刻威胁社会安全的"定时炸弹"。在此背景下，三党迫切需要创新执政理念，找到应对经济社会危机和政党政治危机的"灵丹妙药"。

（三）初步看法

1.英国政党领导人认为本次危机是对新自由主义理论的信任危机，希望通过建立"负责任的资本主义"来解决的想法显然是治标不治本。英国经济社会的困境是市场经济体制、政治体制、社会福利体系、价值观体系等各环节矛盾综合作用的结果。金融业快速膨胀，虚拟经济绑架实体经济，政府监管缺失，政府公共开支过于庞大等，是资本主义制度固有矛盾发展到一定阶段的必然结果。英国政党领导人否认危机与资本主义制度本身有关，认为更多的是新自由主义理论的政治危机或者信任危机，资本主义是迄今最能满足人们需要的制度，它需要的是革新而非毁灭。其提出的稳定金融市场、推动经济再平衡和限制超级富人的收入等政策主张，只是对经济和社会的结构性问题进行修修补补，很难从根本上解决问题。不通过真正变革和制度保证，而是寄希望于企业家、银行高管的良心发现来建立"有道德的市场"，使财富分配更加公平公正，明显过于理想和天真。

2.英国政党领导人想要改变市场与政府的关系、虚拟经济与实体经济的关系、经济和政治精英与普通民众收入分配之间的关系等说易行难。一是英国经济多年重虚拟、轻实体，制造业比重不足 10%，金融等高端服务业占国内生产总值的四分之一，金融业"大到不能倒"，要回归制造业并不容易。二是政府为解决借贷消费弊端采取的紧缩财政、严肃财经纪律措施虽有一定的合理性，但也抑制了消费需求和经济增长。同时，大幅裁员、削减养老金和儿童福利及提高高等教育学费等，面临来自工会和民众的更大阻力，可能引发新的社会矛盾。三是政党为赢得选票，不可能斩断同既得利益集团的联系和摆脱选举政治掣肘。据媒体披露，保守党2010 年政治捐款一半来自大银行、私募股权和对冲基金，工党政治捐款的 85% 来自工会。联合政府一再推迟银行业改革，限制银行高管薪酬也是雷声大、雨点小。

二、国际金融危机后英国推行的经济改革举措

英国在国际金融经济危机中遭受沉重打击，经济陷入二战后时间最长的衰退。衰退最严重时，英国国内生产总值较危机前下降 7% 以上，失业率超过 8%。在此背景下，英国政府推行了一系列经济改革措施，取得一定效果，2017 年经济增速为 1.8%，居西方主要国家前列。

（一）完善宏观经济目标体系，将实现长期公共预算平衡作为重要经济目标

2010 年保守党、自民党联合政府上台后，对危机的根源进行了反思，认为工党政府的宏观经济目标体系过于狭隘，在保持低通胀和高就业的前提下一味追求高增长，为此不惜一再扩大公共开支。工党政府执政期间，英国公共开支增速在所有经合组织国家中位居第二，在经济繁荣时期仍存在财政赤字，至危机爆发时，英机构赤字在 GDP 中的占比超过 5%，在西方七国中名列第一。政府的巨额债务是英国在危机中遭受严重冲击的主要原因之一。为此，政府财政大臣奥斯本提出，不能狭隘地看待经济增长，必须将健康的公共财政纳入宏观经济目标体系，为真正的可持续增长奠定坚实基础。在此思想指导下，英国政府采取了一系列措施，以求尽快实现收支平衡。主要做法是：

1. **成立预算责任办公室**（Office for Budget Responsibility）。该机构于 2010 年 5 月正式成立，负责独立预测英国经济形势和政府财政状况，评估政府政策的可行性和效果，帮助政府更加合理地确定预算，在刺激经济与控制开支之间实现平衡。

2. **提高部分税种税率以增加收入**。自 2011 年 1 月 4 日起，将消费税

税率从17.5%提高至20%①，将资本收益税从18%的单一税率改为18%和28%两档，提高对高额收益的税收，并进一步打击逃税行为。

3.削减公共福利。2010 年，英国政府宣布采取调整养老金制度、严格就业支持津贴发放条件、削减部分儿童津贴等措施，计划至2014—2015 财年将每年的福利支出从 1920 亿英镑削减至 1740 亿英镑，2012 年秋宣布至 2015—2016 财年将在此基础上将福利支出再削减 36 亿英镑。2015 年宣布至 2017—2018 财年将每年福利支出再削减 120 亿英镑。

（二）调整经济发展思路，优化虚拟经济与实体经济之间的关系

英国虚拟经济高度发达，2016 年金融服务业雇员数量达到 110 万人，占全国劳动力数量的 3.2%，2017 年产值达 1190 亿英镑，2016—2017 财年上缴税收达 630 亿英镑，为英国支柱产业②。2008 年国际金融危机爆发后，英国金融业遭受严重冲击，政府不得不投入超过 650 亿英镑对多家大型银行给予救助，暴露出虚拟经济风险控制不力和过度自我循环、自我膨胀的问题。为打通虚拟经济与实体经济之间联系，实现经济均衡发展，英国政府采取了以下措施：

1.加大对虚拟经济监管力度，严控金融风险。首先，改革监管体制，撤销金融服务管理局，将宏观层面上的系统性监管职能交给新成立的金融政策委员会（Financial Policy Committee），将微观层面上的企业监管和行为监管职能分别交给新设的审慎监管局（Prudential Regulation Authority）和金融行为管理局（Financial Conduct Authority），构成三位一体的金融监管体系。其次，推出"围栏"（ring-fence）政策，推行结构性改革，要求大型银行将高风险的投资银行业务与零售银行业务隔离开来，确保银行出

---

① "VAT Rates"，https://www.gov.uk/vat-rates.

② Chris Rhodes: Financial services: contribution to the UK economy，https://researchbniefirgs.files.parliament.UK/documents/SN06193/SN06193.pdf.

现风险后可以迅速予以分拆，保护普通储户利益，政府无需因维护社会稳定被迫救助银行，从而消除政府隐性担保，遏制银行过度投机。[①] 最后，提高银行自身抗风险能力，要求大型银行和总部在英国的全球银行资本充足率达到 17%以上，远高于巴塞尔委员会一般银行 7%、重要银行 9.5%的规定。

2. 鼓励实体经济发展。2010 年，英国将企业税从此前的 28%降至 23%，2015 年 4 月 1 日起将该税率降至 20%，[②] 使英国成为二十国集团中企业税率最低的国家；2017 年 4 月 1 日降至 19%，并计划于 2020 年 4 月将该税率降至 17%。与此同时，政府大力减少对生产经营活动的行政干预，发挥企业的主动性和活力。2011 年 4 月，英国发起"挑战繁文缛节"运动（Red Tape Challenge），就涉及生产经营活动的 30 个大项、5121 条行政规定公开征求公众整改意见，先后废止 696 条，修订 1206 条。2013 年 1 月又开始实行"一进二退"政策，要求对每新增一条行政规定，必须撤销两条重要性相似的规定。到 2015 年，共废止或修订超过 3000 条行政规定，每年降低企业成本 8.5 亿英镑。[③]

3. 优化虚拟经济对实体经济的支持促进作用。2012 年 8 月 1 日，英国央行正式启动"融资换贷款计划"（Funding for Lending Scheme），规定银行可以以 0.25%的优惠利率从央行获得相当于截至 2012 年 6 月底自身对家庭和企业信贷总额 5%的资金，并将各银行此后可获得的优惠额度与其对家庭和企业信贷增加额挂钩，以此向实体经济注入流动性，此举被国际货币基金组织称为"金融危机后最优秀的金融创新"。至 2014 年底，该计划累计向实体经济注资 418 亿英镑。2014 年 12 月，英国央行决定继续

① "James Orr and Kathryn Morgan: The Change in UK Financial Regulation and What This Means for GI Actuaries", https://www.actuaries.org.uk，2013.

② "Rates and Allowances: Corporation Tax", https://www.gov.uk/publications/rates-and-allowances-corporation-tax/rates-and-allowances-corporation-tax.

③ "Prime Minister announces government exeeds its target to identify 3,000 regulations to be amended or scrapped", http://www.redtapechallenge.cabinetoffice.gov.uk/themehome/pm-speech-2.

执行该计划至 2018 年 1 月底，截至 2017 年 3 月底，新增注资额 510 亿英镑。此外，针对中小企业融资难的问题，英国筹建了中小企业发展银行（British Business Bank），该银行于 2014 年 11 月 1 日正式建立，2016—2017 年度共为中小企业融资 92 亿英镑。

（三）转变经济发展方式，提高投资和外贸对经济增长的贡献率

根据 1990—2008 年的英国经济统计数据，英国经济增长主要依靠消费，对经济增长的平均年度贡献率达到 69%，其次是公共开支，贡献率为 21%，再次是投资，占 15%，外贸的贡献率因为长期逆差，为–5%①。由于消费和公共开支的逐年增长建立在大量借贷基础上，英国经济负债严重，债务总额在 2010 年初达到 GDP 的 470%②，是发达国家中最高的。财政大臣奥斯本称之为"长期严重失衡、不可持续的经济增长模式"。联合政府上台后，推出一系列改革措施加以解决。

1. **加大政府投资力度**。在持续削减日常行政支出的同时，英国政府在 2011 年和 2012 年的秋季预算中增加投资性支出 100 亿英镑。在此基础上，2013—2014 财年的政府投资再增长 30 亿英镑，达到 472 亿英镑，2014—2015 财年达到 504 亿英镑。2016 年，英政府设立了规模为 230 亿英镑的国家生产率投资基金（NPIF），2017 年秋季预算中将该基金规模扩大至 310 亿英镑，重点改善交通设施，投资研发和新兴技术，提高英国的劳动生产率和长期竞争力。③

2. **积极鼓励私营部门投资**。2012 年 7 月，英政府公布总额为 400 亿英镑的"英国担保计划"，为部分大型基建项目的私人投资者提供信贷担

---

① "Source of Economic Growth", https://assets.publishing.service.gov.uk/government/uploads/system/uploads/attachment_date/file/32468/11-723-source-of-economic-growth.pdf.

② "Debt and deleveraging", https://www.mckinsey.com/in/media/MeKinscy/Featured Insights/Employment and Growth/Debt and deleveraging/MGI_Dabt_and_deleveraging_full_report.asht.

③ "HM Treasury: Autumn Budget 2017", https://www.gov.uk/government/topical-events/autumn-buduget-2017.

保，帮助他们从银行等金融机构融资，同时加快建立可再生能源定价机制，推进税收、规划等领域的改革，增强私人投资者对重点行业发展前景的信心，计划在能源行业吸引 1100 亿英镑民间资本，部分重大交通项目至少 50% 的总体建设费用来自民间投资。2013 年 1 月 1 日起，英国将面向中小企业的"年度投资补贴"（Annual Investment Allowance）额度从 2.5 万英镑提高至 25 万英镑，2014—2015 年间一度提高至 50 万英镑，以便鼓励企业购买机械设备，扩大生产规模。

3. **积极推动扩大出口**。2011 年 11 月，英国启动"国家出口挑战"计划，提出至 2020 年新增 10 万家出口企业，不断加大对出口商的支持力度。出口信贷担保局（UK Export Finance）2012—2013 年度提供的信贷担保额达到 43 亿英镑，为 2000—2001 年度以来最高水平，并拨款 15 亿英镑用于向购买英国商品的外国进口商提供直接优惠信贷，帮助英国中小企业赢得海外合同。贸易与投资总署 2011—2012 财年共帮助 25450 家企业进行出口贸易，总共增加出口额 318 亿英镑，平均增加企业利润 21.9 万英镑，2015—2016 年度支持的出口企业数量达到 5.4 万家，帮助实现出口额 471 亿英镑。①

（四）大力发展特色优势产业，提升经济核心竞争力

英国的金融、创意、科技等产业在全球占据重要地位。金融危机后，英国政府采取多种措施，进一步促进相关产业发展，努力提升经济核心竞争力。

1. **内外兼修，倾力扶持**。为加强政府的规划、设计和引领，促进创新和科研活动，英国政府 2011 年发表《创新和研究增长战略》，明确将创新和研究置于增长计划核心，加强高科技对经济增长的推动力，为行业发展

---

① "UK Trade & Investment, UK Trade & Investment Annual Report and Accounts 2015-16", https://www.gov.uk/government/publications/uk-investment-annual-report-and-accounts-2015-2016, 2016.

起到了重要的引领和规划作用。为促进创意产业发展，政府一方面在国内为影视、动画、旅游等行业实施减税政策，有效释放市场活力；另一方面在国际上给创意产业"打广告"，通过驻外使领馆、英国文化委员会等机构，在多个国家举办"创意英国"、文化年等活动，推动创意产品和创意产业"走出去"。

2. 贴近需求，培养人才。为促进相关产业发展，英国政府鼓励高校与金融城加强合作，结合广大金融机构的实际需求，通过技术孵化器、私募和风险基金咨询、业务实习、委托培养、联合推介等多种形式，不断发展并完善面向全球的"金融产学研一体化"系统，为金融城持续输送符合业务需求的专业人才。创意产业的人才培养特别重视"从娃娃抓起"，向高校延伸。政府规定中小学每周至少安排 5 小时的文化艺术课程或实践活动；高校设立创意专业学位及与产业接轨的课程，为有意投身创意产业的年轻人提供专业指导；职业教育和继续教育与企业联手实施学徒计划，打造满足市场需求的人才。在人才引进方面，英国政府专门推出重点针对人文、科学、工程、艺术等领域人才的"杰出人才签证"，从签证申请和居留方面为高素质人才"开绿灯"。

3. 调动资源，鼓励参与。为调动各方面力量促进特色优势产业发展，英国政府积极推进机制体制建设，鼓励"产学研一体化"，加大科研成果转化力度。创立了"高等教育创新基金"，每年拨款 1.5 亿英镑支持高校与企业合作，并依托牛津大学、剑桥大学、曼彻斯特大学等高校科研力量，不断推进科技园区建设，促进大学科研成果转化和高新技术企业孵化。在政府的鼓励和支持下，英企业积极赞助高校有发展潜力的科研项目，并投入大量资金自行开展技术研发。此外，英国政府鼓励英国半官方机构深入参与科研规划和管理，在市场无法拉动关键领域创新时积极介入指导。其中皇家学会、研究理事会、技术战略委员会等机构，既为政府制定科研政策提出独立意见，也为公众提供科技咨询服务，同时还作为政府科研基金的主要管理者，有力支持了关键领域有潜力、有市场价值的科研项目。

（五）增进地方经济繁荣，促进区域平衡发展

第二次世界大战以后，以伦敦为中心的英国东南部地区经济增长一直较快，1989 年至今，该地区的年均经济增长率超过英国其他地区大约 0.5 个百分点，产业和人口高度聚集。相比之下，英格兰东北部、苏格兰、威尔士、约克郡等地区发展速度缓慢，南富北贫的格局日益明显。为促进地方经济增长，实现区域均衡发展，英国政府进一步调整中央与地方的关系，赋予地方更大的权力和资源。

1. 建立"地方企业合作伙伴关系"（Local Enterprise Partnerships，LEP）。保守党、自民党联合政府上台后，决定裁撤原有的地区发展局（Regional Development Agency），鼓励地方政府和企业在自愿的基础上建立合作伙伴关系，共同制订地方经济发展战略，实现增长，促进就业。地方政府与企业合作委员会还可申请设立工业区（Enterprise Zone），给予进驻企业税收等方面的优惠政策。目前英国共建立了 38 个 LEP，先后设立了 44 个工业区。

2. 与各大城市缔结"城市协定"（City Deals）。为促使城市在经济发展领域发挥更大作用，中央政府计划与除伦敦外的主要城市通过谈判逐一签订协定，赋予城市更多的权力和资源，要求城市在促进经济发展方面承担更大的责任和义务。至 2012 年 7 月，包括伯明翰、布里斯托、曼彻斯特等 8 个最大的核心城市先后与中央政府签订协定，英方预计此举在未来 20 年间可创造 17.5 万个就业岗位和 3.7 万个实习岗位。至 2017 年 7 月，共签订了 31 项城市协定，另有两项正在谈判。[①]

3. 加强对地方的资金支持。2013 年 6 月，英国宣布设立单一地方增长基金（Single Local Growth Fund），并将把英国获得的欧盟结构基金和

---

① "Matthew Ward: Local Growth Deals", http://researchbriefings.files.parliament.uk/documents/SN07120/SN07120.pdf, 2017.

欧盟投资基金投入单一地方增长基金，供 LEP 申请用于改善交通、完善设施、技能培训等，消除发展"瓶颈"。加上此前设立的区域增长基金（Regional Growth Fund）、公共工程优惠信贷（Public Works Loan Board）等项目，地方在 2012—2013 财年与 2020—2021 财年间共可从中央获得超过 200 亿英镑的资金用于促进经济增长。

从目前情况看，英国经济改革取得了一定效果，但前景并不明朗。英国经济近期虽有所好转，但结构性问题依然严重，实现再平衡将是长期的过程，加之由于英国脱欧谈判结果难料，英国经济面临较大的不确定性，英国央行已经调降英国经济未来预期增速，而且英国经过多年削支减赤，基层民众饱受冲击，不满情绪滋生，导致保守党在 2017 年 6 月提前大选中丧失议会绝对多数席位，政府被迫对政策措施进行调整，适当增加医疗福利支出，在"保民生"与"促改革"之间寻求平衡，未来经济改革动向仍需进一步观察。

三、国际金融危机后英国推行的政治改革措施

2008 年国际金融危机凸显了英国政治体制缺陷，许多专家学者认为，经济危机使资本主义陷入了"合法性危机"①，表明政治体制发生了"故障"，存在"严重的功能失调"，政治权力主要是为市场和金融寡头而非民众服务的，选举需要压过了国家长远利益需要。在此背景下，英国政府尝试推行了一系列政治改革措施，在部分领域取得一定成效。

（一）推进政治制度改革

一是推动下院选举制度改革。英国议会下院是英国最高权力机构，其

---

① John Plender, "Capitalism in Crisis: The Code that Forms a Bar to Harmony", *Financial Times*, Jan.6, 2012.

选举实行所谓简单多数制,即在每个选区的多位议员候选人中,每个选民只投票给其中一位,赢得最多有效选票的候选人无论票数是否过半都将当选议员,获议会下院过半议席的政党将成为执政党,其领袖自动成为首相。如无任何政党议席过半,则议席最多的政党获得优先组阁权,可谈判筹组联合政府。简单多数制简单易行,便于操作,产生的政府通常比较稳定,但其"赢者通吃"的规则更有利于大党,小党即便在全国获得较高得票率,也很难得到与之相符的议席数。长期以来,自民党等小党强烈要求将下院选举制度改为排序投票制,即选民可以在选票上按照自己的偏好对候选人进行排序,得票率超过 50%的候选人直接当选,如果没有候选人得票过半,得票最少者的选票将被分配给其他候选人,直至有候选人得票超过半数。2010 年自民党与保守党组成联合政府后,将推动选举制度改革作为首要任务。2011 年 5 月,英国就是否将简单多数制改为排序投票制举行全民公投,结果参与公投的选民近 70%投票反对,简单多数制得以保留。

二是推动议会上院改革。英国议会上院又称贵族院,主要由王室后裔、世袭贵族、新封贵族、教会主教等组成,全部为任命产生。上院有权审查下院通过的法案并提出修正案,还可要求推迟其不赞成的立法,并长期保留最高司法权。2009 年,英国成立最高法院,取消上院的最高司法权。2011 年,英国政府提出上院改革法案,提出将上院议员人数从 700余人减少至 300 人,且其中 80%由选举产生,但该法案未能在下院通过。2014 年,英国通过新的上院改革法案,明确了上院议员辞职程序,并明确规定可将被定罪并判处一年以上徒刑的上议员驱逐出上院。2017 年 10月公布的最新上院改革建议方案提出,将上议员人数减至 600 人,其中至少 20%应为独立议员或跨党派议员,各政党能够任命的上议员人数应与大选结果挂钩,并限定新任上议员任期为 15 年。①

---

① www.parliament.uk/business/committees/committees-a-z/other-committees/size-of-house-committee/.

三是实施议会下院固定任期制。依照传统，虽然下院议员任期为 5 年，但首相可以在任何时间提前解散下院举行大选。为增强议会的稳定性，英国于 2011 年通过《议会固定任期法》，规定提前举行大选的动议必须在议会下院获得三分之二多数支持，方可提前解散议会下院举行大选，否则下次议会下院选举将在 5 年后 5 月的第一个星期四举行。

（二）推进行政体制改革

在英国的行政体制下，除了作为政府内设机构的部委外，还设有大量的公共机构和公共团体（agencies and public bodies），负责提供政府服务或公共服务，经费全部或者部分来自财政拨款。截至 2010 年 5 月，英国共设有 900 余家公共机构和公共团体。为了提高效率，削减开支，英国政府制定了《半官方机构改革计划》，并于 2011 年通过了《公共机构和公共团体法》，为公共机构和公共团体的裁撤、合并、改革等工作提供了法律依据。在此基础上，英内阁办公厅牵头对所有公共机构和公共团体进行审核，进一步厘清职责，推行精简合并，从而减轻财政负担，提高政府和公共服务水平。**到 2015 年 12 月，英总共裁撤了 290 多个公共机构和公共团体，并将 165 个公共机构和公共团体合并为不足 70 个**，5 年间总共削减行政开支 30 亿英镑。①

2015—2020 年间，英国政府计划继续推进相关改革，一是对于隶属于不同政府部门、但在类似或者相关领域提供服务的公共机构和公共团体进行跨部门测评，以便推进跨部门合并、后勤资源共享，加强跨部门合作。二是对所有重点机构团体进行量身定制的深度测评，以便进一步深化改革。

---

① "Achievements of the 2010-15 Public Bodies Reform Programme", www.gov.uk.

（三）推进权力架构改革

近年来，英国持续向苏格兰、威尔士、北爱尔兰下放权力，立法允许三地成立地方议会，以便在决策制定过程中更好地考虑当地民众的需求。国际金融危机后，议会下院先后通过了《北爱尔兰法 2009》《威尔士法 2014》《苏格兰法 2016》《威尔士法 2017》等法案，在此前基础上持续向各地区下放权力。

其中苏格兰新获得的权力最大，包括修改地方选举制度的权力、海上油气开采等领域的立法权、王室财产的管理权、在苏格兰地区英国交通警察的管理权、苏格兰地区所得税的制定权。威尔士获得的权力大致相当，但并未获得所得税的完全制定权，只能将所得税税率上下浮动 10%。随着政局更加稳定，北爱尔兰主要获得了司法和警务领域的立法权。

由于英格兰尚未建立地方议会，仅涉及英格兰的立法工作仍由英国议会下院完成。考虑到在立法权已经下放至地区议会的事项上，来自英格兰地区的下院议员无权干预，但在仅涉及英格兰地区的相关事项立法过程中，来自其他三个地区的下院议员仍然有权投票，由此造成了地区间的不公平，英国议会下院 2015 年投票通过新规，规定如果立法事项仅涉及英格兰，则仅有来自英格兰地区的议员具有投票权。

（四）实施人事管理改革

国际金融危机后，英国经济陷入严重困难，保守党与自民党联合政府 2010 年上台后将削减赤字作为首要任务。为缩减政府支出，英国政府从 2010 年开始连续 3 年冻结年薪 2.1 万英镑以上公务员的工资水平，并规定各部门严格控制包括工资、津贴、奖金在内的公务员薪酬预算。近年来虽然英国经济形势有所好转，但发布的《2015—2016 财年公务员工资发放指导意见》① 中继续要求各部门薪酬预算年增长率不得超过 1%。

控制公务员薪酬增长的同时，英国政府还大力推动改革公务员工资增长制度。2013 年 6 月，财政大臣奥斯本宣布，政府公务员和部分公共部门工作人员按照工作年限自动晋升工资档次的做法"已经过时"，对于需要承担相应财政负担的私营部门而言"极度不公"，必须加以改革。改革的宗旨是将工资增长同工作年限彻底脱钩，改与绩效表现挂钩。通过对公务员工作目标完成情况、管理技巧、人际沟通能力、工作态度、专业技术水平、工作经验等进行综合评估并加以汇总，确定其绩效表现，并将之与不同的工资增长率或者工资级别晋升规则相对应，保证绩效表现突出的公务员获得较高的工资增长率或者更多的工资等级晋升机会，一方面可以降低公务员工资增速，另一方面也将对公务员产生长期、持续的激励效应，提高政府的工作效率。

英国财政部提出 2015—2016 财年在公务员系统中全面废除自动晋档制度，现已完成。公务员工资改革也为其他公共部门推行类似改革发挥了先行先试的作用，除军队仍暂时保留工作年限工资增长制外，教师、医生、护士、警察等多个公共部门的绩效工资增长制改革正在稳步推进。鉴于英国公共部门雇员总人数超过 540 万人，占总劳动人口的 17%，其薪酬支出占政府各部门预算开支一半以上，此项改革将对英国政府减支增效产生较明显的推进作用。与此同时，由于英国近来经济形势好转，经济增速在西方发达国家中位居前列，持续限制公务员工资增长已对公务员队伍稳定造成一定影响。如财政部近期的人员流动率已经达到 18%。高级公务员工资审查委员会也建议政府适当提升工资水平以留住高端人才。

从目前情况看，虽然英国推行了一系列政治改革，在机构调整、权力下放等领域取得了一定成效，显示出一定的自我调节修复能力，但在选举等根本政治制度改革方面举步维艰，说明其难以从根本上解决英式资本主

---

① "Civil Service Pay Guidance 2015-2016", www.gov.uk.

义深层次矛盾，未来的政治改革道路仍然十分漫长。

四、卡梅伦的"大社会"计划

2009 年，作为英国在野党保守党领袖的卡梅伦首次提出"大社会"计划，并随后将其作为竞选口号。卡梅伦领导保守党赢得大选后，在全国范围内正式推行"大社会"计划，希望借该计划转变政府管理方式，将更多权力下放给基层和普通民众，以解决英国社会的种种痼疾。但由于该计划理论基础薄弱、相关举措成效不彰，在短短几年内即淡出了人们的视野。

（一）"大社会"计划的由来

"大社会"概念首先是由英国保守党战略主任史蒂夫·希尔顿提出来的，后由保守党领袖卡梅伦丰富并推广开来。建设"大社会"是出身贵族家庭的卡梅伦多年的政治理想。卡梅伦认为，20 世纪 90 年代后期，英国公共服务开支连续增长，却并未解决英国社会的种种问题。一方面人们看到的是一个日益"破碎"的社会：家庭观念破灭，社会道德沦丧，公民责任感缺失，这一切都是由于工党"福利国家"助长了人们的惰性和依赖性。另一方面集权的国家机构形成了庞大的官僚体系，巨大行政成本成为财政赤字高企的原因之一。卡梅伦认为，要解决这些问题，必须改变工党执政时期任何问题都靠政府解决的做法，转向"小政府"、"还政于民"，让人们重新学习社会责任。通过"大社会"，让志愿和社区自治组织在英国社会发挥更大的作用，让人们愿意更多地参与公共服务，国家和政府在很多方面就可以"放手"和"减负"。

2009 年 11 月，作为在野党保守党领袖的卡梅伦首次提出"大社会"计划。2010 年 3 月，保守党将"大社会"作为竞选口号，并发布纲领性文件《构建"大社会"——"大社会"不是"大政府"》。5 月，卡梅伦领导的保守党在大选中获胜，同自民党组建联合政府后重新修订了"大社会"计划，但核心内容未发生根本变化。卡梅伦还委任在教育、医疗、人事招募和政策规划等方面有丰富经验的韦鸣恩（Nat Wei）为顾问，专门负责"大社会"计划。2010 年 7 月 19 日，卡梅伦在利物浦全面阐述并正式启动"大社会"计划。他说，"大社会"计划是一种崭新的社会文化，公众不用依靠地方当局或中央政府来解决他们面临的问题，而是有足够的自由和权力为自己的社区服务，从而建立一个更大、更好的社会。该计划将首先在伦敦的萨顿、温莎和梅登赫德、利物浦以及坎布里亚郡的伊甸河谷等地区试验推行，并于 2011 年 4 月开始分步实施。

（二）"大社会"计划的主要内容

"大社会"计划的核心是给予人民更多的权力和机会，宗旨是政府转变管理方式，向当地社区、慈善机构和公众下放更多权力和资金，进一步提高公共服务的效率和水平。基本内容包括以下五个部分：

1. 扩大社区权力。改革规划体系，赋予社区更多决策自主权；使社区有能力挽救面临倒闭的地方设施和服务，有权参与竞标接管国营服务，例如当地居民可集资买下乡村酒吧，招募志愿者维持当地博物馆运作，民间组织可以自办邮局和图书馆，提供运输服务和参与政府住房项目等；培训社区组织者，支持全国范围内尤其是贫困地区的社区组织建设。

2. 鼓励民众在社区中发挥更积极的作用。政府采取措施鼓励社会志愿服务，设立"大社会日"，将常规性社区参与作为衡量公务员绩效的关键指标等，给公务员 3 天带薪假从事志愿工作；鼓励慈善捐赠和公益事业；开展国家公民服务计划，其旗舰项目将为来自不同背景的 16 岁青少年提供培训，帮助他们参与社区活动，使其发展成为积极、负责任的公民。

3. 放权于地方政府。赋予地方政府更多权力和更大财政自主权，重新评估地方政府财政状况，由居民监督地方政府经费使用；给予地方议会总管辖权；废除"地区空间战略"（Regional Spatial Strategies），将住房和区域规划的决策权归还给地方议会；建立"大社会网络"（Big Society Net-work），帮助政府下放权力到社区基层，增加政府决策的透明度。

4.**支持合作社、互助组织、慈善机构和社会企业**。支持互助组织、合作社、慈善机构和社会企业的创建与发展，帮助上述团体更广泛地参与提供公共服务；赋予公共部门工作人员新的权利，使其能够组建员工持股的公司，竞标接管公共服务，从而使几百万公共部门工作人员成为自己的老板，促使其提供更好的服务；利用银行休眠账户里的资金建立"大社会"银行，为社区团体、慈善机构、社会企业和其他非政府组织提供资金支持。

5.**公开政府信息**。创设"信息知情权"（right to data），使公众可以使用政府掌握的数据库，并定期公开信息；要求警察局每月公布详细的地区犯罪数据，公众可以据此掌握社区犯罪的真实情况，监督警察更好地履行职责。

（三）"大社会"计划遇到的挑战

"大社会"计划是一项野心勃勃的改革计划，试图重塑国家、个人和社会组织的关系，对整个国家架构产生影响，被认为是"比撒切尔改革更激进的思想"，在推进过程中遭遇各种质疑和重重困难。具体来说，遇到了三个方面的挑战：

一是理论基础薄弱。"大社会"计划最初作为保守党的竞选口号提出，缺乏扎实的理论支撑，全面性、系统性均显不足。工党"理论教父"、"第三条道路"提出者吉登斯认为，保守党对"大社会"的阐述大多停留在强调发挥社区组织的作用，同多年前美国"社区主义"雷同，仅仅是政党政策的广告式宣示，而不是一整套系统的社会学理论。

二是缺乏切实可行的政策举措。在财政紧缩的背景下，地方政府向民间组织下放权力缺少资金和政策支持，推行并不顺畅；公共服务向社会开放后面临招标问题，但由于政策限制，更多的私人企业而非志愿组织中标；卡梅伦呼吁民众更多地参与公共服务，但大部分民众缺少足够的时间、资金和专业知识，英国参加志愿服务的人口比例持续下降；一方面该计划面临资金匮乏的阻力，另一方面由于缺乏有效监督途径，"大社会"资金存在滥用、挪用现象。①

三是在推行过程中受到反对党和普通民众的质疑甚至抵制。在联合政府实施财政紧缩政策的背景下，"大社会"计划被视为政府削减公共开支的幌子，遭到反对党和民众的抗议。工党领袖米利班德表示，"大社会"计划是政府以增强公民社会为借口，削减开支、逃避责任的一种"愤世嫉俗"的做法。②

（四）"大社会"计划的式微

自 2013 年起，英国政府及卡梅伦本人不再在公开场合和政府文件中提及"大社会"的概念。2014 年，"大社会"网络宣告崩溃，该机构 CEO 保罗·托维（Paul Twivy）控诉政府"大社会"计划全是不能兑现的承诺。同时，卡梅伦本人同"大社会"计划的关系也被媒体和反对党所诟病，称卡梅伦将计划资金划拨给同他个人关系紧密的机构和组织。随后英国政府开始陆续收回部分用于"大社会"计划的拨款，被外界解读为"大社会"计划走向解体的标志。

2015 年 1 月，英国非政府组织"民间交流"（Civil Exchange）发布对"大社会"计划的审计报告，对计划构成致命的一击。报告指出，自"大社会"计划实施以来，英国慈善捐赠数额不升反降，市民社会通过法院挑战政府的权力受到限制，志愿组织在英国社会发挥的作用减弱，政治权力向中央政府集中的情况未有明显改善，而且志愿服务仍集中在富人区。③

---

① http://www.pioneerpost.com/news-views/20150424/big-society-networks-failure-down-broken-promises.

② "The Big Society: a Cloak for the Small State", *The Independent*, Feb. 12, 2011.http://www.independent.co.uk/voices/commentators/ed-miliband-the-big-society-a-cloak-for-the-small-state-2213011.html.

③ "Whose Society? The Final Big Society Audit", *Civil Exchange*, 2015.

尽管保守党在 2015 年大选竞选纲领中依旧提到鼓励志愿服务的部分内容，但新的竞选纲领更强调经济稳定和边境管控。"大社会"理念已不再是保守党的主要竞选战略之一了。随着 2016 年 6 月英国公投脱欧、卡梅伦辞职，"大社会"计划彻底淡出了人们的视野。

五、"公投政治"及其影响

2010 年以来，以保守党为主导的英国政府大刀阔斧地推行各项改革，英国经济逐渐走出危机，企稳向好。然而，这时却发生了一件将载入英国甚至世界历史史册的事件——英国举行全民公投决定退出欧盟。"脱欧公投"的发生和"公投脱欧"的结果短期内给英国政治、经济、社会造成巨大冲击，被视为 2016 年"黑天鹅"事件之一。公投举行近两年，英国国内政局仍不时因"脱欧"而动荡，"脱欧"对英国经济影响有所显现，英欧谈判仍困难重重，前景不明。2016 年以全民公投形式决定英国国家走向的"公投政治"后续影响逐渐显现。

（一）公投脱欧及其短期冲击

1. **英国是如何走到公投脱欧这一步的**？英国疑欧主义由来已久，根深蒂固。历史上，英国一直以维持欧洲大陆国家"均势"为外交政策的基点，曾长期恪守"光荣孤立"政策。1971 年，英国迫于形势加入欧共体，但一直是欧洲一体化进程中要求"例外"最多的成员国，也始终没有加入欧元区和申根区。英国在建立欧洲独立防务体系上与德国、法国唱反调，主张维护北约而非欧盟自身的军事主导地位。由于英国与美国特殊关系在英国外交政策中的优先地位，英国甚至被戏称为美国分化欧洲的"特洛伊木马"，英国人自己也曾自嘲"加入欧盟就是为了从内部瓦解欧盟"。

2009 年底随着欧债危机的爆发和蔓延，英国国内对欧盟的质疑加剧，脱欧倾向再度明显。为了争取民意支持，安抚党内"疑欧"派力量，保守党在 2010 年竞选纲领中承诺从欧盟收回部分权力。2013 年，保守党领袖卡梅伦承诺，如果该党赢得 2015 年大选将于 2017 年底之前就英欧关系前景举行公投。2015 年 5 月，保守党如愿胜选并单独执政。为了兑现承诺，卡梅伦宣布 2016 年 6 月举行公投。公投结果出人意料，51.9% 的投票民众支持"脱欧"，48.1% 的投票民众支持"留欧"。虽然双方票数相差甚微，但根据简单多数决定结果的原则，英国入盟 40 余年后决定退出欧盟。

2. 公投结果对哪些方面产生了巨大冲击？ 公投脱欧的结果对英国国内造成严重影响，并产生巨大外溢效应。

一是引发国内政坛地震。 首相卡梅伦被迫辞去保守党领袖职务，党内大佬竞相谋求接任，不惜上演"纸牌屋"式的权力斗争桥段。工党领袖因在脱欧问题上的立场深陷信任危机，数十名影阁大臣相继辞职，党内"倒戈"势力"暗流涌动"，引发一年内两次领袖选举风波。素有"苏格兰独立"诉求的苏格兰民族党不满脱欧结果，宣称将全力争取留欧，与保守党矛盾增大。强烈主张"脱欧"的独立党领袖法拉吉"狂喜"之后宣布自己已经完成推动英国走上脱欧之路的使命，辞去党首职务，剧情反转令人错愕。法拉吉急流勇退后，独立党几易党首，迷失前进方向。

二是市场出现明显波动。 公投结果揭晓当天，英镑兑美元汇率贬值 8%，回到自 1985 年年底以来的最低水平；国际三大评级公司之一的穆迪虽保持英国的主权信用评级为"Aa1"水平未变，但将评级展望从"稳定"下调至"负面"。6 月 27 日，另一家评级公司惠誉宣布，将英国评级从"AA+"调降至"AA"，并将评级展望改为"负面"。同日，三大评级机构中最后一家标普也宣布将英国主权信用评级由最高级"AAA"连降两级至"AA"，这也是标普首次将一个国家信用评级从最高级一次性连降两级[①]。

---

① 方力：《英国脱欧、市场冲击及其后续影响》，《国际金融》2016 年第 9 期。DOI:10.16474/j.cnki.1673-8489.2016.09.010。

三是民情愈加迷茫。此次公投结果反映出英国支持留欧和支持脱欧的民意相差并不悬殊，48.1%的留欧民意被51.9%的脱欧民意"粗暴"否决。根据英国媒体对公投结果进行的分析，教育程度高、收入高、年龄低的民众多投票支持留欧，反之则多支持脱欧①。英国不同地域、不同特征群体民众在脱欧问题上的分歧一览无余。公投不但没有弥合分歧，反而造成更大的社会撕裂。公投后不久，英国有400万民众对结果感到"后悔"，请愿举行第二次公投。更有反对脱欧的英国民众将英国政府告上法庭，认为英国政府无权在没有议会授权的情况下启动脱欧进程。

四是国家统一受到威胁。近年来，苏格兰民族党控制下的苏格兰独立运动再次抬头，一度危及英国国家统一。2014年举行的苏格兰独立公投以55%反对、45%赞成的投票结果决定苏格兰留在英国，给苏格兰独立运动问题暂时画上了句号。由于苏格兰与欧盟联系较密切，从欧盟基金及项目中受益颇多，总体上倾向于留欧。在此次公投中，苏格兰支持留欧比例高达62%，支持脱欧比例仅为38%，与整体投票结果形成鲜明对比。公投后，苏格兰首席部长斯特金表示，将把第二次苏格兰独立公投提上议事日程。公投结果显示，北爱地区同样支持留欧。再加上北爱与爱尔兰边界问题是脱欧谈判不可避免的棘手问题，一旦谈崩，可能影响北爱和平进程。公投脱欧的结果给英国团结、统一和稳定埋下了隐患。

五是加剧欧洲离心力。英国公投脱欧结果使欧洲各种分离主义、民粹主义势力受到鼓舞。在公投结果宣布几小时后，法国的国民阵线、荷兰的自由党、德国的选择党、意大利的北方联盟、奥地利的自由党都呼吁在本国进行类似的公投。极端左翼或右翼政党目前在欧盟25国共拥有1329个议会席位，在8国参与执政，公投是这些极端性质政党迫使主流政党采纳

---

① 方力：《英国脱欧、市场冲击及其后续影响》，《国际金融》2016年第9期。DOI:10.16474/j.cnki.1673-8489.2016.09.010。

其政治立场的利器 ①。由英国公投脱欧引发的公投政治风潮会加剧欧洲政治的离心力。

（二）英国脱欧公投背后的深层原因

英国人素以稳重、保守、渐进著称，英国也一直是代议制国家的典范，不像其他一些欧洲小国热衷于以全民公投决定重大政策议程。回顾历史，英国仅在 1975 年、2011 年举行过两次全国性公投，2014 年在苏格兰地区举行过一次地区性公投。但进入 21 世纪以来，英国使用公投的频率似乎有所提高。而且，此次脱欧公投并非各方势力博弈斗争白热化，别无选择之下做出的决定，却更像是一个政党、一个政治人物为了实现某种利益、不计后果推动的"人为事件"。用一些学者的话说，是一场"全球瞩目的民主实验" ②。公投看似民主，结果出人意料。这一看似偶然的事件背后有其必然性，反映出当前西方政坛责任感和长远眼光兼具的政治领袖稀缺、党争异化、国家发展方向不明、民主制度运转不灵等问题。而这些问题恰恰是西方资本主义制度内生的、固有的、难以克服的问题。

1. 西方竞选政治和"旋转门"体制下产生的政治精英缺乏政治远见和责任感。公投结束后，很多人认为英国政府发起的这场公投无异于"自残"，是不负责任的"政治豪赌"。《金融时报》专栏作家马丁·沃尔夫认为，"既然英国政府能够提供一系列官方报告来说明脱欧对英国造成的长期损害及短期冲击，当初为什么决定冒险举行公投？……公投是英国政府最不负责任的行为，根本不需要以公投来证明英国是一个民主国家 ③。"将事

---

① Susi Dennison, "Brexit and Europe's New Insurgent Parties", *European Council on Foreign Relations*, June 24, 2016, http://www.ecfr.eu/article/commentary-brexit-and-europes-new-insurgent-parties-7054.

② 张小彩：《英国推欧公投：全球瞩目的民主实验》，参见《金融时报》中文网，http://www.ftchinese.com/story1001068457? fully=y。

③ 魏城：《脱欧公投民主失败了吗？》，转引自《金融时报》编：《英国脱欧 2：民主的胜利还是失败》（电子书），中信出版社 2016 年版。

关国家前途命运的重大决策交由民众公投无疑是一步"险棋"。然而，这种公投热近年来在欧洲蔓延。希腊公投否决欧盟救助，荷兰公投否决批准欧盟条约，屡见不鲜。一定程度上，"公投热"反映出在面临国家前途命运的重大决策面前，西方竞选政治、秀场政治产生的领导人不愿承担决策责任，无意或无力引领民意。如果公投结果符合预期，可以沾沾自喜，甚至自夸代表民意；如果结果事与愿违，一切责任推给"民意"承担。西方的秀场政治决定，候选人形象、口才是比能力更重要的品质，"做得好不如长得帅、说得好"。赢得选举的人并不一定了解现实，不一定有治理国家、驾驭复杂局面、应对突发事件的能力。对于这些政治精英来说，即使输了"政治豪赌"，大不了就是辞职了事，转身进入商界、学界继续享受高薪和高待遇的案例比比皆是。西方"旋转门"体制助长了西方政客决策不慎重、出事不负责的态度。

2. 政党体制异化，选票比国家利益、民众利益更重要。在西方政党政治中，政党往往将党派利益置于国家利益之前。卡梅伦执意推动脱欧公投初衷是平息党内分歧，希望通过"攘外"实现"安内"，将事关英国前途命运的重大决策当作平息党内分歧的政治工具，并非维护英国国家利益。一年后，继任首相特雷莎·梅突然决定提前大选目的也是为了扩大本党在议会优势，巩固执政地位，而非为了"英国推进脱欧进程凝聚政治共识"。此外，西方选举制度下的政党纷纷标榜自己是民意代言人，实际上十分"脱离群众"，对社会结构和民意基础变化反应迟钝。近年来，从工党两次领袖选举到脱欧公投及全国大选，英国几次重大投票结果均令政治精英大跌眼镜，从一个侧面说明西方政党体制下的政党，只会关注本党或所代表利益集团的诉求。

这种矛盾是西方政党政治发展的必然结果。西方多党竞争体制发展到一定阶段，政党将捞取选票、赢得选举作为唯一目标，必然重政党利益轻国家前途，重眼前利益轻长远考虑，为得选票不惜开"空头支票"，出尔反尔时有发生。西方政党既是某个特定阶级的代言人，又要尽最大可能在选举中捞取选票，必然面临做"阶级党"还是"全民党"的两难选择，频繁上演"说一套做一套"的把戏。在资本主义体制下，资本对政党的渗透和控制也决定了政党难以切断与利益集团的暧昧关系，难以有效协调不同阶级的利益诉求，难以真正为民众服务。这些都是西方政党政治无法跳出的困境。

3. 英国公投脱欧标志着英国陷入多边与双边、开放与封闭、包容与排外的两难选择。 脱欧公投结果反应，精英阶层与普通民众在国家发展走向问题上的看法严重对立。这是资本主义根本矛盾在全球化背景下向纵深发展的必然结果。过去二三十年，全球化加速发展，金融资本膨胀，实体经济空心化，社会贫富分化进一步加剧。以社会精英为代表的资本掌控者获益于人员、资本、技术自由流动，占有的财富比重不断增加，是全球化的受益者和支持者。普通民众却面临就业机会减少、劳动力市场全球化、人工智能技术带来激烈竞争等问题，是全球化的受害者和抵制者。两者矛盾在2008年金融危机后愈加明显，并在脱欧公投等"黑天鹅"事件中集中爆发。

4. 西方标榜民主法治体制似乎没有为解决问题提供途径，反而火上浇油。 当普通民众不再信任主流政党和政治精英，"一人一票"的民主制度只能放大分歧，加剧矛盾。民众或对手中的选票弃之不用，或用于宣泄对当权者和精英派的不满，导致投票结果与所谓理性分析和公认的国家利益背道而驰。当权者想通过民主投票获得更大"民主授权"，却"搬起石头砸了自己的脚"，只能"哑巴吃黄连"收拾残局。西方过渡崇拜法治和程序，导致政策落实和项目推进面临很高的民主和法治代价，政府往往"看到却做不到"，在促进公共利益方面只能无所作为。做不出实际成绩，又很难重建民众对政治体制的信任，西方民主政治正陷入难以破解的怪圈。

（三）公投脱欧的长期影响

"公投政治"把英国带上一条"颠簸崎岖"而前途不明的脱欧之路。自2017年3月提交脱欧申请，英国政府迄今已与欧方进行了数十轮谈判。目前，第一阶段已完成，主要厘清了英国脱欧后对欧盟的财政责任，并就公民权利和过渡期安排达成一致；第二阶段仍在进行，未来英欧将构建怎样的贸易关系依旧悬而未决。根据最新情况，英国更可能走向"软脱欧"，即不会彻底完全退出欧洲单一市场或关税同盟。无论谈判结果如何，两年前通过公投决定脱欧的结果对英国各方面均已产生或将继续产生持续影响。

1. 近两年英国国内政治更加趋向碎片化。 公投脱欧引发政治"多米诺骨牌"效应。卡梅伦首相辞职，特雷莎·梅首相继任。特雷莎·梅误判形势推动提前大选，丧失议会多数席位，被迫组建少数政府，执政根基弱化。随着英欧谈判日益触及核心问题，保守党内部在"软脱欧"还是"硬脱欧"问题上分歧越演越烈。包括外交大臣、脱欧事务大臣在内的十几位部级官员相继去职，导致特雷莎·梅政府始终风雨飘摇。主要反对党工党内部在脱欧立场上存在分歧，一年多来，多次出现相当一部分工党议员在重要脱欧议案投票中倒戈支持保守党的情况。苏格兰民族党、自民党等其他反对党力量在公投后均受到不同程度的削弱。主要反对党虽同为中左翼政党，但在脱欧问题上立场差异大，难以联合。在脱欧谈判的"达摩克利斯之剑"下，英国政坛脆弱平衡特点突出。即使英欧能够如期达成《脱欧协议》，仍需英国议会表决方可生效，届时可能出现新一轮各派政治力量角力，英国政坛也可能再次生变。

2. 英国脱欧将对英国经济产生长期负面影响。 欧盟不是简单的自由贸易区，其货物、资本、人员、服务的自由流动极大地降低了成员国之间的交易成本，提高了生产率。入盟使得英国与相关国家贸易量增长了55%。英国高度依赖欧盟市场，其国内生产总值10%来自与欧洲单一市场的贸易，对欧贸易占英国外贸总额一半以上，英国50%的外商直接投资来自欧盟 ①。有智库评估认为，如果英欧无法达成协议，"硬脱欧"将使英国经

---

① "The Impact of Brexit on Foreign Investment in the uk", http://cep.Ise.ac.uk/pubs/download/brexit03.pdf.

济损失 1430 亿欧元，英国企业每年将面临 664 亿欧元额外成本[①]。虽然目前看英欧无协议的可能性不大，但脱欧对英国经济的负面影响已经显现。2017 年英国经济增长 1.7%，在七国集团中排名从 2016 年的第二位跌至第五位，也低于欧盟平均水平。预计英国未来两年经济增长率将进一步降至 1.5% 左右[②]。而国际货币基金组织预测今后 5 到 10 年间，英国 GDP 将下降 4%。英采取措施着力维护在产业、科技、金融等领域的国际优势地位，但安永调查报告显示，近半数外国投资者考虑未来 5 年内调整在英国的投资，高盛、汇丰、渣打银行等金融机构拟将部分业务和人员迁出伦敦金融城[③]。

3. 英国脱欧将持续撕裂社会民意。脱欧公投结果是英国社会民怨积累的一次爆发，暴露出不同阶层民众对政府近年采取的紧缩政策、移民政策、经济全球化等诸多方面的不同立场和意见分歧。公投过去近两年，社会阶层间的差异并未得到弥合，民意在脱欧问题上的分歧持续扩大。根据 2018 年 7 月一份最新民调显示，38% 的民众支持坚决推进脱欧的政党，而 33% 的民众支持坚决反对脱欧的政党。仅有 11% 的民众支持英国政府目前出台的脱欧方案，43% 的民众认为该方案不符合英国利益[④]。随着英国政府立场不断转向"软脱欧"，持不同政见和立场的民众都觉得"很受伤"。支持留欧、希望英国留在欧洲单一市场的选民感觉希望破灭，而坚定支持脱欧的民众觉得英国政府目前寻求的脱欧之路名不副实。此外，公投脱欧的结果从一定程度上加剧了英国社会对移民的排外情绪。联合国人

---

① Charles P. Ries, et al., "*After Brexit: Alternate forms of Brexit and their implications for the United Kingdom, the European Union and the United States*", http://www.rand.org/pubs/research_reports/RR2200.html.

② UK Economic Growth Revised Downwards, Feb. 22, 2018, BBC News. http://www.bbc.co.uk/news/business-43154467.

③ Jill Treanor, "Brexit: City of London will Lose 10, 500 Jobs on Day One, Says EY", *Guardian*, Dec.11, 2017.

④ http://www.esquire.com/uk/latest-news/a22525503/1-in-3-brits-would-support-a-new-anti-brexit-party-poll-finds/.

权专员近期对英国进行实地调查后，表示脱欧派在公投造势阶段大肆发表反移民、反外国人的言论，对英国社会造成持续不良影响，导致当前针对少数族裔和移民的"仇恨犯罪"明显增加①。英皇家警察、火灾和救援服务监察局（HMICFRS）也出台报告称，"仇恨犯罪"很可能在 2019 年英国正式脱离欧盟后进一步增加②。

4. **英国对外行动能力和影响力将受到削弱**。公投后近两年来，英国积极重新规划外交版图，一方面加强英美特殊关系，另一方面提出全球化英国主张，强化与英联邦国家、新兴大国关系，规划与非欧盟国家贸易安排。但从目前看，在总体国际格局演变、英美关系不畅等因素的影响下，英国国际地位难掩下滑趋势。2017 年英国外交作为平平，无突出亮点，在联合国关于查戈斯群岛问题投票中，仅获 4 个欧盟国家的支持，在国际法院法官竞选中甚至输给印度，第二次世界大战后首次在国际法院丢掉法官席位。过去二三十年，英国主要依靠说服欧盟采纳自身主张来发挥国际作用，脱欧后英国将失去背靠"欧盟"大树的优势，无法再通过积极影响欧盟决策发挥国家影响力。再加上英国脱欧后缺乏足够的经济和军事实力成为世界一极，从长期看，英国对外行动能力和国际影响力将遭到削弱。

---

① http://news.un.org/en/story/2018/05/1009542.

② http://sputniknews.com/europe/201807191066500861-uk-hate-crime-brexit/.

第九章

2008 年国际金融危机后"莱茵资本主义"的变与不变

一、"莱茵资本主义"简介

"莱茵资本主义"由法国经济学家米歇尔·阿尔贝尔 20 世纪 90 年代初提出,主要指以德国为主要代表的莱茵河流域国家具有自身特色的经济社会发展模式。[1] 与以英美为代表的"盎格鲁—撒克逊资本主义"相比,"莱茵资本主义"的核心特点可概括为"市场经济 + 总体调节 + 社会保障"[2],即更注重发挥政府的市场调控功能、社会福利功能和秩序保障功能。"莱茵资本主义"因此又被称为"社会市场经济""协调型市场经济"及"温情资本主义"等。

在具体发展实践中,"莱茵资本主义"主要体现出以下特点。一是注重发展实体经济,强调实体经济与虚拟经济的平衡。在"莱茵资本主义"经济体系中,银行与企业的联系更为紧密,证券交易所在金融市场中并不占统治或主导地位。二是强调建立完善的社会保障体系,注重利用税收和福利政策推动实现社会公正与和谐,寻求在社会保障体系与经济活力之间把控

---

[1] 参见 [法] 米歇尔·阿尔贝尔:《资本主义反对资本主义》,社会科学文献出版社 1999 年版。

[2] 蔡来兴等主编:《德意志联邦共和国宏观经济管理》,上海翻译出版公司 1991 年版,第 6 页。

平衡。三是强调企业及利益相关者的相互依赖性，注重企业与所处环境的协调发展，重视企业履行社会责任。四是更为重视长期综合效益，在企业管理方面更乐于听取和吸收员工建议，强调协调各方利益和意愿，努力达成各方"共识"，强调相互配合和协调一致。五是注重"双元制"职业教育模式，由企业和学校合作开展职业教育，为经济社会发展提供大量高素质员工，培养大批高级技工和工程师，待遇高、数量足的高级"蓝领"为实体经济发展提供了持续动力。[①]

冷战结束后，随着全球范围内资本金融化和金融全球化的深入发展，资本主义经济制度出现整体"右移"趋势。"莱茵资本主义"国家也一定程度上呈现出政府角色弱化、股东地位上升、金融市场做大、新自由主义色彩增强等特征。这其中最重要的要数德国施罗德政府 2003 年开始实施的"2010 议程"。在批评者看来，"2010 议程"与"里根主义""撒切尔主义"一样，也是新自由主义导向的改革。从目前看，这一改革推动德国经济走出了 20 世纪 90 年代的困境，走向了充满活力和竞争力的发展轨道。

金融危机及欧债危机爆发以来，随着"市场万能"神话的破灭，主要"莱茵资本主义"国家内部对新自由主义进行了深入反思，并通过强化金融监管、扩大政府干预等举措进行了一些调整和变革。这些变革和调整主要是技术层面的，"莱茵资本主义"国家仍然在各方比较借鉴中继续探索。

二、国际金融危机对"莱茵资本主义"的冲击和影响：以德国为例

席卷全球的国际金融危机导致世界主要工业国家经济出现严重倒退，

---

① 参见 [法] 米歇尔·阿尔贝尔：《资本主义反对资本主义》，社会科学文献出版社 1999 年版；[澳] 盖勒·C.阿芙利：《莱茵模式——如何开创和谐的常青基业》，北京大学出版社 2008 年版。

作为"莱茵资本主义"的代表性国家,德国在初始阶段同样未能幸免。长期以来,德国经济非常倚重出口拉动,据统计,2008 年时德国经济的对外依存度高达 47.2%,这一数字意味着国际金融危机浪潮一定会将德国卷入其中。不出所料,2009 年德国国内生产总值比 2008 年下降了 5.3%,失业人数增加了 164000 人。这一数据其实还要好于德国政府最初的预期。按照德国政府此前的估计,2009 年德国国内生产总值将下降 6%,而德国 6 大经济研究所和德国联邦银行则更为悲观,分别预测 2009 年德国经济增长率为-6.3%和-6.2%。除这些直接冲击外,金融危机带来的世界经济大环境变化,也给德国经济长期发展造成严重影响。具体讲,受金融危机冲击,美国及欧盟各国财政赤字大幅上升,国家整体购买力下降,普遍倾向于采取贸易保护主义措施,世界总需求萎靡不振,给德国依赖出口的经济结构造成长期压力。①

面对危机冲击,德国政府出台了一系列救市措施,有效发挥了稳定并刺激经济增长的作用。这些措施具体包括:一是稳定银行和金融系统,出台《金融市场稳定法》,设立金融市场稳定资金,一方面由联邦政府提供总金额为 4000 亿欧元的应付款项担保,另一方面通过国家注资参股企业,维持资金流动性,防止有系统重要性的金融机构破产,这一举措切实起到了稳定金融市场的作用。二是针对实体经济出台了《保经济增长促就业的一揽子措施》和《德国经济增长与稳定促进法》两套经济振兴计划,具体内容包括扩大政府投资、政府提供信用担保、减少民众负担、保障和促进就业等。三是着眼长远,主动扩大与中国等新兴市场国家合作,努力拓展出口市场空间,2011 年德国对中国、俄罗斯、印度、巴西等金砖国家的出口额占德国总出口额比重由危机前的 8.5%增加到 11.4%。尤其值得一提的是,德国 2010 年对华出口增幅高达 28.6%。新兴市场国家成为德国释放生产潜能、

---

① 史世伟:《德国应对国际金融危机政策评析——特点、成效与退出战略》,《经济社会体制比较》2010 年第 6 期。

维持经济健康增长态势的重要依托空间。①

德国联邦政府的应对措施迅速产生积极效果。到 2010 年时，德国经济取得 3.6% 的增长，创 20 年来的新高。2011 年时，德国经济增长又达到 3%。与其他发达工业国家相比，德国经济的表现可谓"一枝独秀"。其实，德国经济在危机后迅速复苏，与新兴市场国家的强劲发展势头密切相关。新兴市场国家经济发展的良好态势，对德国汽车、机械、装备、化工等产品需求量持续上升，推动德国出口在 2010 年实现 14.2% 的增长，2011 年又实现了 11.4% 的增长，出口总量超过危机前的水平，成为推动德国经济迅速摆脱危机的关键因素。德国经济迅速摆脱困境还表现在就业方面。2010 年德国登记失业人数自 1992 年以来第一次降至 300 万以下。2011 年登记失业率更是下降到 5.5%，远低于欧元区同期平均失业率（10.2%）。政府启动的短期雇工补贴对稳定就业起到了积极作用。同时，就业率的提高还有效提振了德国经济的内需动力，推动德国进口量 2011 年实现 13.2% 的大幅增长，一定程度上缓解了德国经济太过依赖出口的问题。②

三、后金融危机时代"莱茵资本主义"的政策调整

除短期救助计划外，"莱茵资本主义"国家在危机后也推动进行了一些制度层面的改革。这些改革涉及金融市场、劳动市场、社会政策、产业政策、地区一体化政策等各个方面。"莱茵资本主义"国家在进行这些政策调整过程中面临较大经济社会压力，同时也有意识地保持了审慎和稳健。

---

① 丁纯、瞿黔超：《金融危机对德国经济与社会的影响以及德国的对策》，《德国研究》2009年第 2 期。

② 史世伟：《德国，风景这边独好》，《金融博览》2012 年 3 月号。

（一）在发展和规制金融市场间寻找平衡

"莱茵资本主义"认识到自由金融市场的弊端，并通过系列措施加强金融监管的全面性和有效性。但与此同时，"莱茵资本主义"继续高度重视发展金融业，并通过发展地区统一金融市场，努力提高虚拟经济对实体经济的支撑力。

一方面，危机爆发后，欧元区从技术层面积极完善金融监管体制，通过设立泛欧监管体系等措施，努力维持金融市场稳定。一是成立宏观审慎管理机制——欧洲系统风险委员会（ESRC），负责收集和分析数据信息，识别和评估系统风险，并向欧洲经济部长会议（ECOFIN），各成员国监管当局，以及银行业监管局（EBA）、证券和市场监管局（ESMA）、保险和职业养老金监管局（EIOPA）三家微观审慎监管机构提出预警和建议。二是强化监管机制间的协调合作。欧洲系统风险监管机构与三家微观审慎监管机构建立信息沟通和共享机制，三家微观审慎监管机构通过联合委员会（JCOE）加强跨行业、跨部门监管的协调与合作。三是构建欧洲银行业联盟，包括单一监管机制（SSM）、单一清算机制（SRM）和单一存款保险机制等。单一监管机制赋予欧洲央行金融监管职能，负责直接监管该机制成员国具有系统重要性的信贷机构、金融控股公司、混合型金融控股公司；单一清算机制负责必要时对接受监管的银行实施破产清算，降低银行危机对实体经济的冲击；单一存款保险机制致力于防止危机横向扩散，抵御域内大规模金融动荡。**四是**推动欧洲央行从单纯维护币值稳定向综合维护金融和经济稳定延伸，不再局限于传统货币政策，开始实施非常规救助措施，部分国家甚至主张欧洲央行应扮演最后贷款人角色，逐步朝美联储方向发展。与此同时，欧盟正积极探索监管思路和监管方法的创新，推动从单纯监管金融机构向全面监管金融机构、金融产品和金融活动的方向转变，力求最大程度弥补监管漏洞、提高监管有效性。

另一方面，欧盟继续重视发展金融业，推动建立统一的资本市场，努

力提高金融领域的全球竞争力。欧元区危机爆发之初，默克尔、萨科齐等欧洲国家领导人曾共同谴责"金融资本主义"是危机的罪魁祸首。但随着对危机认识的加深，欧洲人发现，与美国相比，欧洲虚拟经济比重并不太大，而限制金融业的发展不仅未能帮助欧洲躲过危机，反而还陷入为美国金融危机"埋单"的境地。因此，随着经济缓慢复苏，欧盟在重视金融市场监管的同时，继续强调发展金融市场的必要性和可行性。欧委会金融稳定、金融服务和资本市场联盟司金融服务政策和国际事务部主任凯尔文强调，"目前欧洲企业融资形式太过单一，对银行倚重过大，证券市场融资比例仅占 30%，远低于美国的 70%，金融产品复杂性也远不及美国。虽然欧盟不必完全照搬美国，但需进一步推动金融市场一体化和融资手段多元化"。① 容克在竞选欧委会主席时即承诺要建立欧盟统一资本市场，并于 2015 年启动"资本市场联盟"机制，目的就是努力提高资本市场对融资需求的贡献率，促进欧盟经济增长。

（二）寻求更富活力、更有效率的劳动力市场政策和社会福利制度

危机后"莱茵资本主义"国家努力推动劳动力市场和福利制度改革，以释放经济发展活力。与此同时，也注重探索更富弹性、更具韧性的社会保障制度。

一方面，危机使西欧国家感到，传统高福利模式带来巨大财政压力，难以持续，且已严重影响经济发展，唯有推动结构性改革方能切实激发经济活力。各国意识到，尽管面临民众维持原有社会保障水平的强烈诉求，但要推动经济持续复苏，仍需效仿德国施罗德政府时期的"2010 议程"，推行经济结构性改革。据统计，2008—2015 年间，欧盟成员国通过

---

① 作者 2016 年 6 月访问欧盟总部机构，与对方进行了座谈交流，对方在座谈中提到这一观点。

了 1200 个有关劳动力市场改革的提案，远高于 2000—2007 年的 700 个。意大利、西班牙、葡萄牙等南欧重债国尽管面临巨大社会压力，仍艰难推进相关结构性改革，努力摆脱"富贵病"困扰。荷兰、比利时等受危机影响较小的国家也开始对劳动力市场进行调整，简化解雇程序，减少赔偿金额，降低企业负担。法国前总统奥朗德 2012 年以反对萨科齐自由化改革的旗号赢得大选，但从 2014 年开始也不得不顶着巨大压力缓慢推动降低税收、削减开支、推进劳动力市场灵活化等结构性改革，力求以此激发经济活力，提升国际竞争力。不过，在民粹主义不断上升、极端政党纷纷崛起、民众"失去感""被剥夺感""被打扰感"居高不下的背景下，"莱茵资本主义"的这一改革能走多远还存在较大不确定性。

另一方面，"莱茵资本主义"国家并非简单削减社会保障，而是积极探索更富弹性、更具韧性的劳动和福利制度。传统中左翼政党强调"饿狼并不能最好地猎食"，主张提高工资福利水平，推进累进税制改革；[①] 中右翼政党坚持认为社会市场经济的核心理念是自由竞争和兼顾公平，而公平更多是指机会公平而非结果公平；民粹政党则宣称要"毕其功于一役"，消除各类国际负担和国内不公。在几种主张相互角力下，各"莱茵资本主义"国家政府正努力探索可进可退、伸缩自如的社会保障制度，力争既能体现公平理念，又不损害良性竞争和经济活力。具体讲，这些国家正探索将劳动力市场制度和社会福利制度与人口结构变化及经济发展形势挂钩，根据经济社会形势灵活调整，避免劳动力市场僵化和社会福利的持续刚性增长。

（三）积极抢占新一轮科技和产业革命先机

危机使各国重新意识到实体经济的支撑作用，因此危机后"莱茵资本主义"积极推动"再工业化"进程，努力抢占第四次工业革命先机，极力

---

① 参见 [德] 塞巴斯蒂安·杜里恩、汉斯约里·赫尔、克里斯蒂安·凯勒曼著：《危机后的反思——西方经济的改革之路》，郭建南译，西南财经大学出版社 2014 年版。

维护在全球产业链中的优势地位。

危机前，欧盟大部分成员国或多或少存在"去工业化"现象。据欧盟统计局计算，1996—2007年，工业占欧盟国内生产总值比重从21%下降到18%，工业部门吸收就业人数从20.9%下降到17.9%。危机爆发后，欧洲意识到工业比重下降、出口疲软等是债务危机的一个重要原因，德国在危机中表现较好主要是因为其拥有强大的工业基础。欧盟及各成员国陆续出台各种"再工业化"措施，力求通过科技创新振兴制造业，实现更高水平发展。欧委会2012年10月发布《一个强大的欧盟工业有利于增长和经济复苏》文件，强调以"绿色能源"和"数字制造"等先进技术引领"新工业革命"。2014年11月，容克推出为期三年总规模达3150亿欧元的投资计划，用于信息、能源、交通等基础设施建设以及教育和科技研发等。成员国层面，德国推出"工业4.0"战略，努力抢占以智能制造为主导的第四次工业革命先机；法国连续推出"新工业法国"和"新工业法国Ⅱ"，确立制造业在经济中的中心地位，着力提升法国在国际竞争中的地位；西班牙推出4.6亿欧元的"再工业化援助计划"，支持908个再工业化项目，努力构建充满活力的新型工业结构。

欧洲此轮"再工业化"进程不是简单扩大第二产业比重，而是强调虚拟经济与实体经济合理搭配，尤其强调掌握颠覆性科技创新成果，维持产业技术优势。在德国外交政策协会会长桑德施耐德看来，德国"工业4.0"是力求在信息技术、量子科学等领域抢先取得突破，因为这些领域的革命性成果将彻底重构人类经济社会发展的"方程式"，在这些领域抢得先机可确保在新一轮"创造性破坏"中赢得主动。《法兰克福汇报》经济部主编阿姆布鲁斯特则强调，欧洲"再工业化"不应寻求回到30年前的状态，也不应寻求产业结构的"大工业化"，而应强调绿色、信息、高新技术，发展现代服务业，维持各产业的科学比例。①

---

① 2016年6月作者访问德国时与对方进行座谈交流，对方在座谈中提到这一观点。

（四）在更多"一体化"还是更少"一体化"间徘徊

危机后"莱茵资本主义"主要依靠"问题倒逼"推进一体化进程，但是，欧盟内部"更多欧洲"与"更少欧洲"的分歧更为明显，"一体化"与"去一体化"两大进程相背而行。

当前和今后一段时期，欧洲一体化进程将较大程度上靠问题倒逼艰难推进。一方面，欧盟自成立之日起就伴随着"民主赤字""合法性不足"等问题，东扩进程又凸显了机构臃肿、效率低下、执行力不足等问题。五亿民众对欧盟机构运行方式不甚了解，甚至一些职业政治家对此也知之甚少。另一方面，近年来，受债务危机、乌克兰问题、难民危机、恐怖袭击、英国脱欧等多重挑战影响，欧洲各国"内顾"倾向加重，民族主义、民粹主义、保守主义、排外主义思潮明显抬头，民众对欧盟机制普遍缺乏信心。在"一体化"民意基础日益脆弱的背景下，传统以顶层设计"自上而下"推动一体化进程的路径举步维艰，对欧盟而言，更现实的路径是从紧迫性较强、共识较高的具体领域缓慢灵活推进。

当前，欧洲各界关于"更多欧洲"还是"更少欧洲"的分歧更为明显。欧盟层面，政治精英更多强调推进一体化的必要性，强调欧盟发展史一直伴随各类危机，危机是欧盟进一步发展的重要动力。但成员国层面不少国家对欧洲一体化的兴趣和信心普遍下降，疑欧、反欧声浪越来越大。近年来，欧盟在具体议题领域仍持续取得一些新进展，各国财长合作机制、欧洲稳定机制、欧洲央行理事会等三大机制已在某种程度上有点"欧盟财长"的味道；能源联盟、单一数字市场、资本市场联盟等经济议程正在努力推进中；司法和安全领域一体化也在碎步前行。但是，欧盟内部的"一体化"力量与"逆一体化"力量同时存在，议题领域的具体进展与整体层面的信心下降相背而行，再加上法德"双引擎"动力不足，今后一段时期一体化进程将在反复折冲和牵绊中前行，其走向很大程度上取决于各国国内政治生态，而非欧盟层面的政治意志。

四、后金融危机时代"莱茵资本主义"面临的深层难题

尽管"莱茵资本主义"进行了上述政策调整，但其所处的以新自由主义逻辑为底色的外部制度环境没有发生根本性变化，维持自身科技和产业优势的难度增大，国际战略环境的不确定性明显上升，"莱茵资本主义"面临诸多内外难题。

（一）经济全球化遭遇强劲"逆风"

据世界贸易组织（WTO）统计，2016 年全球贸易增速连续第五年低于全球经济增速。从 1989 年柏林墙倒塌到 2007 年金融危机爆发，国际资本流占 GDP 比重从 5% 猛增至 21%，国际贸易占全球 GDP 比重从 39% 上升到59%，生活居住在非出生国的人口增长了 25% 以上。但是，金融危机以来，除了人口跨国流动仍在继续之外，其他两项指标都"黯然失色"。2008 年国际资本流动雪崩式下降到全球产出的 4%，到 2015 年更是降至 2.6%。① 资本流和贸易流的规模和发展速度持续低于经济发展速度，从一个侧面反映了经济要素全球化遭遇了一股强劲"逆风"。

从大历史视野看，当今世界经济正处于新旧动能转换期，经济下行压力增大，做大全球经济"蛋糕"的难度加大。科技和产业革命是经济发展的根本动能，会带来经济大发展，但在科技和产业革命的初期，世界经济往往会经历一些"阵痛"。1929 年爆发的大萧条是在第二次科技革命后发生的，2008 年国际金融危机则是在第三次工业革命浪潮之后发生的。重大技术革命不但改变着生产消费"函数"，而且对社会结构、地缘政治、国家力量对比产生深刻影响。如果这些物质层面的新趋势得不到制度理念层面的积极适应，经济社会的潜在危机风险就会加大。往往

---

① 张宇燕：《全球化与去全球化：世界经济的视角》，《探索与争鸣》2017 年第 3 期。

在这个时候，全球经济会出现动力不足等各类"不适应症"。动能转换期往往也是矛盾多发期和问题集中暴露期，经济全球化遇到一些问题有其必然性。

（二）与经济社会数据变化相伴随的，是人们思想观念的变化

美国和欧洲民众对待跨太平洋伙伴关系协定（TPP）和跨大西洋贸易与投资伙伴关系协定（TTIP）的态度就是典型案例。英国舆观调查公司（Yougov）的一项调查显示，2014年有将近55%的德国民众支持TTIP，但2016年下降到17%。[①] 美国的情况很相似，早在2015年TPP宣布达成时，亚特兰大街头就出现了游行示威，反对可能损害普通民众利益的TPP。"国际自由贸易"过去几十年曾是美英等资本主义国家高举的价值观大旗，但TPP和TTIP遭受冷遇表明，这一理念正越来越成为一种"政治不正确"。

究其原因，在于欧美等发达国家在全球产业链中的优势地位下降，并将其归咎于全球化进程。随着广大新兴市场国家和发展中国家的快速发展，世界经济的"金字塔"结构正向扁平化方向发展。经济学家布兰科·米拉诺维奇（Branko Milanovic）在《全球不平等：全球化时代的一种新方法》一书中强调说，在全球化深入推进过程中，全球范围内的收入不平等呈持续下降趋势。[②] 换句话说，国家之间的不平等程度在降低。这表明西方传统发达国家在全球产业链中的优势地位正在不断弱化。为转移矛盾，一些西方发达国家政客就将责任推到全球化身上，进而激起民众对全球化的反弹情绪。

---

① http://news.xinhuanet.com/world/2016-04/27/c_128935215.htm，访问时间：2017年5月17日。

② "Branko Milanovic", *Global Inequality: A New Approach for the Age of Globlization*, Cambridge, MA: Harvard University Press, 2016.

（三）上述两方面的变化已反映到主要资本主义国家内部政治格局之中

在美国，特朗普靠安抚中下层白人难以言说的愤懑和不满赢得大选，并抛出"美国优先""让美国再次伟大"等论调，保护主义、排外主义色彩明显。在英国，公投使"脱欧"由思潮变为难以逆转的事实。在德国，默克尔政府接收难民的政策导致主张恢复边境管制、脱离欧元区的"另择党"异军突起。在法国，玛丽娜·勒庞虽未赢得大选，但其领导的"国民阵线"近年来对传统主流政党已经构成严重挑战。在意大利，反建制、疑欧反欧的两个民粹政党联盟党与"五星运动"联手组阁上台执政。此外，荷兰极右翼势力已成为议会中的第二大党，西班牙"我们能"党、奥地利自由党等也都成为各国政治格局中的重要力量。

这一趋势背后的故事是，在国家间不平等程度下降的同时，传统资本主义国家内部的不平等程度持续上升，民众不满情绪不断积蓄。米拉诺维奇、托马斯·皮凯蒂（Thomas Piketty）[1]、约瑟夫·斯蒂格利茨（Joseph E. Stiglitz）等人都发现了这一趋势。用斯蒂格利茨的话说，美国已经变成1%所有、1%所治、1%所享的国家。中产阶级所占比重明显萎缩，中下层民众的"被剥夺感""被打扰感""失去感"日益上升。位于金字塔下层占总人口90%的民众收入已经停滞了三十多年。全职男性工人的真实中位数收入比40多年前还要低。在社会底层，实际工资基本维持在60年前的水平。[2]斯蒂格利茨在2001年出版的《全球化及其不满》中主要强调发展中国家对全球化变革抱有强烈反对情绪[3]，但他在2016年出版的《重构美国经济的规

---

① 参见［法］托马斯·皮凯蒂：《21世纪资本论》，巴曙松等译，中信出版社2014年版。

② Joseph E. Stiglitz, *The Great Divide: Unequal Societies and What We Can do about Them*, Norton & Company, 2015.

③ 参见［美］约瑟夫·斯蒂格利茨：《全球化及其不满》，李杨等译，机械工业出版社2010年版。

则》一书中则强调指出，新的不满情绪传导到了发达经济体身上，数以万计的发达国家民众加入反全球化队伍当中。① 其实，他没有指出的另外一点是，在本轮反全球化浪潮中，发达国家民众表现得比发展中国家民众更为强烈。

五、"莱茵资本主义"未来发展走向

国际金融危机及系列伴生危机再次暴露了西方制度体系的弊端，围绕资本主义尤其是新自由主义的讨论和反思在世界范围内广泛展开。总体来看，"莱茵资本主义"对新自由主义的反思集中于技术操作层面而非运行机理层面，改革路径没有摆脱对新自由主义逻辑的"路径依赖"，尚未探索出替代性改革方案，改革思路也存在一些内在张力，被动性、领域性、应急性较强，主动性、综合性、战略性较弱。在世界经济新旧动能转换期，关于"两制竞争"的话题再次兴起，从世界经济结构、全球价值链条、经济社会发展模式等角度认识和理解"莱茵资本主义"所处困境及其变革措施，是观察资本主义制度体系发展走向的重要风向标。

（一）观察"莱茵资本主义"发展走向，需要以创新性思维思考政府与市场、经济与社会、自由与秩序等的关系

具体讲，需要践行中国传统哲学智慧，深入到"莱茵资本主义"国家内部，研究其经济社会运行机理，提炼其核心逻辑，了解其发展面临的核心问题。在这一方法论指引下，我们对"莱茵资本主义"的认识能够更全面，我们关于上述几对关系的认识也会更深刻，从而推动理论认知与实践发展相互促进。

---

① 参见 [美] 约瑟夫·斯蒂格利茨：《重构美国经济的规则》，张昕海译，机械工业出版社 2017 年版。

（二）观察"莱茵资本主义"发展走向，需要将"莱茵资本主义"放置世界经济体系中进行认识

在世界经济遭遇"逆全球化"阻力背景下，各国经济唯有朝着更加开放、包容、均衡、普惠的方向发展，才能真正行稳致远，全球化的节奏可能会进行调整，但全球化的方向不会逆转。观察"莱茵资本主义"发展走向，需要观察"莱茵资本主义"国家在世界经济体系中的地位和作用、国家经济竞争力状况、国家经济发展与世界经济发展的互动关系等。通过对这些问题的追踪，可以准确研判其发展走向。

（三）观察"莱茵资本主义"发展走向，需要将其放置"两制竞争"的大框架中进行认识

要深入把握社会主义与资本主义"此起彼伏"的大趋势，分析资本主义的内在矛盾，梳理"莱茵资本主义"内部的社会主义因素，从两制竞争态势的角度定位当今世界发展的历史方位，并研判"莱茵资本主义"的未来走向。需要从理论与实践相结合的角度，认识"莱茵资本主义"国家的发展道路，既要避免纯粹描述现实，又要避免陷入纯粹概念的分析和推理。

（四）观察"莱茵资本主义"发展走向，需要将其放置世界秩序发展走向的大背景中进行理解

我们需要从世界秩序和全球治理的发展潮流中研判"莱茵资本主义"的前途命运。综合来看，世界秩序和全球治理将朝着更加公平、正义、开放、包容的方向发展，"莱茵资本主义"因注重协商、强调"共识"等特点有利于世界秩序和全球治理的这一发展趋势，但"莱茵资本主义"无法摆脱"资本主导"这一本质特征，因而又将阻碍这一潮流。可以说，"莱茵资本主义"与世界秩序的互动关系，值得学术界持续关注和深入研究。

第十章

北欧模式在实践中的艰难探索和转型

一、北欧模式面临的挑战及其改革创新举措

近年来，以全面福利、健康的公共财政及运作良好的市场经济著称的北欧模式面临诸多困难，其中最主要的是三大严峻挑战：一是数字化革命将导致未来 10—20 年内一半就业机会消失；二是全球化导致人员跨界流动更加频繁，产生跨界社会福利协调、发展中国家过剩廉价劳动力冲击及企业转往税率较低国家等问题；三是人口老龄化导致公共财政压力加大，养老金面临可持续发展问题。如何成功地将社会保障、劳动力市场政策和经济发展更紧密地结合，是北欧各国面临的共同课题。近年来，北欧各国政府先后采取了一系列改革和政策举措，有关内容值得研究借鉴。

（一）大力完善劳动力市场政策

1. 促进全面就业，推进经济发展，解决福利资源短缺问题。北欧五国中芬兰、瑞典两国失业率一直较高。2018 年，芬兰、瑞典两国失业率虽有所下降，但仍分别高达 8.8%、7.5%，失业和部分行业人才短缺问题并存。2016 年 4 月，芬兰政府宣布出台一系列措施改善就业状况并推动创业，包括增加工资津贴、对初创企业给予资金资助或税收优惠以鼓励企业招收员

工等。2017 年 4 月，芬兰政府在执政计划中再次出台提振就业的举措，包括投入 5000 万欧元用于激励就业，对不积极寻求就业者采取更严厉的限领失业救济金政策，为自寻就业出路者提供更好的失业保障和病假福利等。① 瑞典拟于 2018 年底前增加 1.43 万个高等教育名额，主要面向人才短缺行业。②2017 年 3 月，瑞典政府出台政策草案，规定聘用首位雇员至少 3 个月的企业将享受减免雇主税的优惠，并积极探索其他举措。瑞典总工会 2017 年 4 月首次表态愿对资方和中右政党让步，同意新移民就业三年内可以较低工资受聘，这是瑞典首次降低了多年以来严格设限的就业门槛。

2.提高劳动力素质，抵御外部冲击。为提高劳动力素质，北欧各国以终生教育和教育机会平等为原则，加大知识和技能投入。2007 年，丹麦制定了提升全民终身技能的《丹麦终身学习战略：全民教育和提升全民终身技能》，旨在促进个人就业、发展和公民的社会参与，涵盖了教育和学习的所有形式。2012 年和 2013 年，丹麦政府先后成立了职业教育改革委员会、青年教育计划咨询委员会。2013 年，丹麦 70%的 30—69 岁成人完成了可授予专业资格的教育。2018 年 1 月，芬兰启动数十年来最大的职业教育体系改革，核心是培养个人竞争力，其做法是结合课堂授课、现场教学和网络教学等多种形式，围绕职业生涯和个人需求开展职业教育，将 300 多项详细划分的职业资格认证合并至 100 项以下。

北欧国家政府还注重激发民众的创新创业能力，帮助民众适应经济结构性调整，尽量减少失业。如人口仅有 550 多万人的芬兰诞生了诸多全球知名的科技创新企业和品牌，如通力（kone）电梯、诺基亚手机等老品牌，以及近年来风靡全球的游戏《愤怒的小鸟》和《部落冲突》等，是世界公认的"创新型"国家。芬兰创新成功的重要经验之一是设有政府机构创新

---

① fi.mofcom.gov.cn/artifle/jmxw/201704/20170402566880.shtml. 文章名：芬政府将采取措施提振就业、出口，提升安全。

② https://www.regeringen.se/4948a7/contentassets/a19be906f9334d6f928289a455176e53/utridgat. 文章名：utvidgat växa-stöd förden först anställda-sänkta avbetsgivar avgifter för aktiebolag.

扶助机制。芬兰国家技术创新局（TEKES）不仅联合芬兰企业与大学机构形成创新联盟，还为芬兰大学生创业设立基金，由此诞生的 SLUSH 国际大会帮助了很多初创企业与顶级投资人对接。2018 年 6 月，瑞典政府宣布成立专门调查委员会，研究为自主创业者、小企业主，以及准备创业的民众设立特别的社会保险体系，旨在解除民众创业的后顾之忧。①

3. 保护和加强有组织的就业，打击社会倾销。 组织良好的劳动力市场是北欧模式的重要支柱之一。所谓组织良好的劳动力市场表现在劳动市场秩序良好，政府、劳方及资方三方相互合作，统一协调工资水准，劳资双方签订工资集体协议，以中央调控和地方浮动的协调工资结构拉平工资差别，企业需要裁员时应遵守"先进后退"原则等。北欧国家中左政府当政时十分重视良好的劳动力市场秩序，认为让民众拥有工资和工作条件良好的固定工作，就能更好地促进社会公平和机遇平等。近年来，商品和人员跨界流动更加频繁，导致北欧劳动力市场遭到来自国内外的很大压力，主要体现在社会倾销、劳动力市场犯罪及劳动力市场分化等方面。所谓社会倾销主要是指高工资的工业化国家进口价格相对低廉的外国产品，导致本国部分就业机会消失。出口国商品之所以低廉，是因为其劳动力成本低。2012 年，北欧工运合作委员会研究制定了"北欧模式 2030 年项目"，② 大力推动制定北欧统一的劳动力市场规则，应对全球化和廉价外来劳工对北欧劳动力市场的冲击。此外，北欧国家还从全球层面努力寻找解决劳动力市场问题的对策。2016 年 9 月，瑞典首相勒文在联合国总部发起"全球新政"倡议，主张加强政府与民间组织的对话，共同应对全球劳动力市场挑战，使有关各方从全球化中受益。③

① https://www.regeringen.se/debattarh.klar/2018/03/nu-okar-vi-tryggheten-for-sveriges-fore-tagare/，标题：Nu öuar vitryggheten för sveriges foretagare。

② 工运北欧合作委员会网站，http://samak.info，北欧模式 2030 年项目 NordMod2030project。

③ https://www.vegeringen.se/artiklar/2016/09/tillsammans-med-oecd-och-ilo-lanserar-statsminis-ter-stefan-lofven-global-deal-i-new-york，标题：Tillsammans med OECD och ILO Lauselar statsminister stefan löfven Global Deal i New York。

4. **多措并举，缓解人口老龄化压力**。一是根据人均预期寿命逐步推迟**退休年龄**。目前，北欧五国退休年龄已相当高，挪威、冰岛、丹麦、瑞典、芬兰法定退休年龄分别为 67 岁、67 岁、67 岁、67 岁、65 岁，各国还研究下一步再推迟退休年龄。丹麦政府鼓励推迟退休的新规定于 2018 年 7 月 1 日生效。根据新规，劳动力如果在超过退休年龄 4 年后领取国家养老金，可获奖金约 29.6 万丹麦克朗，并在 10 年内每年额外获得约 3.5 万丹麦克朗。如果达到退休年龄仍坚持工作 2 年以上，可获得奖金约 14.8 万丹麦克朗，并在 10 年内每年额外获得约 1.7 万丹麦克朗。①2018 年 6 月，瑞典政府建议为自愿推迟退休的劳动者加强劳动保护，并提议到 2023 年将瑞典《劳动保护法》所规定的退休年龄由 67 岁逐步延长至 69 岁。**二是鼓励生育**。北欧国家一直将提高生育率作为一项重要国策，生育福利在全球居于前列。比如瑞典规定新生儿父母可享有 16 个月带薪产假（双胞胎为 22 个月），政府每月为每个儿童发放 1050 瑞典克朗（约合 130 美元）津贴，直至年满 16 周岁为止。**三是增强社会责任感**。政府、工会及企业三方加强合作，促进社会公平和两性平等，减少弱势群体边缘化，应对人口挑战。北欧国家普遍重视企业的社会责任。瑞典是世界上首个在政府内部设置企业社会责任问题协调部门的国家，该国有多家企业位列企业社会责任评分世界百强企业行列。

5. **促进劳动力市场更加包容**。促进全面就业是确保福利资源可持续的重要条件。北欧各国政府采取多种举措，帮助弱势群体适应劳动力市场。据统计，2016 年丹麦税收的 44% 用于保护弱势群体，投在失业救济、疾病保险、再就业培训等领域。2017 年 11 月，丹麦政府和部分政党就社会弱势群体扶助计划达成共识，将于 2021 年推出约 80 项措施，拨款 32 亿丹麦克朗帮助社会弱势群体和边缘群体就业、融入社会等。②

---

① 驻丹麦使馆经商处网站，http://dk.mofcom.gov.cn/article/jmxw/201707/20170702613984. shtml，标题：丹麦采取政策鼓励延迟退休。

② 丹麦政府网站，www.stm.dk 。

2015 年大批难民涌入瑞典，其中大部分人文化程度较低。2018 年 2 月，瑞典政府与劳资双方达成协议，计划为新移民和长期未就业者提供就业岗位，该计划至少覆盖 1 万人。根据协议，自愿就业的上述人员将从企业获取薪资 8400 瑞典克朗，同时从政府领取最高 9870 瑞典克朗补贴。得益于瑞典政府前期实施的结构性改革及制定新移民安置法、提供就业补贴等必要举措，到 2018 年 6 月，瑞典新移民就业开始出现积极势头。一是等待就业的时间缩短，二是就业人数增加。2018 年第一季度，新移民安居后 90 天内获得就业或学习机会的人数占新移民总数的 42%，比 2017 年同期上升 11 个百分点。2018 年 7 月，瑞典政府公布新制定的打击社会隔离现象的长期战略，承诺在 2018—2028 年间每年向社会隔离现象严重的地区拨专款 22 亿瑞典克朗，用于打击社会隔离现象，消除因种族、宗教等不同而采取的排挤措施，使不同种族群和宗教信仰的群体能够更加顺利地进入劳动力市场，进而融入当地社会。

（二）促进经济社会可持续发展

北欧地区合作机构——北欧部长理事会对可持续发展问题的重视由来已久，认为北欧各国整合技术和资源，共同应对减排、改善生态体系和社会福利体系改革问题，比各国独自应对效果更好。2013 年 9 月，该理事会主办的北欧第五届可持续发展大会制定了"可持续发展战略"、"可持续北欧福利模式"及"2014—2017 年北欧能源部门共同行动纲领"等一揽子合作方案，以促进北欧各国在福利模式、生态体系、气候变化、能效、土地资源可持续利用、教育、科研及创新等重点领域的跨国、跨部门合作；建立有关可持续发展指标的北欧统计数据库，成立北欧专家小组，负责跟踪北欧可持续发展战略实施并献计献策。

进入 21 世纪以来，北欧国家生态环境不断持续改善，碳排放量总体保持下降趋势。芬兰素有"千湖之国"的美誉，历来就是全球防止水资源体系污染方面的先驱。目前芬兰在节约水资源、封闭性工业水循环和高效污水处理等领域拥有世界一流的技术、工艺和咨询服务，在联合国"水贫乏指数"（Water Poverty Index）评价体系中被列为全球可持续性水资源管理水平最高的国家。使用可再生能源是减排的重要途径。2018 年芬兰已提前实现在 2020 年前把可再生能源占总能耗的比例从 2015 年 25% 水平提高到 38% 的目标。瑞典于 2018 年 1 月 1 日开始实施新减排法规，计划到 2030 年将道路交通排放量减少三分之二，到 2045 年实现温室气体零排放。目前瑞典能耗的 53.8% 来自可再生能源，是欧盟成员国中利用可再生能源比例最大的国家，芬兰以 38.7% 居其次。① 据冰岛工业与创新部数据，2014 年冰岛能耗的 71% 来自可再生能源，该比例居欧洲各国之首，挪威以 69% 紧随其后。北欧国家严格执行可持续发展的林业政策，因此以人均森林占有率高而闻名。如瑞典林业政策明确规定，要严管生态公益林，放活人工商品林，并制定了年采伐量占年生产量 50%—80% 的人工商品林永续利用总框架。

与此同时，北欧国家高度重视消除贫困，缩小社会差距，为实现可持续发展扫除障碍。社会贫富差距拉大不利于可持续发展，平等和同等待遇是北欧模式发展的总体目标。北欧国家均致力于消除贫困，尤其是儿童贫困，避免贫困和不平等代际传递，并采取了大量措施向贫困人口提供价格合理或免费的公共部门服务，大力兴办幼教和普通教育，减少失业，运用税收杠杆、住房政策、地区政策和福利项目，协调工资构成，为民众体面就业提供保障等。② 北欧各国都实行免费教育和医疗，并向低收入民众提供一定数量的廉租房或住房津贴；都设有丰厚的育儿津贴及幼儿补助、免费午餐、免费校车等各种儿童福利，以保障有子女家庭能维持良好的生活水准。北欧各国多年来还通过征收高额边际税以缩小收入差距。2012 年 10 月，经合组织年度调查报告显示，瑞典和丹麦的边际税率在成员国中分别位居第

---

① http://fi.mofcom.gov.cn/article/ztdy/201508/20150801092723.shtml，标题：芬兰"清洁技术"的优势与特色。

② http://samak.info/politikk/sormaka-erklaeringen/，标题：sørmarka-erklæringen。

一和第二，为 56.6% 和 55.38%。经合组织公布的 35 个成员国 2016 年度贫富差距（基尼系数）排名显示，北欧国家贫富差距最小，丹麦、挪威及冰岛分列第 33 位、34 位及 35 位，基尼系数均不高于 0.25；瑞典和芬兰分列第 27 位和 31 位，虽基尼系数略高于 0.25，但远低于经合组织 0.323 的平均值。

（三）福利改革趋利避害

北欧福利模式运行数十年来弊端凸显。由于有高福利做保障，部分民众失业后不思进取或主动"泡病号"，从而出现高失业率下劳动力不足的现象，导致公平与效率失衡，经济发展缓慢。对此，北欧各国主要采取了以下应对举措：

一是将扶助失业者和弱势群体的重心由补助转为提供再就业培训和辅导。福利改革的方向由保护民众免受市场伤害，向提高自身抵御市场风险的方向转变。**二是限领福利以治疗"福利病"**。丹麦 2010 年将失业金领取年限由 4 年缩短为 2 年，并把参与再就业服务和培训计划作为领取失业金的条件，以调动再就业的积极性。2016 年，丹麦通过社会福利上限法案，对住房补贴等社会福利的申领金额进行限制，还要求接受相关补助者每年至少工作 225 小时。据丹麦《今日新闻报》报道，丹麦政府 2016 年实行社会福利政策上限后，截至 2018 年 4 月，领取福利人数减少了 2.27 万人。丹麦就业大臣波尔森对该政策的效果给予肯定并表示，鼓励民众参与就业而不是依靠福利至关重要。但目前丹麦仍有三分之一的失业者拒绝工作。瑞典应对"泡病号"的措施是联合政府有关部门、劳动力市场各方、医疗保健部门，共同制定和实施"治疗"方案。2016 年 2 月，瑞典政府宣布严格限制疾病保险金领取时限，争取到 2020 年将疾病保险领取时限压缩为最多 9 天；要求有关部门积极采取措施，改善就业环境，为患者康复及再就业提供帮助。

（四）增强企业的国际竞争力

一是合理调整税收。调整税率和税种结构，减少企业税、就业税，增加财产税、消费税。2013 年和 2014 年，瑞典、芬兰、挪威三国先后将企业税税率分别由 26.3%、24.5%、28%下调至 22%、20%、27%，芬兰政府还计划进一步降低税率。

二是保障研发投入。 欧盟统计局数据显示，2014 年芬兰研发投入共计 65 亿欧元，占 GDP 的比重为 3.17%，在欧盟 28 个成员国中居首。瑞典和丹麦研发投入的 GDP 占比分别为 3.16%、3.08%，也排在前列。据冰岛统计局和欧盟统计局数据显示，2016 年冰岛研发投入的 GDP 占比为 2.08%，略高于欧盟 2.03%的平均水平。

三是联手营造本地区良好的创业环境。 2013 年，北欧理事会制定了 2014—2017 年北欧创新与经济政策合作规划，包括创业与筹资、绿色增长、福利新方案及文化和创意四个方面，以加强北欧创业环境的吸引力，提高国际竞争力。①瑞士洛桑管理学院公布的《2018 年世界竞争力报告》中，丹麦、挪威及瑞典竞争力排名分列第 6 位、第 8 位和第 9 位。

（五）不断探索公共部门改革新举措

北欧各国公共部门改革侧重提高效率，重点从以下三方面入手。

一是引进市场机制，允许私企按有关规定提供公共服务。 瑞典政府允许私企参与创办教育，早在 1992 年就开始实施"教育券计划"，通过发放"教育券"，允许学生自由选择公立或私立学校。2017 年 5 月，芬兰政府向议会提交了关于增加公民医保服务自由选择的提案，旨在提高全国医疗系统的效率和服务质量。同时加强对提供公共服务的私营企业的监督。2016 年瑞典政府宣布将推动立法，防止部分私企通过低工资和恶劣工作条件压低成本，以低价获取公共合同。

二是将数字化技术运用于公共部门管理。 2016 年 2 月，欧盟"数字

---

① https://www.norden.org/sv/node/17693，标题：Ministerrådförslag om ordiskt samarbets program för innovations-och näringspolitiken2014-2017。

社会经济指数"统计显示，丹麦社会经济的数字化程度居欧盟之首，瑞典位列第三。该指数由欧盟根据各国宽带接入、人力资本、互联网应用、数字技术应用和公共服务数字化程度五个主要方面的 30 项详细指标计算得出。2017 年 12 月，瑞典政府特设数字化委员会，由住房和数字化大臣埃立克松担任主席，负责相关数字化工作。①

三是不断改进评估公共部门服务质量的方式。北欧各国审计机构对公共部门服务质量的评估工作力求更加全面、方式更加多样。

北欧模式运行近 60 年，一直处于不断探索、发展与调整的过程中，北欧各国为此积累了丰富的经验与教训，在坚持经济增长与社会福利、效率与公平、稳定与调整相协调的大框架内，不断对新问题加以研究应对。尽管该模式目前遭遇较大挑战，发展势头受挫，但总体上仍具优势，发展前景值得关注。

二、冰岛缘何较快走出经济危机

冰岛是较早受到 2008 年金融危机冲击而导致经济濒临崩溃的西方资本主义国家。但经过短短 3 年时间，就从崩溃边缘快速恢复到 2011 年 2.5% 的经济增长，成为较快走出经济危机的欧洲国家。研究分析冰岛缘何快速走出经济危机，对我国应对当前国际经济挑战具有一定借鉴意义。

（一）冰岛经济危机酝酿已久，复苏经历值得研究

北欧小国冰岛地小人稀，金融业发达，人均国内生产总值曾一度高居全球第三。由于冰岛除渔业、地热资源外乏善可陈，因此该国政府在新自由主义思想的指导下，长期着力发展高利率、低管制的金融业。而金融

① https://www.regeringen.se/pressmeddelanden/2017/12/ny-myndighet-for-digitalisering-av-den-offentliga-sektorn-till-sundsvall/，标题：Ny myndighet för digitalisering avden offentliga sektorn till sundsvall。

业的过度扩张无形间导致了其虚拟经济规模超过了实体经济，经济结构呈现扭曲的倒金字塔型。官方数据表明，冰岛 2007 年的国内生产总值仅为 193.7 亿美元，而其几大主要银行的资产规模高达 1280 亿美元，所欠外债超过 1000 亿欧元，冰岛中央银行所能动用的流动国外资产仅有 40 亿欧元。①

2008 年，受美国金融危机影响，全球资本市场萧条，资本流动性骤然减少。在此影响下，冰岛三大银行因盲目扩张和进行次贷等高风险投资而破产，财政金融体系几近崩溃，外汇市场停业，国民经济和对外贸易遭受重创。2009 年冰岛 GDP 负增长达 6.7%，通胀率高达 18.1%，外债总额骤增至 1200 亿美元，是当年 GDP 的 10 倍，人均负债 36 万美元，本币贬值超过 100%。2011 年，经过一系列长短期应对措施，冰岛经济触底反弹，实现了 2.5% 的增长，成为较快走出经济危机的欧洲国家之一。2013 年，国际评级机构惠誉将其长期主权信用评级由负面上调至 BBB 级，展望为稳定。回顾和研究冰岛在经济危机前后的发展历程，有助于进一步清晰认识资本主义存在的极端盲目性和自我调适能力，为我国改革发展提供借鉴警示。

（二）冰岛政府大刀阔斧地应对经济危机

1. **应对果断，短时间内重塑财政金融体系**。经济危机爆发后，冰岛政府应对果断，毅然决定将国内三大银行收归国有并进行拆分重组。银行的优质资产被国家直接接管，不良资产则被清算重组。同时，冰岛还迅速通过了临时外汇管制法案，限制资本跨境流动和外币兑换，阻止了约 80 亿美元资本外逃。2008—2012 年期间，冰岛政府还大力实施紧缩政策，财政赤字从占 GDP 的 13% 下降到 3.4%，进一步夯实了经济复苏的财政

---

① 楚焱：《冰岛银行负债 9 倍于 GDP，宜居国家变负债最重国家》，《新世纪周刊》2008 年 10 月。

基础。

2. **态度开放，积极合作谋求国际社会支持**。冰岛政府积极向国际社会寻求支持援助，先后获得国际货币基金组织和北欧国家联合提供的 34 亿欧元援助贷款，还同中国人民银行签署了 5 亿美元的货币互换协议。上述资金为稳定冰岛金融秩序，改善不良财政状况起到了关键作用，也为冰岛政府采取措施赢得了宝贵时间。

3. **因地制宜，发挥本土产业优势**。渔业是冰岛的生存和立国之本，相关资源在经济危机中被政府大力调动激发起来。冰岛政府竭尽所能地提高了渔业捕捞配额，使得捕鱼量从 2008 年的 128.3 万吨大幅度提升到了 2012 年的 145.4 万吨。捕鱼量的增加直接提高了居民收入、就业人口和出口创汇。同时，由于冰岛地热资源丰富，地热发电发达，电价普遍低廉。政府借此大力吸引外资，推动了多家中国、德国企业赴冰投资建厂。加之克朗大幅度贬值使得旅游价格不断下降，赴冰岛游客数量大举攀升。到 2012 年，冰岛旅游业收入占 GDP 比重上升至 6%。①

4. **鼓励创新，将新型产业作为经济复苏的动力**。在经济危机中科技预算紧缩的背景下，冰岛强调产学研结合原则，加强科技对经济的带动作用。着力设立设计清洁能源科技专项，逐渐将清洁能源产业培育为国家新兴支柱产业。地热能等清洁能源技术和产业的发展还为下游产业发展提高了成本比较优势和有力的技术支撑。借助清洁能源的环保、低成本特性，冰岛大力推动传统高耗能产业如炼铝业的扩张发展。还借助地热能的发展，推动了地热在建筑取暖、温室大棚、海水养殖、温泉洗浴、道路融雪、城市热水供应等领域的应用。

5. **大举免债，减轻企业民众负担**。为了激发民众的消费能力和市场主体活力，冰岛政府实施了世界上最大规模的家庭债务减免。不仅免除了部

---

① 忻华：《解读冰岛金融危机：演进历程、结构特征与形成机理》，《世界经济研究》2009 年第 6 期。

分房贷，还给予低收入家庭利息补贴，延长贷款期限并减少月度还款额度。在冰岛克朗急剧贬值后，将克朗贷款与外币"脱钩"。上述措施所实现的免债总额接近 GDP 的 13%，进而维持了大量中下层民众的购买力。此外，冰岛议会还通过立法程序免除了国内企业 10.7 亿欧元的债务，占总负债的 83%，推动受困企业较快走出困境，恢复市场活力。[①]

（三）以小见大，冰岛之鉴值得警醒反思

新自由主义主张小政府、大市场，对资本、市场存在天然的崇拜。一味迷信金融业的高回报，轻视实体经济的重要性，导致金融业与实体经济大幅脱离。但实际上，既要满足高收入高回报，又要确保低风险低成本，这种模式显然无法持续。在 2008 年经济危机最为严重的几个资本主义国家中，其金融资本无论是微观还是宏观层面都占据了主导地位。冰岛弃实业而发展金融业，利用高利率和低管制的开放金融环境吸引海外资本，然后投入高收益的金融项目就是典型的例子。一方面，这种依赖国际信贷市场的杠杆式发展，收益高但风险也大；另一方面，实体产业空洞化、财富高涨带来高消费，使其经常项目赤字高度扩张。

冰岛经济复苏的真正动力实际上还是来自渔业、能源发电等实体经济。保持实体经济活力，不盲目迷信"经济高度金融化"应当成为重要共识。以冰岛为例，其宏观经济的最大失误莫过于过度放任银行业的任意扩张，这一趋势大大降低了金融体系的稳健性。而在本国高通货膨胀、外汇储备又非常有限的情况下，冰岛政府对金融市场、银行和货币缺乏应有的足够的监管和控制能力。必须明确，金融的发展必须以实体经济为根基，没有蓬勃发展、稳健可靠的实体经济做支撑，盲目扩张的金融业发展得越快越大，面临的风险和最终将遭遇的冲击也会越大。

冰岛的发展模式说明，资本主义制度下不仅民众习惯靠借债透支维持

---

① 王家强：《冰岛金融危机的起因、教训与启示》，《中国货币市场》2008 年第 12 期。

日常生计，政府也往往对举债度日习以为常。如果资本主义国家无法改变国家运行的债务化，遇到较大风险，政府破产的事情还会重演。此外，冰岛危机暴露出的资本主义难以根治的难题，绝不是通过表面改革就能够改变的。在可以预见的将来，这种危机还会再度以新的形式和程度发生。

第十一章

国际社会对中国特色社会主义的评价

2008 年国际金融危机发生以来，西方资本主义陷入多重危机，经济停滞、政治极化、社会分裂、极端思潮泛滥等乱象在美欧多国凸显。与此同时，中国特色社会主义制度的优势、活力、韧性、潜能在应对危机中充分显现，西方资本主义的"乱、散、降"与中国特色社会主义的"稳、治、升"形成鲜明对比。另外，许多先前照搬西方模式的发展中国家经过长期发展，并没有取得预期的成功，反而在推动经济发展、实现社会稳定等方面迟迟找不到良策，开始逐渐将目光投向了快速发展的中国，向中国特色社会主义"取经问道"。在上述多种现象叠加作用下，美欧发达资本主义国家对蓬勃发展的中国特色社会主义心态发生复杂变化，不仅对中国实力快速增长深感焦虑，而且在更深层次上日益担心中国崛起在发展模式、经济利益、战略安全等方面对西方资本主义制度形成挑战。

一、发展中国家对中国特色社会主义和西方模式的比较认知

（一）越来越多的发展中国家认同中国特色社会主义

经过改革开放 40 年的快速发展，中国已成为世界第二大经济体。长期以来，中国注重保持与发展中国家的友好关系，与广大发展中国家结下了深厚的传统友谊。越来越多的发展中国家在与中国相互尊重、平等互利的交往中，对中国取得的巨大发展成就赞叹不已，对中国特色社会主义的理解和认同不断深化。

刚果共和国总统萨苏认为，中国共产党领导中国人民经过几十年的艰苦奋斗，使中国摆脱了"一穷二白"的状态，跃升世界第二大经济体，创造了"中国奇迹"，中国的成就举世公认。历史已经证明，中国共产党带领中国人民探索出来的中国特色社会主义道路是正确的，也为所有发展中国家树立了榜样。[1]

泰国前副总理功·塔帕朗西称，经过短短 40 年时间，在中国共产党的领导下，中国取得了巨大的经济成就，人民生活水平得到了显著提高。这得益于中国共产党领导下的稳定、强有力的政府和良好的政策延续性。中国取得的巨大成就证明，中国特色社会主义道路是符合中国国情的正确道路，为中国奇迹的创造提供了有力的制度保障。[2]

南部非洲中国与非洲研究所研究员克莱顿·哈兹韦内认为，良好的制度推动了中国的发展进步，激发了人民的创造活力，成就了中国的繁荣。

---

[1] 王松宇：《刚果共和国总统萨苏：相信中共十九大必将取得圆满成功》，新华网，2017 年 10 月 11 日。

[2] 王新萍等：《国际社会积极评价中国特色社会主义政治制度》，《人民日报》2018 年 3 月 5 日。

中国特色社会主义政治制度高效且公平：一方面，非凡的经济发展成就充分说明了中国政治制度的高效；另一方面，中国是世界上减贫人口最多的国家，这一人类发展史上的奇迹显示出制度的公平性。①

古巴哈瓦那大学国际经济研究中心教授胡里奥·巴斯克斯认为，在当今中国，虽然市场经济、富裕阶层和自由市场等因素并存，但中国始终都坚持建立社会主义社会的目标，并正以社会主义核心价值观为基础，酝酿一个新的社会经济模式。在 21 世纪上半叶，世界将见证一个新社会主义模式在中国诞生。②

秘鲁治理与政治国际研究院院长里卡多认为，中国发展模式对世界的贡献是全方位的，具有十分强大的生命力和影响力，是人类社会发展进步的重要源泉，中国现代化道路是对西方现代化道路的超越，开拓了人类社会认识的新境界。

（二）越来越多的发展中国家希望学习中国的发展经验

作为发展中国家的一员，中国同广大发展中国家有着相似的经历和发展起点，他们在理解和认同中国特色社会主义的同时，更希望能从中国故事中汲取经验。正如习近平总书记在中国共产党第十九次全国代表大会上明确指出的，中国特色社会主义进入新时代，拓展了发展中国家走向现代化的途径，给世界上那些既希望加快发展又希望保持自身独立性的国家和民族提供了全新选择，为解决人类问题贡献了中国智慧和中国方案。

阿联酋《海湾新闻报》网站 2012 年 11 月 14 日发表题为《阿拉伯世界应该向中国学习些什么》的文章称，在将近两百年的时间里，衡量一个国家进步的标准就是其西方化的能力。今天，中国在很大程度上改变了这种观念。中国的吸引力不仅仅在于其国内生产总值，正如马丁·雅克所

① 王新萍等：《国际社会积极评价中国特色社会主义政治制度》，《人民日报》2018 年 3 月 5 日。

② 金鑫、胡昊：《中国梦与世界》，中国社会科学出版社 2016 年版，第 132 页。

说的，中国的进步是一种几乎完全不同于西方文化和历史的副产品。中国的崛起故事是发展中国家能够感同身受的。这是一个耻辱和救赎的故事、一个自我转变的故事，这种转变正是发展中国家所渴望的。中国的发展模式为阿联酋和其他阿拉伯国家提供了许多可供政策借鉴的地方。

墨西哥大都会自治大学转型科学研究中心主任迪特里希认为，西方一些人曾认为共产主义不过是一种理想，但中国的发展让西方看到，社会主义中国的新探索、新实践，正不断丰富与发展马克思主义，推动马克思主义在当今世界产生更大的影响。中国的发展成就让世界上越来越多的人认同中国的发展模式，愿意向中国学习。[1]

乌拉圭总统巴斯克斯表示，中国共产党勇于且善于根据时代发展不断探索、积极创新，走出了一条符合中国国情的发展道路，值得包括乌拉圭在内的广大发展中国家学习借鉴。我们更加信服中国特色社会主义的成功实践，更加坚信中国将为推动世界和平与发展作出更大的贡献。

在 2017 年 11 月举行的"中共十九大：中国发展和世界意义"国际研讨会上，越南社会翰林院中国研究所所长阮春强表示，中国道路为世界各国特别是发展中国家提供了重要的经验，是中国贡献给世界的智慧。中国开辟现代化道路和模式为发展中国家提供了新的样本。与会的古巴社会科学高级理事会主席胡安·路易斯·马丁·查韦斯也指出，中国的发展道路是非常成功的，是发展中国家发展的范例，应研究中国的发展案例，丰富发展理论。[2]

马里前总理、变革党主席穆萨·马拉 2017 年 3 月在媒体上撰写文章，着重介绍中国共产党治理模式，强调中共信奉共产主义意识形态，但能灵活运用资本主义经济工具，成功领导中国实现国家经济飞跃和繁荣富强，

---

① 王新萍等：《国际社会积极评价中国特色社会主义政治制度》，《人民日报》2018 年 3 月 5 日。

② 曹典、黄小希：《中外智库人士聚焦中共十九大畅谈中国发展与世界意义》，新华网，2017 年 11 月 16 日。

非洲虽难以照搬中国模式，但可借鉴中共先进的执政经验。

埃塞俄比亚副总理德梅克直接表示，埃塞俄比亚一直在积极探索适合国情的自主发展道路，中国的成功经验为埃方提供了宝贵借鉴。"埃塞俄比亚发展的第一个标杆是中国，第二个标杆也是中国，第三个标杆还是中国。"埃塞俄比亚底子薄、问题多，需要全方位变革，中国制定的发展方略给埃塞俄比亚带来很多新的重要启示。

（三）越来越多的发展中国家反思照搬西方模式带来的负面效应

20 世纪 90 年代，西方多党制风潮席卷非洲。20 多年实践证明，西方模式并没有给非洲带来繁荣、稳定和治理。一些非洲国家已开始深刻反思西式民主的弊端。

纳米比亚环境投资基金会首席执行官利班达认为，多党制在非洲运行并不好，多数非洲国家在选择多党制时并不真正了解多党制，更不知道其会带来什么样的后果。多党制条件下，相对开放的非洲国家无法抵制西方的渗透、干涉和控制。这也是造成非洲长期动荡和落后的重要原因。

博茨瓦纳最大私营报纸《报道者》主编莫斯卡热坦言，非洲国家虽普遍实行多党制，但这不过是民主的假象。一方面，很多国家选举被操控，反对派遭受迫害。另一方面，广大民众普遍生活在水深火热之中，而一些政治领袖和党魁们则作威作福且富可敌国。

赞比亚《每日邮报》2016 年 4 月发表文章指出，非洲政党大多以不同部落为基础建立，实行多党制易导致部落纷争。当前，越来越多的非洲民众对多党制带来的党派倾轧、社会不稳表示不满，对稳定的渴望超过对民主的追求。

坦桑尼亚著名评论员姆克瓦亚·库亨加 2014 年 7 月 25 日直接在媒体上发表题为《为什么社会主义是坦桑尼亚的理性选择》的文章指出，坦桑尼亚成立后曾坚持走社会主义道路，但在 20 世纪 90 年代迫于西方压力，全盘接受国际货币基金组织开出的重振经济的药方，结果导致经济陷入非工业化泥沼并过度依赖进口，呼吁坦桑尼亚人民反思当前的经济社会发展模式。

与此同时，以"华盛顿共识"为代表的新自由主义由于在拉美、非洲、东欧以及东南亚许多国家遭到失败，引发了越来越多的发展中国家的抵制，被称为是"野蛮的资本主义"。2008年国际金融危机爆发后，发展中国家进一步深化了对西方新自由主义的反思。

厄瓜多尔总统科雷亚上台执政后明确表示，新自由主义政策的制定，没有任何拉美国家参与，最终导致了拉美地区各国普遍的衰落。新自由主义政策曾导致厄瓜多尔金融秩序混乱、失业率攀升、经济深陷危机。厄瓜多尔的经历证明，新自由主义是一条歧途。我们决不能再推行别人提供的方案和模式，必须实行改天换地的变革，找到自己的发展道路。

智利前总统艾尔文认为，新自由主义经济理论不能消除拉美日益严重的社会灾难，因为市场"常常是非常残酷的，它有利于最强势者，而加重最贫困者的贫穷"。他依据智利经验指出，"市场不能解决社会问题。市场推动消费和创造财富，但不能公平地分配财富"。拉美"圣保罗论坛"也在一份文件中指出，新自由主义改革使财富空前集中，造成了越来越严重的边缘化和贫困化。

巴基斯坦前总理阿齐兹在2017年12月举行的"全球金融危机十周年回顾与反思"论坛上分享了巴基斯坦在经济改革中坚持结合国情走适合自己的国家经济发展道路的故事。阿齐兹强调，"巴基斯坦经济曾一度跌入谷底，在国家经济处于极端崩溃的时候，国际货币基金组织提出了非常苛刻且不符合巴基斯坦发展的援助条件。巴基斯坦没有按照国际货币基金组织的要求去改变，而是在发展产业、解决就业方面进行了大力改革。最重要的不是依赖别国或国际组织进行经济援助，而是需要发展自己的策略，想办法摆脱困境，要用新的思维去改善经济结构"。[1]

---

① 孙时联、张嘉明：《全球金融危机十周年回顾与反思》，中国金融网，2017年12月14日。

二、西方发达国家对中国特色社会主义的认知和心态

（一）对中国快速崛起、西方相对衰落感到焦虑

新中国成立特别是改革开放 40 年来，中国一再打破西方预言，出乎西方预料，实现持续和快速发展，被西方战略界称为"红天鹅"现象。许多西方智库人士坦承，中国的快速发展与西方的相对衰落形成鲜明对比，中国崛起不可避免地将对西方的领导力形成前所未有的冲击和挑战，中西方竞争、博弈的一面空前上升，双方不再是"伙伴"，在众多领域日益成为"竞争者"，甚至是"对手"。

德国《明镜周刊》2017 年 11 月发表题为《觉醒的巨人》的文章，用长达 9 页的篇幅对中国各领域成就给予客观评价。文章认为，经过近 40 年令人眩目的高速发展，中国跨过了超级强国的门槛，在经济、政治和科技界都掀起了滔天巨浪，今天，他们在这三个领域都是强权般的存在。整个西方世界好像还在浑浑噩噩没搞清楚，中国的觉醒会给他们带来什么样的挑战。那个几十年来被处在世界中心的美国人所清晰定义的世界不会再回来了。

美国著名智库布鲁金斯学会"国际秩序与战略"项目组 2017 年 5 月发表专题报告称，中国崛起并成为全球大国是当代最具影响力的重大事件之一。经过 30 多年的高速增长，中国已从一个落后和局部的经济体，走到了世界舞台的中央。中国与全球事务的关联越来越紧密，塑造地区和全球秩序的兴趣及能力不断提升。

美国《福布斯》双周刊网站 2017 年 8 月 22 日发表香港大学客座教授让-皮埃尔·莱曼的文章《中国崛起，美国衰落：21 世纪的"有趣"时代》称，中国正崛起为 21 世纪的一大全球强国，而曾经主宰 20 世纪的美国却在衰落。自 15 世纪末以来的近 500 年里，世界基本上一直由西方主

导。而鉴于当前的趋势，世界似乎正在经历历史上最深刻的变化。中国带来的新挑战是军事和经济方面的挑战，但也是历史、文化、地缘政治、哲学和意识形态方面的挑战。

英国《金融时报》首席外交事务评论员吉迪恩·拉赫曼在其著作《东方化：亚洲的崛起和美国的衰落，从奥巴马到特朗普到以后》中认为，随着全球经济实力从西方向亚洲的戏剧性转移，欧美等西方国家主导全球的日子正在结束，世界正在经历"东方化"。拉赫曼进一步指出，中共十九大是一个重要的里程碑，中国人相信自己正在崛起，而西方正在衰落。随着一个新时代的开始，中国对西方的挑战变得更加明显，而这种挑战正在意识形态、经济和地缘政治三条战线同时发生。[①]

西方发达资本主义国家对以"中国制造2025"为代表的中国创新发展和科技实力崛起尤其感到紧张，日益担忧自身优势地位被赶超。一些美欧媒体发出警告称，中国虽然在科技创新领域总体上还是跟随者，但在越来越多的领域脱颖而出，反过来成为西方模仿的对象。中国在基因工程、大数据处理、5G移动通信等领域已成为行业领先者。

德国智库墨卡托中国研究中心2016年底发布有关《中国制造2025》的研究报告称，中国发展制造业的目标是有计划、有步骤地获得前沿技术，促成大规模技术转让。从长远看，中国希望控制全球供应链和生产网络中利润最高的部分。

美国贸易代表莱特斯泽2018年3月底出席国会听证会时表示，美国准备要对中国高性能医疗器械、生物医药等9个领域开征惩罚性关税，是因为这些产品是"中国制造2025"计划中的重点发展项目，中国将花几万亿美元开发相关技术，绝大多数将在2—3年内实现国产化。如果中国靠这些技术征服世界，那么对于美国就是一场灾难。

---

① 赵明昊：《"一带一路"西方为什么这样焦虑?》，澎湃新闻网，2018年1月8日。

（二）对中国不走西方道路、坚持中国特色感到失落

许多美欧政客坦称，多年来，西方一直试图在合作中改变中国，却没想到中国不仅未按照西方设计的路线行进，反而在自己的道路上走得越来越稳、越来越好，这让西方感到失望和沮丧。特别是中国在国际金融危机中展现的快速恢复能力给西方带来强烈冲击，美欧的失落感进一步增强。

美国学者约翰·奈斯比特认为，中国没有以民主的名义使自己陷入政党争斗的局面，在未来几十年中，中国不仅将改变全球经济，而且将以自身模式挑战西方民主政治。巴黎大学中国问题专家皮埃尔·皮卡尔认为，中国模式是一种将本国国情与具体实践巧妙结合的模式，一种将过去和未来相结合的模式，一种将中国发展与世界进步相结合的双赢模式，因此中国模式才吸引了整个世界的目光。

美国《时代》周刊 2017 年底的封面更是首次用中英文两种语言同时写上"中国赢了"（China Won）。该封面文章称，中国的政治体制曾不断受到西方国家的质疑。就在五年前，西方还一致认为，中国总有一天需要进行根本性的政治改革来维护政体的合法性。但是今天，中国的政治经济体制比第二次世界大战结束以来主导国际秩序的美国模式更加完备，更可持续。

几乎在同一时间，日本智库"日清基础研究所"在其刊物《基础研究报告》刊发研究报告称，如何正确分析和理性看待中国近年来的发展成就以及未来的复兴之路，已经成为西方发达国家所必须面对的课题。该报告称，过去长期以来欧美国家普遍认为，如果一个国家不走西方式的发展道路，就不可能在国家建设方面取得成功，其经济发展也必然不可持续。然而事实证明，一边承受着西方国家对其政治经济体制和发展模式的冷嘲热讽，一边奋力将本国经济提升至发达国家水平的案例就在眼前。①

---

① 刘阳：《西方应理性看待中国复兴之路》，中国社会科学网，2017 年 12 月 19 日。

英国《金融时报》首席经济评论员马丁·沃尔夫2017年6月接受该报访谈时表示，在西方人看来，中国有一些让人着迷的、专属于自己的"谜题"。对中国模式的不理解和恐惧导致了一部分对中国的负面看法。中国无疑将成为世界最大的经济体，从而成为世界上居主导地位的政治因素，而中国又不是一个西方式的国家，将来也不会是，这让西方人感到害怕。西方人已经完全习惯了用他们的方式来统治这个世界，奇怪的是他们觉得这是理所当然的，他们不想失去这样的地位，但很明显中国将改变这一切。大多数西方观察者认为，中国的崛起既令人兴奋也令人害怕，因为他们不知道这对他们的世界将意味着什么。①

英国学者马丁·雅克在其著作《当中国统治世界：中国的崛起和西方世界的衰落》中讲述，西方主流观点认为，从根本上看，中国的崛起不会对世界产生太大的改变。这种看法基于三个关键假设：一是从本质来讲中国的挑战主要表现在经济方面；二是中国必将成为一个典型的西方国家；三是随着中国融入国际社会、接受现有国际制度，现存的国际体系仍然会一如既往。然而，所有的假设都是错误的。中国的崛起将会以一种影响极其深远的方式改变整个世界的面貌。中国绝对不会走上西方民主化的道路，只会选择一条不同于西方世界的发展模式。中国的崛起将改变的不仅仅是世界经济格局，还将彻底动摇我们的思维和生活方式。

德国《明镜》周刊2018年6月发表长篇研究报告反思西方民主制度时认为，中国独特的制度设计既有效避免了国家整体发展受个体利益掣肘和周期性民主选举的干扰，又成功推进了计划与自由市场相结合的"混合式经济制度"。中国良好的现实表现为其制度模式赢得了广泛合法性，不少西方民主国家的政治家和企业家甚至已被中国模式"征服"。

美国前副总统切尼的国家安全事务副助理弗里德伯格2018年6月在

---

① 黄莹莹：《马丁·沃尔夫："中国谜题"令西方着迷但又感到不安》，参考消息网，2017年6月9日。

一场主题为"美国错误对待中国了吗?"的辩论中表示,美对华政策"乐观派"认为,接触政策能导致中国政治、经济自由化,将中国改造为美国主导的国际秩序中的"负责任的利益攸关方"。但这些"乐观派"显然低估了中国政府的治理能力,忽视了中国无意成为"西方俱乐部"成员的决心,高估了物质生活、意识形态因素对中国发展方向的影响,同时也未能认识到西方看似有效的促进经济发展、发展与民主相互作用等理论,在改造中国的实践中已经失效。①

(三) 对广大发展中国家学习"中国经验"心存芥蒂

2008年国际金融危机的爆发使美欧经济政治模式受到重创,为中国方案、中国智慧走向世界创造了机遇,在"华盛顿共识"遭遇挫折后,"北京共识"的影响进一步上升。美欧各界越来越担忧,随着中国发展成就和经验对周边国家及非洲、亚洲、中东等发展中国家的吸引力上升,他们正在越来越多地学习中国模式,转向中国式"柔性权威主义"。

英国《卫报》曾将2008年称为"中国模式年",该报文章说,中国的成功故事是自20世纪30年代以来"自由民主所面临的最严峻的挑战"。中国模式成为从莫斯科到迪拜、从伊斯兰堡到喀土穆全球各地的榜样。美国普林斯顿大学教授哈罗德·詹姆斯认为,金融危机使美国遭受的最严重的损失是美国经济模式蒙受了羞辱,这种损失是无形的,发展中国家可能因此转而学习中国模式。

美国哈佛大学教授约瑟夫·奈认为,中国的经济增长使发展中国家收益巨大,中国独特的发展模式也被很多国家视为可效仿的榜样。更为重要的是,中国倡导的政治价值观念、社会发展模式、对外政策,会在国际社会产生越来越大的影响力和共鸣。路透社文章指出,越来越多的发展中国

① Aaron Friedberg:"Did America Get China Wrong? The Engagement Debate: The Signs Were There", *Foreign Affairs*, July/August 2018, pp.186–188.

家已将中国视为其发展经济的楷模，也会有越来越多的发展中国家踏上东方取经路，辩证地学习中国经验，希望能复制中国经济腾飞的故事。

美国《数字化日报》网站的文章指出，俄罗斯在复制中国的统治模式，这表明全球政治影响力正从美国转向中国。该文章将此称为"里程碑事件"，认为以前从未有过一个超级大国转向中国寻求政治经验。中国经济及政治影响力的加强不会就此止步，很快它可能匹敌美国的意识形态帝国主义。中国是当今全球经济舞台上的巨人，而仅仅数十年前这还是不可想象的。

新加坡国立大学东亚研究所所长郑永年认为，不管是欧洲还是美国，在推行其模式方面并没有成功，很多采用西方模式的发展中国家并没有因此而得到社会经济的发展和民主政治的稳定和生存。在这种情形下，中国模式对发展中国家具有了非常的意义。中国改革开放以后，大多数人民所获得的包括政治方面的权利要比那些简单照搬西方式民主要多得多。正因为这样，中国模式对很多发展中国家具有很大的吸引力。

（四）对"一带一路"倡议稳步推进"羡慕嫉妒怕"

随着"一带一路"建设深入推进，特别是一些早期成果逐渐显现。"一带一路"倡议在西方资本主义国家引发了极大的关注。越来越多的美欧学者在认识到"一带一路"倡议在推进地区基础设施联通，促进区域经济发展具有重大意义的同时，也对中国在"一带一路"建设过程中不断提升的国际影响力感到担忧和害怕。

美国著名学者福山认为，"一带一路"倡议旨在影响甚至主导对欧亚大陆的"经济改造"，是中国首次真正意义上开始向其他国家输出发展模式，将对全球政治经济格局带来重大变革性影响，开启了中国与西方在发展模式上的"历史性竞争"。从"一带一路"倡议看，新的中国发展模式具有极其鲜明的时代特征，明显比西方模式更为实用和有效，已成为中国对外令人瞩目的新起点。如果"一带一路"建设按照中国设想的那样顺利推进,中国发展模式将大行其道,中国的国家治理模式和政权组织方式等将赢得巨大的国际威望,受到普遍尊重,而西方"民主世界"将遭受沉重打击。①

2017 年 5 月"一带一路"国际合作高峰论坛召开前后,美国《华盛顿邮报》刊载 2 篇深度评论指出,"一带一路"建设的规模"相当宏大",几乎囊括全球每个角落,如果中国坚定不移地推行下去,二三十年后应当能见到成效。"一带一路"建设将"替代"美国在亚太地区中心位置留出的空白。②

时任德国外长加布里尔在 2017 年慕尼黑安全会议上称,在德国人眼中,中国的"一带一路"是在建立一个体系,让中国在世界上留下印记。"中国正在发展一个全面替代体系,这个体系不同于我们建立在自由、民主之上的体系。中国似乎有一个真正的全球战略构想,他们正在坚持不懈地追求这一理念"。作为西方世界,"没有一个新的战略来在新的世界秩序中找到平衡",是要接受指责的。随着中国对世界舞台的影响力上升,美国和欧洲需要一起合作,否则就有可能被落在后面。

新美国基金会高级研究员帕拉格·卡纳认为,当前世界各国围绕交通、能源、通信等基础设施互联互通等展开的"联通力"比拼,推动国际竞争从传统意义上的资本主义和社会主义的制度竞争,转变为全球性供应链争夺。中国提出"一带一路"倡议表明其高度重视"联通力"的作用比美国强调的"软实力"更直观、更有效。③ 英国《金融时报》中文网的文章说,中国的全球投资也具有战略意义,中国大力推动的"一带一路"计划,最终野心是把欧亚大陆转变成一个经济和战略区域,对抗并最终超越

---

① [美] 弗朗西斯·福山:《输出"中国模式"》,载"报业辛迪加" 2016 年 1 月 12 日。

② 沙涛:《西方主流媒体高度关注"一带一路"国际合作高峰论坛》,"当代世界"网站 2017 年 7 月 18 日。

③ 帕拉格·卡纳:《联通力:塑造全球文明的未来》(*Cennectography: Mapping the Future of the Golbal Civilization*)。

欧洲—大西洋区域。

《中国的亚洲梦：延新丝绸之路兴建帝国》一书的作者汤姆·米勒在英国《卫报》撰文认为，习近平正在实现中共第一代领导人毛泽东60年前提出的设想——东风压倒西风。他认为习近平沿着穿过中亚大草原的古老丝绸之路，大力投资修建公路、铁路、港口，实现"条条道路通北京"的宏图，增加了中国的经济实力和国家威望。中国正在东南亚到中亚大草原的广阔地区施加经济影响，建立新的地区机构，挑战自第二次世界大战以来美国主宰的国际秩序。福布斯网发表文章指出，"一带一路"是一个具有重要意义的网络，一个从中国到欧洲的连接不同经济体系和政治体系的网络，这是以前从未发生过的事情。

沃顿商学院名誉教授、伦敦帝国学院金融学教授富兰克林·艾伦评论说，"一带一路"是一个经济倡议，但中国必将顺道拓展其在军事基地等很多方面的影响力。他们会经由海路和陆路拓展军事能力。美国《华尔街日报》称，几乎很难用浇筑了多少混凝土或者铺设了多少钢轨来衡量中国的"一带一路"倡议，"一带一路"似乎涵盖了所有得到中国支持的基础设施项目，无论位于世界何处。中国所展望的是"人类命运共同体"。"一带一路"的回报之一是中国巨大的工业产能得到了海外市场，但真正的大红利是中国的影响力。

第十二章

结语：世界转型过渡期两种社会制度
竞争的新态势

资本主义制度诞生 400 多年来，虽然历经多次经济金融危机和社会危机的冲击，但仍然保持了较高的生产力发展水平，显示出较强的自我修复、改良能力。正如马克思指出的："无论哪一个社会形态，在它所能容纳的全部生产力发挥出来以前，是决不会灭亡的；而新的更高的生产关系，在它的物质存在条件在旧社会的胎胞里成熟以前，是决不会出现的"①。

一、深入研究资本主义的新发展、新变化，准确把握
世界两种社会制度的长期共存、竞争与合作

早在 2000 年，江泽民同志就指出："我们应该坚持马克思主义的基本原理，注重从理论和实践、历史和现实的广泛结合上，引导广大干部群众正确认识当代资本主义的历史进程。要使大家认识为什么只有社会主义才能救中国，只有社会主义才能发展中国。一方面绝不能因为资本主义社会

---

① 《马克思恩格斯文集》第 2 卷，人民出版社 2009 年版，第 592 页。

在具体演进中产生的一些繁荣现象而否认马克思主义的基本原理和科学论断。另一方面，要加强对当代资本主义自我调节和发展的研究，作出有说服力的理论分析，进一步丰富和发展马克思主义理论。"①

2008 年，美国次贷危机引发自 20 世纪 30 年代大萧条以来最严重的国际金融危机，并逐渐向社会、政治、安全等领域蔓延，资本主义深层次矛盾进一步显现。2018 年是国际金融危机爆发 10 周年。10 年来，资本主义深层次矛盾进一步显现，"后遗症"至今无法消除，有学者认为资本主义陷入了制度性困境②。如何看待 2008 年国际金融危机对资本主义的影响？当前欧美资本主义面临哪些主要挑战和风险？不同的资本主义模式（包括盎格鲁—撒克逊模式、莱茵模式、北欧模式等）在实践中有什么新调整、新变化？当前资本主义面临的困境是阶段性的还是全面的、长期的？这些都是我们在过去 3 年的研究中努力尝试回答的主要问题。

二、中国特色社会主义进入新时代与国际社会对中国认知的新变化

2018 年是中国改革开放 40 周年。40 年来，在中国经济快速增长，科技实力迅速增强，人民生活水平不断提高，综合国力进入世界前列，中华民族正以崭新的姿态屹立在世界的东方，成为振兴世界社会主义的中流砥柱。特别是 2008 年国际金融危机后，中国特色社会主义制度

---

① 《十五大以来重要文献选编》中，人民出版社 2001 年版，第 1335 页。
② 秦亚青：《西方"制度困境"的影响和启示》，《光明日报》2012 年 12 月 12 日；曲星：《透视西方的政经困境与黩武主义》，《求是》2012 年第 9 期；张维为：《西方政治体制陷入六大困境》，《环球时报》2012 年 11 月 1 日；柴尚金：《西方宪政民主是如何陷入制度困境的》，《光明日报》2013 年 3 月 19 日；赵明昊：《当前西方对资本主义困境的反思》，《红旗文稿》2012 年第 9 期。

的优势、活力和潜能进一步充分显现。据国际货币基金组织（IMF）统计，在国际金融危机前的 2007 年，世界名义 GDP（国内生产总值）是 58.1 万亿美元，其中美国占 24.9%，排在第二位及之后的国家是日本（7.8%）、中国（6.1%）、德国（5.9%）、英国（5.3%）、法国（4.6%）。到 2017 年，世界名义 GDP 为 79.9 万亿美元，其中美国占 24.3%，中国占 15.0%，排在第二位的中国的 GDP 已经是第三位的日本的 1.5 倍。据 IMF 预测，到 2022 年，世界名义 GDP 将达到 108.5 万亿美元，美国所占份额将降至 21.9%，中国占比将升至 18.4%，中国的 GDP 将相当于德国（4.7%）、法国（3.2%）、英国（3.1%）和意大利（2.3%）的总和。

习近平总书记在中共十九大上明确指出："中国特色社会主义进入新时代，意味着近代以来久经磨难的中华民族迎来了从站起来、富起来到强起来的伟大飞跃，迎来了实现中华民族伟大复兴的光明前景；意味着科学社会主义在 21 世纪的中国焕发出强大生机活力，在世界上高高举起了中国特色社会主义伟大旗帜；意味着中国特色社会主义道路、理论、制度、文化不断发展，拓展了发展中国家走向现代化的途径，给世界上那些既希望加快发展又希望保持自身独立性的国家和民族提供了全新选择，为解决人类问题贡献了中国智慧和中国方案。"[1]

我们在研究中发现，近年来，越来越多的发展中国家开始学习"中国经验""中国模式"，同时越来越多的发达资本主义国家却把中国发展壮大视为战略挑战甚至威胁，声称要与中国进行"制度竞争""模式竞争"。美欧各界日益担心甚至害怕中国崛起在发展模式、经济利益、战略安全等方面对资本主义制度形成挑战，中国特色社会主义与西方资本主义的关系正在发生新的历史性变化。

---

[1] 《决胜全面建成小康社会　夺取新时代中国特色社会主义伟大胜利——在中国共产党第十九次全国代表大会上的报告》，人民出版社 2017 年版，第 10 页。

三、世界转型过渡期资本主义和社会主义关系的 新特点、新趋向 [①]

2018 年也是马克思诞辰 200 周年。马克思恩格斯提出的"两个必然" [②] 的重要思想和"两个绝不会"的重要论断，深刻揭示了社会主义代替资本主义的历史必然性和长期性 [③]。应该看到，马克思主义诞生 170 多年来，人类社会发生了翻天覆地的变化，世界资本主义和社会主义也都发生了巨大变化，但资本主义的基本矛盾没有变，社会主义思想的先进性没有变，社会主义在新的历史时期正展现出强大的生命力和优越性。"以天下之目视，则无不见也；以天下之耳听，则无不闻也；以天下之心虑，则无不知也。" [④]

2018 年 6 月，习近平总书记在中央外事工作会议的讲话中指出："纵观人类历史，世界发展从来都是各种矛盾相互交织、相互作用的综合结果。我们要深入分析世界转型过渡期国际形势的演变规律，准确把握历史交汇期我国外部环境的基本特征，统筹谋划和推进对外工作。既要把握世界多极化加速推进的大势，又要重视大国关系深入调整的态势。既要把握经济全球化持续发展的大势，又要重视世界经济格局深刻演变的动向。既要把握国际环境总体稳定的大势，又要重视国际安全挑战错综复杂的局面。既要把握各种文明交流互鉴的大势，又要重视不同思想文化相互激荡

---

① 读者可以进一步参阅以下文章，汝信：《两种道路　两种前景》，《红旗文稿》2013 年第 1 期；王伟光：《认识美国金融危机的本质和原因》，《光明日报》2009 年 5 月 12 日；房宁：《资本主义民主的缺陷与社会主义民主的优势》，《光明日报》2011 年 9 月 21 日。

② "两个必然"，即"资本主义必然灭亡""社会主义必然胜利"，是马克思恩格斯在《共产党宣言》中作出的科学预言。引自《马克思恩格斯选集》第 1 卷，人民出版社 1995 年版，第 284 页。

③ 中共中央宣传部理论局：《世界社会主义五百年》，学习出版社 2014 年版，第 204 页。

④ 管子《管子·九守·主明》，转引自《习近平谈治国理政》第二卷，外文出版社 2017 年版，第 296 页。

的现实。"[1]

应该看到，随着中华民族迎来了从站起来、富起来到强起来的伟大飞跃，我国的外部环境更加复杂，西方敌对势力对我国发展的阻遏、戒惧和施压不断增大。必须清醒地认识到，资本主义最终消亡、社会主义最终胜利是一个很长的历史过程。我们要充分认识资本主义社会的自我调节、修复能力，客观认识西方发达资本主义国家在经济、科技、军事等方面长期占据优势的客观现实，认真做好两种社会制度长期共存、合作和竞争的准备[2]。

我们可以比较一下目前中国与美国在科技、创新、军事等方面的实力差距[3]。2017 年，中国的 GDP 是 12.3 万亿美元，美国 19.4 万亿美元。中国 GDP 与美国的比例从改革开放初的 6% 增至 2017 年的 63%。世界银行、国际货币基金组织预测，中国 GDP 有望在 2027 年超越美国成为世界第一大经济体。但同时，2017 年中国人均 GDP 是 8836 美元，美国是 59938 美元，中国人均 GDP 大约是美国的七分之一。2006 年至 2016 年，美国共有 54 名科学家获得自然科学领域诺贝尔奖，中国仅有 1 人。2018 年 6 月世界大学排名显示，世界大学 100 强中，美国占 31 所，中国内地占 6 所；前 20 强中，美国占 11 所，中国占 1 所（清华大学，第 17 位）。2018 年全球科研机构 100 强中，美国占 46 席，中国占 15 席。

美国整体科技实力优势突出，主要体现在基础科学、高等教育、尖端技术、产业化等方面，美国技术转让、产业投资、知识产权保护制度完善，创业文化发达，创新环境优越。中国劳动生产率大约是美国的 10%，全要素生产率不到美国的一半。在全球竞争力排名中，2012 年美国为第 7

① 习近平：《坚持以新时代中国特色社会主义外交思想为指导 努力开创中国特色大国外交新局面》，《人民日报》2018 年 6 月 24 日。

② 中共中央宣传部理论局：《世界社会主义五百年》，学习出版社 2014 年版，第 206 页。

③ 关于中美实力对比更深入的分析，参阅甄炳禧：《21 世纪：美国世纪还是中国世纪——全球视野下的中美实力对比变化分析》，《人民论坛·学术前沿》2015 年 10 月；《美国经济新增长点与中国的应对》，《国际问题研究》2014 年第 4 期。

位，2018 年升至第 2 位，同期中国排名在第 26—29 位。

中国高科技制造业占全球份额已经仅次于美国，但核心技术受制于人的问题仍比较突出。 2016 年，美国对国外技术授权许可收入为 1222 亿美元，中国仅 12 亿美元。中国三方专利（美、欧、日）数量已经跃居世界第 5 位，但仅为美国的 19%。

美国整体军事实力和全球部署仍占绝对优势。 2018 年美国国防预算达到创纪录的 7000 多亿美元，占 GDP 的 3.4%，中国为 1516 亿美元（占 GDP 的 1.3%），美国是中国的 4 倍多。兰德公司等智库的研究报告认为，中美两国陆军力量和武器装备各有优劣，主要差距表现在海军、空军、战略核力量、网络战等方面。美空军共有飞机 1.3 万架，中国约 3000 架。美国海军拥有 10 个航母战斗群，中国拥有 1 艘实验性航母，另 1 艘国产航母尚未形成战斗力。

习近平总书记在中共十九大上明确指出："必须认识到，我国社会主要矛盾的变化，没有改变我们对我国社会主义所处历史阶段的判断，我国仍处于并将长期处于社会主义初级阶段的基本国情没有变，我国是世界最大发展中国家的国际地位没有变。"[①] 面对"西强我弱"的总态势和西方资本主义的危机、矛盾、乱象，我们要坚持战略自信，保持战略定力和耐心，统筹国内国际两个大局，不断推进中国特色社会主义建设，稳步实现中华民族伟大复兴。

---

① 《决胜全面建成小康社会　夺取新时代中国特色社会主义伟大胜利——在中国共产党第十九次全国代表大会上的报告》，人民出版社 2017 年版，第 12 页。

参考文献

马克思、恩格斯:《马克思恩格斯选集》第 1 卷,人民出版社 1995 年版。

马克思、恩格斯:《马克思恩格斯文集》第 2 卷,人民出版社 2009 年版。

列宁:《列宁选集》第 1 卷,人民出版社 1995 年版。

习近平:《坚持以新时代中国特色社会主义外交思想为指导努力开拓中国特色大国外交新局面》,《人民日报》2018 年 6 月 24 日。

中共中央宣传部:《习近平新时代中国特色社会主义思想三十讲》,学习出版社 2018 年版。

中共中央宣传部理论局:《世界社会主义五百年》,学习出版社 2014 年版。

《求是》杂志课题组:《资本主义的自我调节及其局限性》,《求是》2001 年第 5 期。

学习出版社编:《资本主义怎么了?——从国际金融危机看西方制度困境》,学习出版社 2013 年版。

蔡来兴、朱正昕、晏小宝主编:《德意志联邦共和国宏观经济管理》,上海翻译出版公司 1991 年版。

陈宝森、王荣军、罗振兴主编:《当代美国经济(修订版)》,社会科学文献出版社 2011 年版。

陈林、林德山主编：《第三条道路：世纪之交的西方政治变革》，当代世界出版社 2000 年版。

楚树龙、荣予著：《美国政府和政治》，清华大学出版社 2012 年版。

何秉孟：《美国经济与金融危机解析》，社会科学文献出版社 2010 年版。

金鑫、胡昊：《中国梦与世界》，中国社会科学出版社 2016 年版。

李琮：《当代资本主义阶段性发展与世界巨变》，社会科学文献出版社 2013 年版。

李慎明主编：《国际金融危机与当代资本主义——低潮中的世界社会主义思潮与理论》，社会科学文献出版社 2010 年版。

林建华、李华锋等著：《冷战后新"第三条道路"的兴衰研究》，人民出版社 2011 年版。

刘元琪主编：《当代资本主义经济新变化与结构性危机》，中央编译出版社 2015 年版。

莫纪宏主编：《全球化与宪政》，法律出版社 2005 年版。

庞仁芝：《当代资本主义基本问题研究》，人民出版社 2015 年版。

裴援平、柴尚金、林德山：《当代社会民主主义与"第三条道路"》，当代世界出版社 2004 年版。

王勇、白云真、王洋、刘玮：《奥巴马政治经济学》，中国人民大学出版社 2015 年版。

肖枫：《两个主义一百年》，当代世界出版社 2000 年版。

谢峰：《政治演进与制度变迁——英国政党与政党制度研究》，北京大学出版社 2013 年版。

徐崇温：《国际金融危机与当代资本主义》，重庆出版社 2015 年版。

[德] 盖勒·C.阿芙利：《莱茵模式——如何开创和谐的常青基业》，北京大学出版社 2008 年版。

[德] 塞巴斯蒂安·杜里恩、汉斯约里·赫尔、克里斯蒂安·凯勒曼著：《危机后的反思——西方经济的改革之路》，郭建南译，西南财经大学出版

社 2014 年版。

[法] 米歇尔·阿尔贝尔:《资本主义反对资本主义》,社会科学文献出版社 1999 年版。

[法] 托马斯·皮凯蒂:《21 世纪资本论》,中信出版社 2014 年版。

[美] 弗朗西斯·福山:《政治秩序与政治衰败——从工业革命到民主全球化》,毛俊杰译,广西师范大学出版社 2015 年版。

[美] 亨利·基辛格:《世界秩序》,中信出版社 2015 年版。

[美] 拉娜·弗洛哈尔:《制造者和索取者》,新华出版社 2017 年版。

[美] 约翰·加迪斯:《遏制战略:战后美国国家安全政策评析》,时殷弘、李庆四、樊吉社译,世界知识出版社 2005 年版。

[美] 约瑟夫·奈:《美国霸权的困惑:为什么美国不能独断专行》,世界知识出版社 2002 年版。

[美] 约瑟夫·奈:《美国世纪结束了吗?》,政体出版社 2015 年版。

[英] 马丁·史密斯:《新工党的阶级理论评析——英国工人阶级状况》,《国外理论动态》2007 年第 12 期。

[英] 托尼·布莱尔:《新英国——我对一个年轻国家的展望》,曹振寰等译,世界知识出版社 1998 年版。

刘兴波:《金融——经济危机视野下的美国资本主义变革问题研究》,山东大学 2012 年博士论文。

马锦生:《资本主义金融化与金融资本主义研究——基于美国经济实证的分析》,南开大学 2013 年博士论文。

吴航:《国际金融危机以来美国资本主义经济调整问题研究》,中国社科院 2015 年博士论文。

陈宝森:《美国新自由主义发展模式及其未来走势》,《政治经济学评论》2010 年第 2 期。

程恩富:《新自由主义的起源、发展及其影响》,《求是》2005 年第 3 期。

刁大明:《美国两党政治走向及对特朗普外交的影响》,《现代国际关系》

2017 年第 10 期。

方力:《英国脱欧、市场冲击及其后续影响》,《国际金融》2016 年第 9 期。

高峰:《世界资本主义经济的发展与演变》,《经济学动态》2009 年第 3 期。

郭纪:《西方正在经历深刻的制度危机》,《求是》2011 年第 17 期。

郭伟伟:《关于当代资本主义新变化及其历史发展总趋势的研究述评》,《当代世界与社会主义》2005 年第 2 期。

黄莎:《浅析北欧模式成功的主要原因及其启示》,《国际问题研究》2013 年第 11 期。

李其庆:《法国调节学派评析》,《经济社会体制比较》2004 年第 2 期。

李长久:《对资本主义的几点认识》,《红旗文稿》2012 年第 8 期。

刘昀献:《对 20 年来中外学者关于当代资本主义发展阶段观点的评析》,《中国浦东干部学院学报》2008 年 5 月第 2 卷第 3 期。

陆彦明:《当代资本主义新变化研究综述》,《学术界》2003 年第 2 期。

钱文荣:《布什第二任期的亚太战略初探》,《亚非纵横》2005 年第 2 期。

曲星:《透视西方的政经困境与黩武主义》,《求是》2012 年第 9 期。

汝信:《两种道路两种前景》,《红旗文稿》2013 年第 1 期。

沈骥如、江涌:《当今资本主义危机的特点及其走向》,《当代世界与社会主义》2011 年第 5 期。

王家强:《冰岛金融危机的起因、教训与启示》,《中国货币市场》2008 年第 12 期。

忻华:《解读冰岛金融危机:演进历程、结构特征与形成机理》,《世界经济研究》2009 年第 6 期。

徐增文:《近年来学界关于当代资本主义历史走向研究综述》,《理论界》2013 年第 4 期。

杨斌:《从美债危机看美国的民主模式危机》,《红旗文稿》2011 年第 17 期。

俞可平:《全球化时代的资本主义——西方左翼学者关于当代资本主义

新变化若干理论的评析》，《马克思主义与现实》2003 年第 1 期。

赵明昊：《当前西方对资本主义困境的反思》，《红旗文稿》2012 年第 9 期。

甄炳禧：《21 世纪：美国世纪还是中国世纪——全球视野下的中美实力对比变化分析》，《人民论坛·学术前沿》2015 年 10 月。

甄炳禧：《美国经济新增长点与中国的应对》，《国际问题研究》2014 年第 4 期。

中国（海南）改革发展研究院考察团：《北欧独特的经济社会制度安排》，《经济社会体制比较》2004 年第 3 期。

周建明：《从塑造、反应和准备到阻止、威慑和击败——美国 1997 年与 2001 年的"四年防务评估报告"的比较》，《国际问题研究》2002 年第 1 期。

周荣国：《当前资本主义的现实困境、内部争论和未来走势》，《当代世界》2017 年第 1 期。

柴尚金：《西方宪政民主是如何陷入制度困境的》，《光明日报》2013 年 3 月 19 日。

房宁：《资本主义民主的缺陷与社会主义民主的优势》，《光明日报》2011 年 9 月 21 日。

秦亚青：《西方"制度困境"的影响和启示》，《光明日报》2012 年 12 月 12 日。

施红、邓舒仁：《后危机时代资本主义新变化》，《人民日报》2010 年 2 月 9 日。

王伟光：《认识美国金融危机的本质和原因》，《光明日报》2009 年 5 月 12 日。

张维为：《西方政治体制陷入六大困境》，《环球时报》2012 年 11 月 1 日。

中国社会科学院中国特色社会主义理论体系研究中心：《从国际金融危机看西方新自由主义》，《人民日报》2012 年 5 月 17 日。

Department of Defense (U.S.A.), Report of the Quadrennial Defense Review, May 1997.

UK Trade & Investment. UK Trade & Investment Annual Report and Accounts.2015-16.

World Bank. Moving for Prosperity: Global Migration and Labor Markets (Overview), Policy Research Report.2018.

World Health Organization. World health statistics 2011. Geneva: World Health Organization.2011.

Peter Norlan. Capitalism and Freedom: The Contradictory of Globalization. Ahtnem Press, 2007.

Donald Trump. Great Again : How to Fix Our Crippled America. Threshold Editions.2016.

Bernanke, Ben Shalom. The Courage to Act: A Memoir of a Crisis and Its Aftermath, New York: W. W. Norton & Company, 2015.

Kotz, David M. Contemporary Capitalism and Its Crisis: Social Structure of Accumulation Theory for the Twenty-First Centrury, Cambridge and New York: Cambridge University Press, 2010.

Schwab, Klaus. The Fouth Industrial Revolution, New York: Crown Business, 2016.

Paul Kurgman. End This Depression Now! New York: W. W. Norton & Company, 2012.

Larry Diamond."Democracy is Decline" . Foreign Affairs, 18 July, 2016.

Friedberg, Aaron."Did America Get China Wrong? The Engagement Debate: The Signs Were There" . Foreign Affairs. July/August, 2018.

Posen Barry. And Ross, Andrew L."Competing Visions for U.S. Grand Strategy", International Security, Winter, 1996-1997, Vol.21, No.3.

Mc Greal Chris."The S-word: how young American fell in love with socialism", The Guardian. September 2, 2017.

Plender John."Capitalism in Crisis: The Code that Forms a Bar to Harmony". Financial Times, 6 Jan, 2012.

Treanor Jill. "Brexit: City of London will lose 10, 500 jobs on day one, says EY", Guardian, 11 December, 2017.

Tyler Patrick E. "U.S. Strategy Plan Calls for Insuring No Rivals Develop", New York Times, 8 March, 1992.

Morgan Kathryn. The Change in UK Financial Regulation and What This Means for GI Actuaries. https://www.actuaries.org.uk.2013.

Foroohar Rana. Author of Makers and Takers. http://ranaforoohar.com.

Niall Ferguson. Wall Street's New Gilded Age, http://wwww.nialferguson.com/journalism/finance-economics/wall-streets-new-gilded-age.

后　记

研究当代资本主义是一个重大历史命题，也是一个重大时代课题。

2016 年初，当我们接到"冷战后美欧资本主义模式比较研究"这一研究课题时，内心颇为忐忑、惶恐，深知我们积累有限、才疏学浅，担心力有不逮、贻笑大方。幸运的是，三年来，我们得到了各级领导和很多专家学者的悉心指导和鼎力协助，使我们克服诸多困难，最终完成初步研究成果。

现在呈现在读者面前的这本书是集体智慧的结晶，也是我们这个研究小团队对美国、欧洲等发达资本主义国家进行深入研究的第二本著作。2015年下半年，当我们刚刚完成《美国政党政治透视》一书时，难民潮在欧洲愈演愈烈；2016 年 6 月，英国公投脱欧；2016 年 11 月，特朗普当选美国总统。许多人不禁要问：特朗普为什么会当选美国总统？英国、欧洲到底怎么了？ 2008 年国际金融危机后资本主义会向何处去？要回答这些问题，既需要深入地理论思考，也需要全面地实地调查研究。

理论剖析和实证研究的过程是充满艰辛的。首先，我们进行了大量的文献研究。从 2016 年到 2018 年，我们跟踪分析了美国和欧洲 20 多个国家100 多位政党政要、智库学者、商界人士的言论，"原汁原味"地摘录了他们围绕资本主义困境深层原因、改革方向、未来趋势进行的反思和激烈争论。其次，我们开展了大量的内部座谈、专家研讨，对象包括美国、欧洲国家左、中、右翼的政、商、学各界人士，力求得到全面、平衡、理性的观点和看法。第三，重点对 2008 年国际金融危机后美国、英国、德国、北欧等国进行案例分析，从经济复苏、政治极化、社会思潮、外交调整等进行全方位、立体化透视。第四，进行了深入的实地调查研究。2016年7月，我们曾赴克利夫兰观摩美国共和党全国代表大会，亲眼目睹了特朗普"美国优先"理念背后强大的民粹主义力量；2017年、2018年，我们先后赴英国观摩保守党、工党年会，亲身体会到英国公投脱欧后政党政治的碎片化和民意的撕裂；我们还多次随代表团访问美国、德国、瑞士、芬兰、瑞典、冰岛等国，实地考察相关国家实施"再工业化"战略、发展先进制造业、进行科技创新等情况。总之，我们希望，通过系统的比较研究，能让读者全面、立体、客观地了解近年来美国、欧洲资本主义国家的新发展、新变化。

现在《冷战后美欧资本主义的理论反思与实践调整》即将付梓，我们要首先感谢中共中央对外联络部的各级领导和同事。宋涛部长对我们的调查研究工作多次作出重要指示，郭业洲副部长、陈凤翔原副部长对研究的框架结构、重点方向、内容形式都给予了很多具体指导和设计，要求我们始终坚持实事求是的科学态度，严谨务实的调研精神。郭业洲副部长还认真审改了所有专题研究报告，并在百忙之中审阅了本书的初稿。多年来，中联部多位部领导都曾对加强当代资本主义研究作出指示，在此我们无法一一列出他们的名字，谨在心中致以深深的谢意。

当代世界研究中心金鑫主任和林永亮博士在研究课题协调、经费支持、公开出版等方面给予我们很多指导和帮助，在此一并致谢。

特别感谢本书的编辑曹春编审和张慧编审，他们专业严谨的修改意见、高度负责的文稿审核，既使本书观点更加严谨、规范，又进一步增强了文章的可读性。

由于本人和各位作者能力水平有限，书中错误、纰漏在所难免，敬请各位读者批评、指正。

周荣国

2019年2月于北京复兴路

责任编辑：曹　春　张　慧

封面设计：汪　莹

图书在版编目（CIP）数据

冷战后美欧资本主义模式的理论反思和实践调整／郭业洲 主编 . —北京：
人民出版社，2019.9

ISBN 978－7－01－020574－8

I. ①冷…　II. ①郭…　III. ①资本主义－研究－美国②资本主义－研究－欧洲

IV. ① D091.5

中国版本图书馆 CIP 数据核字（2019）第 053519 号

冷战后美欧资本主义模式的理论反思和实践调整

LENGZHAN HOU MEI'OU ZIBENZHUYI MOSHI DE LILUN FANSI HE SHIJIAN TIAOZHENG

郭业洲　主编

人民出版社 出版发行

（100706　北京市东城区隆福寺街 99 号）

北京汇林印务有限公司印刷　新华书店经销

2019 年 9 月第 1 版　2019 年 9 月北京第 1 次印刷

开本：710 毫米 ×1000 毫米 1/16　印张：15.5

字数：215 千字

ISBN 978－7－01－020574－8　定价：78.00 元

邮购地址 100706　北京市东城区隆福寺街 99 号

人民东方图书销售中心　电话（010）65250042　65289539

版权所有·侵权必究

凡购买本社图书，如有印制质量问题，我社负责调换。

服务电话：（010）65250042